여행, 유학, 비즈니스맨을 위한

自信滿滿

通(통) 중국어

장지연 글

- 제7차 교육과정 「우공비」 검수
- 경기문화재단 수필 입선
- 어작교, 동창모 회원
- 現 나무숲아이 대표

서지위(徐志伟) 중국어

- 山东理工大学 졸업
- 산동 대중일보 기자 역임
- 건국대학교 신기술융합학과 대학원 졸업
- 2007년 국제대학생 중국어 토론회 한국 대표팀 코치
- 「뉴스로 배우는 생생 중국어」 동영상 강의 원어민 강의, 교재심사 및 편집
- 現 LIG ADP 근무

장현애 그림

- 중국 절강대학교 언어연수
- 2008년 어린이 일러스트 연구회 회원
- 2012년 제1회 〈동화되다展〉 참가
- 2012년 대학로 수수봉 카페전시 참가
- 2012~2013년 어린이 일러스트 연구회 반장
- 2013년 홍대 〈별빛카페달빛차〉 카페전시 참가
- 現 미지인터내셔널 대표

여행, 유학, 비즈니스맨을 위한

자신만만 통 중국어

저 자 장지연(글), 서지위(중국어), 장현애(그림)
발행인 고본화
발 행 반석출판사
자회사 탑메이드북
2013년 4월 1일 초판 1쇄 인쇄
2013년 4월 5일 초판 1쇄 발행
반석출판사 | www.bansok.co.kr
이메일 | bansok@bansok.co.kr
트위터 | @bansok_books

157-779 서울시 강서구 양천로 583번지 B동 904호
    (서울시 강서구 염창동 240-21번지 우림블루나인 비즈니스센터 B동 904호)
대표전화 02) 2093-3399   **팩 스** 02) 2093-3393
출 판 부 02) 2093-3395   **영업부** 02) 2093-3396
등록번호 제 315-2008-000033호

Copyright ⓒ 장지연, 서지위, 장현애

ISBN 978-89-7172-692-1 (13720)

여행, 유학, 비즈니스맨을 위한

自信滿滿

通(통) 중국어

머리말

자연과 인간사는 닮았습니다. 가을이 오면 낙엽들이 마치 바다를 이루듯 모든 산들을 풍성하게 채웁니다. 울긋불긋한 낙엽 산은 한 인간의 희로애락과 인생이 무르익어 생긴 징표들과 비슷합니다. 그리고 우리는 차가운 겨울바람에 인생을 다시 생각하며, 자기 자신을 내어 놓음으로써 내년 봄, 미래의 생명들과 진정한 하나가 됩니다. 인생을 자연처럼 살 수만 있다면 얼마나 좋을까요? 이보다 더한 행복이 있을까요?

인생을 자연처럼 살게끔 하는 게 바로 여행입니다. 그래서 여행은 소중합니다. 여행은 한 나라의 역사와 온전하게 마주하는 경험입니다. 여행을 통해 그 나라의 과거와 현재 그리고 미래를 접하게 됩니다. 한 민족의 가치관과 문화를 접하면서 세상을 받아들이는 그릇도 커져 갑니다. 모든 것을 포용하는 자연처럼 자신의 그릇이 커진다면, 우리가 비록 작은 씨앗에서 태어났지만 점점 자라 꽃을 피우고 무성한 녹음을 자랑하며 값진 열매도 맺는, 그런 큰 사람이 될 것입니다.

부족한 책이지만 심혈을 기울여 열심히 만들었습니다. 이 책을 만들기 위해 도움을 주신 분들이 많습니다. 중국 한인으로서 한국에 오신 서지위, 서정우님께서 번역 작업을 해 주셨습니다. 같은 표현이라도 최대한 자연스럽고 고급스럽게 나타내기 위해 고심에 고심을 거듭하면서 한 문장 한 문장을 꼼꼼하게 다듬어 주셨습니다. 여행을 좋아하셔서 여행에 대한 정보를 많이 제공해 주신 박경식 선생님, 모두 모두 감사드립니다.

이 책의 삽화는 장현애님이 맡으셨습니다. 중국 절강대 어학연수 시절 친한 멕시코 친구가 한국으로 여행 간다는 말을 듣고 걱정되는 마음에서 필요한 말들을 그림으로 그려 작은 여행 책을 만들어 준 것이 이 책을 만들게 된 계기가 되었다고 합니다. 중국어 공부와 책 작업을

동시에 하면서 몸은 고되고 힘들었지만, 행복한 마음으로 작업을 했다고 합니다. 그런 그의 마음이 전해져 이 책과 함께 중국을 여행하거나 중국어를 공부하는 분들이 즐겁게 보셨으면 하는 바람을 가져 봅니다.

마지막으로 이 책이 나오기까지 도움을 주신 가족과 중국어 검토를 도와준 중국 동생들에게 깊은 감사드립니다.

2013년 3월
장지연(글), 장현애(그림)

중국어 도움

서정우(徐静宇)

- 重庆邮电大学 自动化学科 졸업
- 건국대학교 신기술융합학과 대학원 졸업
- 現 한국에서 중·영·한 통역

감수

금연(金燕) Computer Science, San Francisco University
금소신(金筱晨) 경희대 일반대학원 경영컨설팅학과 지식서비스 전공
금소령(金筱翎) 경희대 일반대학원 경영컨설팅학과 지식서비스 전공
고리리(高莉莉) 건국대학교 경영학과
진현(陈贤) 건국대학교 신기술융합학과 박사 과정
심주(沈珠) 건국대학교 경영학과

목차

목차

목차

이 책의 특징

단체로 여행을 가면 현지 사정에 밝은 가이드가 안내와 통역을 해주기 때문에 말이 통하지 않아 생기는 불편함은 그다지 크지 않을 것입니다. 하지만 중국인과 대면하거나 쇼핑을 하거나 위급한 상황에 처했을 때는 회화가 절대적으로 필요합니다. 또한 여행지에서 현지인과의 의사소통은 여행을 한층 즐겁고 보람되게 해줄 것입니다.

이 책은 여행자의 필수 휴대품이 될 수 있도록 하기 위해 현지에서 꼭 필요한 어휘와 필수 구문, 대화 등을 실었습니다. 중국어 초보자들을 위해 원어민의 발음에 가깝게 한글 발음을 병기하였고, 상황별로 필요한 중국어 표현과 어휘를 실었습니다. 또한 원어민의 정확한 발음이 실린 mp3 CD가 포함되어 있습니다.

PART 1 그림으로 익히는 알짜 중국어

여행지에서 자주 사용하는 알짜 어휘들을 상황별로 정리했습니다. 어휘들을 삽화와 함께 접하면 쉽게 익힐 수 있고 머릿속에 오래 남습니다.

PART 2 자신만만 통 중국어

출발에서부터 교통, 관광, 숙박, 쇼핑, 식사, 통신, 질병, 기본적인 일상회화 등 여행을 할 때 부딪칠 수 있는 상황을 여행순서에 맞게 설정했습니다.

이 책의 활용 방법

1 중국으로 여행, 출장, 방문을 할 때 현지에서 유용하게 사용할 수 있도록 하기 위해 필수회화(구문)를 엄선하여 사전식으로 꾸몄습니다.

2 중국어를 잘 모르더라도 즉석에서 활용할 수 있도록 하기 위해 발음은 가능한 원음에 가깝게 한글로 표기했습니다.

3 장면별로 현지에서 필요한 여행정보를 두어 여행가이드로서 역할을 충분히 할 수 있도록 하였습니다.

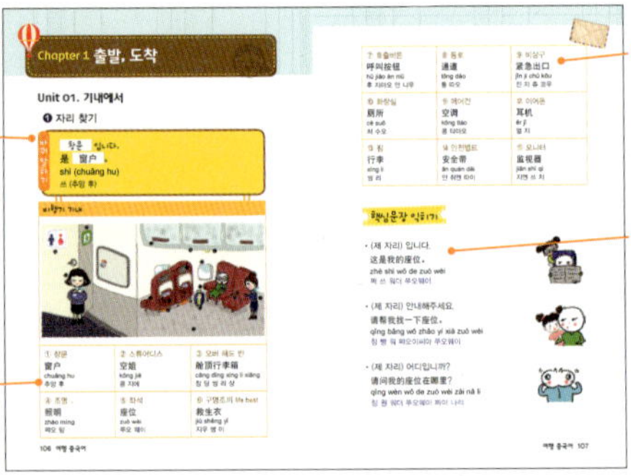

바꿔말하기

각 장면에서 기본적으로 쓰이는 중국어 문형입니다. 이 기본문형을 바탕으로 필요한 어휘를 바꿔서 말할 수 있습니다.

발음표기

정확한 중국어 발음을 한글로 표기하여 누구나 즉석에서 쉽게 말할 수 있습니다.

바꿔말하기용 어휘

기본문형에 어휘를 대입하여 즉석에서 활용할 수 있습니다.

핵심문장 익히기

기본문형 외에 상황별로 반드시 알아야 할 표현들을 실었습니다.

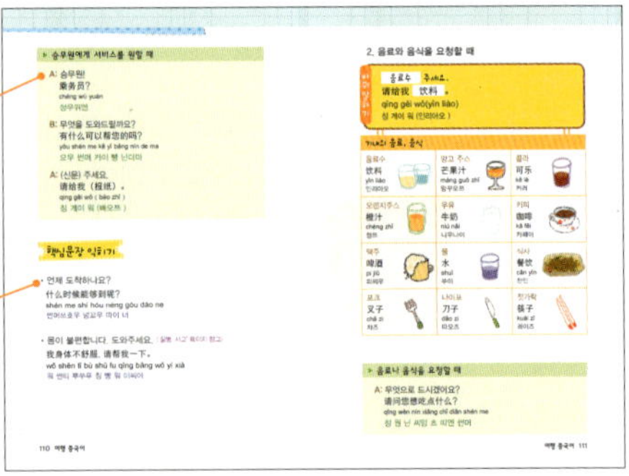

회화표현

상황별로 실전 활용도가 높은 회화들을 선별했습니다.

우리말 표현

필요한 말을 쉽게 찾아볼 수 있도록 한글을 먼저 실었습니다.

PART 1

그림으로 익히는 알짜 중국어

비행기 기내

① 창문	② 스튜어디스	③ 객석 위쪽의 짐칸
窗户	空姐	舱顶行李箱
chuāng hu	kōng jiě	cāng dǐng xíng lǐ xiāng
추앙 후	콩 지에	창 딩 씽 리 씨앙

④ 에어컨	⑤ 조명	⑥ 모니터
空调	阅读灯	显示器
kōng tiáo	yuè dú dēng	xiǎn shì qì
콩 티아오	위에 뚜 떵	씨엔 쓰 치

⑦ 좌석(자리)	⑧ 이어폰	⑨ 구명조끼 life best
座位	耳机	救生衣
zuò wèi	ěr jī	jiù shēng yī
쭈오 웨이	얼 지	지우 썽 이

⑩ 호출버튼	⑪ 안전벨트	⑫ 짐
呼叫按钮	安全带	行李
hū jiào àn niǔ	ān quán dài	xíng li
후 지아오 안 니우	안 취엔 따이	씽 리

⑬ 통로	⑭ 비상구	⑮ 화장실
通道	紧急出口	厕所
tōng dào	jǐn jí chū kǒu	cè suǒ
통 따오	진 지 츄 코우	처 수오

기내 서비스 물품

신문
报纸
bào zhǐ
빠오 쯔

한글
韩文
hán wén
한 원

영어
英文
yīng wén
잉 원

일어
日文
rì wén
르 원

중국어
中文
zhōng wén
쭝 원

면세품 목록
免税商品目录
miǎn shuì shāng pǐn mù lù
미엔 쑤이 쌍 핀 무 루

잡지
杂志
zá zhì
자 쯔

담요
毛毯
máo tǎn
마오 탄

베개
枕头
zhěn tou
쩐 토우

입국카드
外国人入境卡
wài guó rén rù jìng kǎ
와이 꾸오 런 루 찡 카

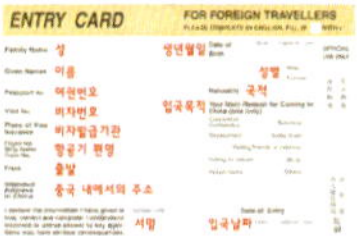

화장지
纸巾
zhǐ jīn
쯔 찐

음료, 식사 관련

음료수
饮料
yǐn liào
인 리아오

망고 주스
芒果汁
máng guǒ zhī
망 꾸오 쯔

콜라
可乐
kě lè
커 러

오렌지주스
橙汁
chéng zhī
청 쯔

우유
牛奶
niú nǎi
니우 나이

커피
咖啡
kā fēi
카 페이

맥주
啤酒
pí jiǔ
피 찌우

물
水
shuǐ
쑤이

식사
饭
fàn
판

포크
叉子
chā zi
차 즈

나이프
刀子
dāo zi
따오 즈

젓가락
筷子
kuài zi
쿠아이 즈

기내 면세품

담배
香烟
xiāng yān
씨앙 이엔

술
酒
jiǔ
찌우

화장품
化妆品
huà zhuāng pǐn
후아 쭈앙 핀

향수
香水
xiāng shuǐ
씨앙 쑤이

시계
手表
shǒu biǎo
쏘우 삐아오

목걸이
项链
xiàng liàn
씨앙 리엔

입국심사 I

사업차 Business
商务出差
shāng wù chū chāi
쌍 우 츄 차이

여행, 관광 Outing
旅行, 观光
lǚ xíng, guān guāng
뤼 씽, 꾸안 꾸앙

공무 Convention
公务
gōng wù
꽁 우

취업 Employment
就业
jiù yè
지우 예

거주 Settle down
居住
jū zhù
쥐 쭈

친척 방문 Visiting friends of relatives
探亲
tàn qīn
탄 친

유학 Study
留学
liú xué
리우 쉬에

귀국 Return home
回国
huí guó
후이 꾸오

기타 Others
其它
qí tā
치 타

입국심사 2

호텔
酒店
jiǔ diàn
찌우 띠엔

친척집
亲戚的家里
qīn qi de jiā lǐ
친 치 더 찌아 리

미정입니다.
还没决定。
hái méi jué dìng
하이 메이 쥐에 띵

수화물 찾기

분실했어요.
丢了。
diū le
띠우 러

바꼈어요.
拿错了。
ná cuò le
나 추오 러

개인 물품

개인 소지품
私人物品
sī rén wù pǐn
스 런 우 핀

선물
礼物
lǐ wù
리 우

지폐와 동전

여행자 수표
旅行支票
lǚ xíng zhī piào
뤼 씽 쯔 피아오

인민폐
人民币
rén mín bì
런 민 삐

한화
韩币
hán bì
한 삐

달러
美元
měi yuán
메이 위엔

현금으로
以现金的形式
yǐ xiàn jīn de xíng shì
이 씨엔 찐 더 씽 쓰

수표로
以支票的形式
yǐ zhī piào de xíng shì
이 쯔 피아오 더 씽 쓰

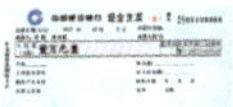

지폐로
以纸币的形式
yǐ zhǐ bì de xíng shì
이 쯔 삐 더 씽 쓰

동전으로
以硬币的形式
yǐ yìng bì de xíng shì
이 잉 삐 더 씽 쓰

여행 관련 자료

지하철 노선도
地铁路线图
dì tiě lù xiàn tú
띠 티에 뤼 씨엔 투

관광지도
观光地图
guān guāng dì tú
꾸안 꾸앙 띠 투

여행안내자료
观光信息资料
guān guāng xìn xī zī liào
꾸안 꾸앙 씬 씨 즈 리아오

한국어 팸플릿
韩国语手册
hán guó yǔ shǒu cè
한 꾸오 위 쏘우 처

시내지도
市内地图
shì nèi dì tú
쓰 네이 띠 투

버스 시간표
公交车时间表
gōng jiāo chē shí jiān biǎo
꽁 찌아오 처 쓰 찌엔 삐아오

버스 노선도
公交车路线图
gōng jiāo chē lù xiàn tú
꽁 찌아오 처 뤼 씨엔 투

호텔 리스트
酒店名单
jiǔ diàn míng dān
찌우 띠엔 밍 딴

버스 투어 안내서
观光巴士指南
guān guāng bā shì zhǐ nán
꾸안 꾸앙 빠 쓰 쯔 난

대중교통, 공용시설

시외버스 터미널
汽车站
qì chē zhàn
치 처 쨘

客运站
kè yùn zhàn
커 윈 쨘
汽车总站
qì chē zǒng zhàn
치 처 쫑 쨘

관광버스 터미널
观光巴士站
guān guāng bā shì zhàn
꾸안 꾸앙 빠 쓰 쨘

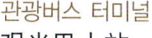

여객 터미널(선박)
客运港口(船)
kè yùn gǎng kǒu (chuán)
커 윈 깡 코우 (추안)

리무진버스 정류장
机场巴士站
jī chǎng bā shì zhàn
찌 창 빠 쓰 쨘

버스 정류장
公交车站
gōng jiāo chē zhàn
꽁 찌아오 처 쨘

택시 정류장
出租车招停点
chū zū chē zhāo tíng diǎn
추 쭈 처 짜오 팅 띠엔

공항
机场
jī chǎng
찌 창

열차역
火车站
huǒ chē zhàn
후오 처 쨘

지하철역
地铁站
dì tiě zhàn
띠 티에 쨘

주차장
停车场
tíng chē chǎng
팅 처 창

비상구
安全出口
ān quán chū kǒu
안 취엔 추 코우

엘리베이터
电梯
diàn tī
띠엔 티

매표소
售票厅
shòu piào tīng
쏘우 피아오 팅

자전거 대여점
自行车租赁店
zì xíng chē zū lìn diàn
즈 씽 처 쭈 린 띠엔

렌트카 대여소
汽车租赁店
qì chē zū lìn diàn
치 처 쭈 린 띠엔

입구 / 출구
入口 / 出口
rù kǒu / chū kǒu
루 코우 / 추 코우
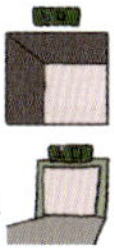

예약 창구
预约窗口
yù yuē chuāng kǒu
위 위에 추앙 코우

환불 창구
退票窗口
tuì piào chuāng kǒu
투이 피아오 추앙 코우

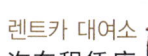

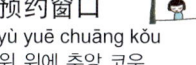

방향, 장소

동서남북
东西南北
dōng xī nán běi
똥 씨 난 뻬이

여기 / 저기(에서)
(在)这里 / 那里
(zài) zhè lǐ / nà lǐ
(짜이) 쩌 리 / 나 리

사거리에서
在十字路口那里
zài shí zì lù kǒu nà lǐ
짜이 쓰 즈 루 코우 나 리

건물에서
在大楼那里
zài dà lóu nà lǐ
짜이 따 로우 나 리

골목에서
在巷子那里
zài xiàng zi nà lǐ
짜이 씨앙 즈 나 리

모퉁이에서
在拐角处那里
zài guǎi jiǎo chù nà lǐ
짜이 꾸아이 찌아오 추 나 리

삼거리에서
在三岔路口那里
zài sān chà lù kǒu nà lǐ
짜이 산 챠 루 코우 나 리

이쪽 / 저쪽 / 오른쪽 / 왼쪽 / 앞 / 뒤(에서)
(在)这边 / 那边 / 右边 / 左边 / 前边 / 后边
(zài) zhè biān / nà biān / yòu biān / zuǒ biān / qián biān / hòu biān
(짜이) 쩌 삐엔 / 나 삐엔 / 요우 삐엔 / 쭈오 삐엔 / 치엔 삐엔 / 호우 삐엔

횡단보도
人行横道
rén xíng héng dào
런 씽 헝 따오

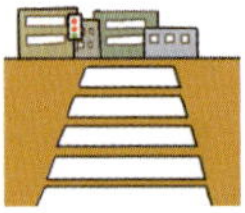

신호등
红绿灯
hóng lǜ dēng
훙 뤼 떵

길을 잃어 버렸어요.
我迷路了。
wǒ mí lù le
워 미 루 러

여기가 어딘지 모르겠어요.
我不知到这是哪里。
wǒ bù zhī dào zhè shì nǎ lǐ
워 뿌 쯔 따오 쩌 쓰 나 리

장소

이곳
这个地方
zhè ge dì fang
쩌 거 띠 팡

가까운 길
近路
jìn lù
찐 루

버스 종류 1

일반버스
一般公交车
yì bān gōng jiāo chē
이 빤 꽁 찌아오 처

트롤리버스
无轨电车
wú guǐ diàn chē
우 꾸이 띠엔 처

이층버스
双层公交车
shuāng céng gōng jiāo chē
쑤앙 청 꽁 찌아오 처

소형버스
小型客车
xiǎo xíng kè chē
씨아오 씽 커 처

버스 종류 2

럭셔리버스
豪华大巴
háo huá dà bā
하오 후아 따 빠

에어컨버스
空调大巴
kōng tiáo dà bā
콩 티아오 따 빠

침대버스
卧铺大巴
wò pù dà bā
워 푸 따 빠

대형버스
大型巴士
dà xíng bā shì
따 씽 빠 쓰

중형버스
中型巴士
zhōng xíng bā shì
쫑 씽 빠 쓰

소형버스
小型巴士
xiǎo xíng bā shì
씨아오 씽 빠 쓰

기간

반나절
半日
bàn rì
빤 르

당일치기
当日
dāng rì
땅 르

2일
两日
liǎng rì
리앙 르

3일
三日
sān rì
산 르

시간

오전
上午
shàng wǔ
쌍 우

오후
下午
xià wǔ
씨아 우

지하철 노선

1호선 1号线 yī hào xiàn 이 하오 씨엔	2호선 2号线 èr hào xiàn 얼 하오 씨엔	3호선 3号线 sān hào xiàn 산 하오 씨엔
4호선 4号线 sì hào xiàn 스 하오 씨엔	5호선 5号线 wǔ hào xiàn 우 하오 씨엔	6호선 6号线 liù hào xiàn 리우 하오 씨엔
7호선 7号线 qī hào xiàn 치 하오 씨엔	8호선 8号线 bā hào xiàn 빠 하오 씨엔	9호선 9号线 jiǔ hào xiàn 지우 하오 씨엔

열차 대합실

매표소
售票厅
shòu piào tīng
쏘우 피아오 팅

외국인 전용 매표소
外国人专用售票厅
wài guó rén zhuān yòng shòu piào tīng
와이 꾸오 런 쭈안 용 쏘우 피아오 팅

열차표 대행업소
火车票代售点
huǒ chē piào dài shòu diǎn
후오 처 피아오 따이 쏘우 띠엔

짐 보관소
行李寄存处
xíng lǐ jì cún chù
씽 리 찌 춘 츄

대기실
候车大厅
hòu chē dà tīng
호우 처 따 팅

화장실
卫生间
wèi shēng jiān
웨이 셩 찌엔

안내소
咨询台
zī xún tái
즈 쉰 타이

열차 플랫폼
站台
zhàn tái
쨘 타이

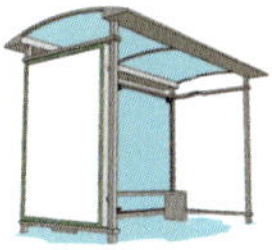

플랫폼 안의 매표소
站台票售票口
zhàn tái piào shòu piào kǒu
쨘 타이 피아오 쏘우 피아오 코우

열차 종류

자기부상열차
磁悬浮列车
cí xuán fú liè chē
츠 쉬엔 푸 리에 처

초고속열차 / D, G 열차
动车
dòng chē
똥 처

무정차 열차, 직행 열차
直达列车
zhí dá liè chē
쯔 따 리에 처

특급열차, T 열차
特快列车
tè kuài liè chē
터 쿠아이 리에 처

쾌속열차, K 열차
快车
kuài chē
쿠아이 처

보통열차
普通列车
pǔ tōng liè chē
푸 통 리에 처

객차 등급

보통석
普通座
pǔ tōng zuò
푸 통 쭈오

귀빈석
贵宾座
guì bīn zuò
꾸이 삔 쭈오

연와
软卧
ruǎn wò
루안 워
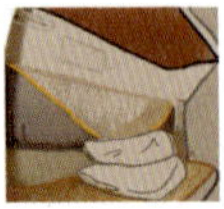

경와
硬卧
yìng wò
잉 워

연좌
软座
ruǎn zuò
루안 쭈오

경좌
硬座
yìng zuò
잉 쭈오

기타

입석표
站票
zhàn piào
쨘 피아오

에어컨
空调
kōng tiáo
콩 티아오

편도
单程
dān chéng
딴 청

열차번호
列车班次
liè chē bān cì
리에 처 빤 츠

왕도
往返
wǎng fǎn
왕 판

3층 침대
上铺
shàng pù
쌍 푸

2층 침대
中铺
zhōng pù
쫑 푸

1층 침대
下铺
xià pù
씨아 푸

객차

승무원
乘务员
chéng wù yuán
청 우 위엔

식당칸
餐车
cān chē
찬 처

화장실
厕所
cè suǒ
처 수오

비행기표

비행기표
飞机票
fēi jī piào
페이 지 피아오

국내
国内
guó nèi
꾸오 네이

국외
国外
guó wài
꾸오 와이
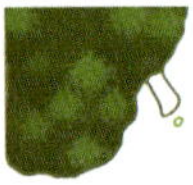

편도
单程
dān chéng
딴 청

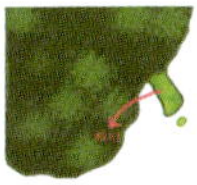

왕복
往返
wǎng fǎn
왕 판

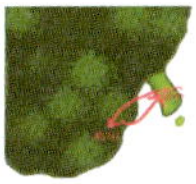

경유
经由
jīng yóu
찡 요우

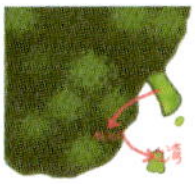

출발 도시
出发城市
chū fā chéng shì
추 파 청 쓰

목적 도시
目的城市
mù dì chéng shì
무 띠 청 쓰

출발 날짜
出发日期
chū fā rì qī
추 파 르 치

출발 시간
出发时间
chū fā shí jiān
추 파 쓰 찌엔

돌아오는 날짜
返程日期
fǎn chéng rì qī
판 청 르 치

돌아오는 날 시간
返程时间
fǎn chéng shí jiān
판 청 쓰 찌엔

좌석 등급
舱位等级
cāng wèi děng jí
창 웨이 떵 찌

표 받을 도시 (표를 거주지로 배달 받음)
送票城市
sòng piào chéng shì
송 피아오 청 쓰

공항

국제선 데스크
国际线咨询台
guó jì xiàn zī xún tái
꾸오 찌 씨엔 즈 쉰 타이

국내선 탑승구
国内线登机口
guó nèi xiàn dēng jī kǒu
꾸오 네이 씨엔 떵 찌 코우

국제선 탑승구
国际线登机口
guó jì xiàn dēng jī kǒu
꾸오 찌 씨엔 떵 찌 코우

탑승 대기소
候机处
hòu jī chù
호우 지 츄

좌석 등급

3등석
3等舱
sān děng cāng
싼 떵 창

2등석
2等舱
èr děng cāng
얼 떵 창

1등석 1等舱(头等舱) yī děng cāng (tóu děng cāng) 이 떵 창 (토우 떵 창)	VIP석 VIP舱(特等舱) VIP cāng (tè děng cāng) 브이아이피 창 (터 떵 창)

자전거 명칭

① 핸들 车把 chē bǎ 처 빠	② 안장 车座 chē zuò 처 쭈오	③ 앞바퀴 前轮 qián lún 치엔 륀	④ 뒷바퀴 后轮 hòu lún 호우 륀

자동차의 종류 - 크기

중형차
中型车
zhōng xíng chē
쫑 씽 처

소형차
小型车
xiǎo xíng chē
씨아오 씽 처

대형차
大型车
dà xíng chē
따 씽 처

스포츠카
跑车
pǎo chē
파오 처

놀거리

번화가
闹市区
nào shì qū
나오 쓰 취

극장
剧院
jù yuàn
쥐 위엔

수영장
游泳馆
yóu yǒng guǎn
요우 용 꾸안

영화관
电影院
diàn yǐng yuàn
띠엔 잉 위엔

놀이동산
游乐场
yóu lè chǎng
요우 러 창

스키장
滑雪场
huá xuě chǎng
후아 쉬에 창

노래방
练歌房
liàn gē fáng
리엔 꺼 팡

사우나
桑拿
sāng ná
상 나

나이트클럽
夜总会
yè zǒng huì
예 쫑 후이

동물원
动物园
dòng wù yuán
똥 우 위엔

식물원
植物园
zhí wù yuán
쯔 우 위엔

편의시설, 공공시설

세탁소
洗衣房
xǐ yī fáng
씨 이 팡

PC방
网吧
wǎng bā
왕 빠

목욕탕
澡堂
zǎo táng
자오 탕

전화방
话吧
huà bā
후아 빠

안마방
按摩房
àn mó fáng
안 모어 팡

발 마사지 하는 곳
洗脚房
xǐ jiǎo fáng
씨 찌아오 팡

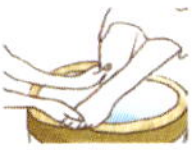

화장실
厕所
cè suǒ
처 수오

은행
银行
yín háng
인 항

약국
药店
yào diàn
야오 띠엔

병원
医院
yī yuàn
이 위엔

우체국
邮局
yóu jú
요우 쥐

소방서
消防队
xiāo fáng duì
씨아오 팡 뚜이

경찰서
公安局
gōng ān jú
꽁 안 쥐

도서관
图书馆
tú shū guǎn
투 쑤 꾸안

국무원
国务院
guó wù yuàn
꾸오 우 위엔

영사관
领事馆
lǐng shì guǎn
링 쓰 꾸안

현금지급기(ATM)
自动柜员机
zì dòng guì yuán jī
즈 똥 꾸이 위엔 찌

백화점
百货商店
bǎi huò shāng diàn
빠이 후오 쌍 띠엔

관광 안내소
旅游咨询处
lǚ yóu zī xún chù
뤼 요우 즈 쉰 추

매표소
售票厅
shòu piào tīng
쏘우 피아오 팅

중국의 대표 관광지

북경 北京 běi jīng 뻬이 찡

자금성
紫禁城
zǐ jìn chéng
즈 찐 청

천단공원
天坛公园
tiān tán gōng yuán
티엔 탄 꽁 위엔

이화원
颐和园
yí hé yuán
이 허 위엔

용경협
龙庆峡
lóng qìng xiá
롱 칭 씨아

홍교시장
虹桥市场
hóng qiáo shì chǎng
홍 치아오 쓰 창

팔달령 만리장성
八达岭长城
bā dá lǐng cháng chéng
빠 따 링 창 청

옹화궁
雍和宫
yōng hé gōng
용 허 꽁

천안문
天安门
tiān ān mén
티엔 안 먼

하북성 河北省 hé běi shěng 허 뻬이 썽

피서산장
避暑山庄
bì shǔ shān zhuāng
삐 쑤 싼 쭈앙

산동성 山东省 shān dōng shěng 싼 똥 썽

태산
泰山
tài shān
타이 싼

대묘
大庙
dà miào
따 미아오

청도 팔대관
青岛八大关
qīng dǎo bā dà guān
칭 따오 빠 따 꾸안

장수성 江苏省 jiāng sū shěng 찌앙 쑤 썽

졸정원
拙政园
zhuō zhèng yuán
쭈오 쩡 위엔

산서성 山西省 shān xī shěng 싼 씨 썽

핑야오 고성
平遥古城
píng yáo gǔ chéng
핑 야오 꾸 청

대동운강석굴
大同云冈石窟
dà tóng yún gāng shí kū
따 통 윈 깡 쓰 쿠

면산
绵山
mián shān
미엔 싼

우타이산
五台山
wǔ tái shān
우 타이 싼

심양 沈阳 shěn yáng 썬 양

선양고궁
沈阳故宫
shěn yáng gù gōng
썬 양 꾸 꽁

상해 上海 shàng hǎi 쌍 하이

예원
豫园
yù yuán
위 위엔

황푸강
黄浦江
huáng pǔ jiāng
후앙 푸 찌앙

동방명주
东方明珠
dōng fāng míng zhū
똥 팡 밍 쭈

항주 杭州 háng zhōu 항 쪼우

서호
西湖
xī hú
씨 후

안휘성 安徽省 ān huī shěng 안 후이 썽

황산
黄山
huáng shān
후앙 싼

사천성 四川省 sì chuān shěng 스 추안 썽

두장옌
都江堰
dū jiāng yàn
뚜 찌앙 이엔

낙산대불
乐山大佛
lè shān dà fó
러 싼 따 포어

황룡
黄龙
huáng lóng
후앙 롱

청성산
青城山
qīng chéng shān
칭 청 싼

절강성 浙江省 zhè jiāng shěng 쩌 찌앙 썽

루쉰고가
鲁迅故居
lǔ xùn gù jū
뤼 쉰 꾸 쥐

운남성 云南省 yún nán shěng 운 난 썽

웬모투린
元谋土林
yuán móu tǔ lín
위엔 모어 투 린

리장고성
丽江古城
lì jiāng gǔ chéng
리 찌앙 꾸 청

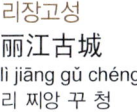

다리고성
大理古城
dà lǐ gǔ chéng
따 리 꾸 청

호도협
虎跳峡
hǔ tiào xiá
후 티아오 씨아

차마고도
茶马古道
chá mǎ gǔ dào
차 마 꾸 따오

호남성 湖南省 hú nán shěng 후 난 썽

봉황고성
凤凰古城
fèng huáng gǔ chéng
펑 후앙 꾸 청

장가계
张家界
zhāng jiā jiè
짱 찌아 찌에

티베트 자치구 西藏自治区 xī zàng zì zhì qū 씨 짱 즈 쯔 취

포탈라궁
布达拉宫
bù dá lā gōng
뿌 따 라 꽁

산서성 陕西省 shǎn xī shěng 싼 씨 썽

병마용
兵马俑
bīng mǎ yǒng
삥 마 용

하남성 河南省 hé nán shěng 허 난 썽

소림사
少林寺
shào lín sì
쌰오 린 스

봉황산
凤凰山
fèng huáng shān
펑 후앙 싼

용문석굴
龙门石窟
lóng mén shí kū
롱 먼 쓰 쿠

계림 桂林 guì lín 꾸이 린

양강사호
两江四湖
liǎng jiāng sì hú
리앙 찌앙 스 후

이강
漓江
lí jiāng
리 찌앙

관음동굴
观音洞
guān yīn dòng
꾸안 인 똥

어른
成人
chéng rén
청 런

학생
学生
xué sheng
쉬에 셩

단체
团体
tuán tǐ
투안 티

노인
老人
lǎo rén
라오 런

유아
幼儿
yòu ér
요우 얼

입장권 세트
套票
tào piào
타오 피아오

가운데 자리
中间的座位
zhōng jiān de zuò wèi
쫑 찌엔 더 쭈오 웨이

가장자리
边沿
biān yán
삐엔 이엔

케이블 승차권(편도 / 왕복)
缆车票(单程 / 往返)
lǎn chē piào (dān chéng / wǎng fǎn)
란 처 피아오 (딴 청 / 왕 판)

자연물

산
山
shān
싼

강
江
jiāng
찌앙

호수
湖
hú
후
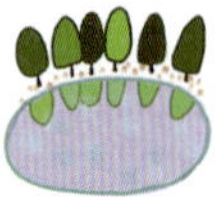

저수지
水库
shuǐ kù
쑤이 쿠

연못
荷塘
hé táng
허 탕

해변
海边
hǎi biān
하이 삐엔

습지
沼泽
zhǎo zé
짜오 저

협곡
峡谷
xiá gǔ
씨아 꾸

해안
海岸
hǎi àn
하이 안

동굴
洞
dòng
똥

섬
岛
dǎo
따오

삼림
森林
sēn lín
선 린

초원
草原
cǎo yuán
차오 위엔

사막
沙漠
shā mò
쌰 모어

폭포
瀑布
pù bù
푸 뿌

인공 자연물

분수
喷泉
pēn quán
펀 취엔

공원
公园
gōng yuán
꽁 위엔

댐
堤坝
dī bà
띠 빠

정원
庭园
tíng yuán
팅 위엔

유적

장성
长城
cháng chéng
창 청

명승지
名胜
míng shèng
밍 셩

유적지
遗址
yí zhǐ
이 쯔

성
城
chéng
청

석불
石佛
shí fó
쓰 포어

불상
佛像
fó xiàng
포어 씨앙

사찰
寺庙
sì miào
스 미아오

탑
塔
tǎ
타

무덤
坟墓
fén mù
펀 무

문
门
mén
먼

사당
祠堂
cí táng
츠 탕

옛날 집
老房子
lǎo fáng zi
라오 팡 즈

고궁
故宫
gù gōng
꾸 꽁

조형

기념비
纪念碑
jì niàn bēi
찌 니엔 뻬이

기념관
纪念馆
jì niàn guǎn
찌 니엔 꾸안

다리
桥
qiáo
치아오

광장
广场
guǎng chǎng
꾸앙 챵

성당
教堂
jiào táng
찌아오 탕

교회
教会
jiào huì
찌아오 후이

박물관
博物馆
bó wù guǎn
뽀어 우 꾸안

미술관
美术馆
měi shù guǎn
메이 쑤 꾸안

건물
楼
lóu
로우

대학
大学
dà xué
따 쉬에

이슬람 사원
清真寺
qīng zhēn sì
칭 쩐 스

규모

길이
长
cháng
창

넓이
宽
kuān
쿠안

무게
重
zhòng
쭝

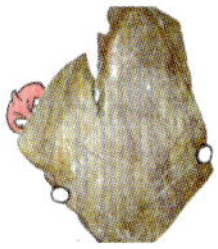

크기
大
dà
따

사진기 명칭

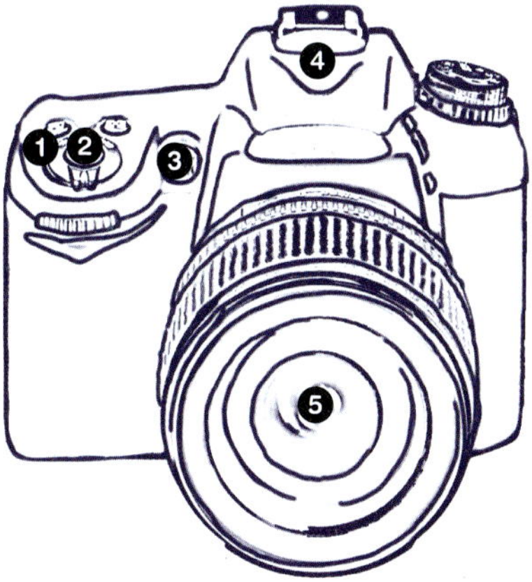

① 전원 스위치
电源开关
diàn yuán kāi guān
띠엔 위엔 카이 꾸안

② 셔터 버튼
拍摄键
pāi shè jiàn
파이 써 찌엔

③ 셀프타이머
定时自动拍摄
dìng shí zì dòng pāi shè
띵 쓰 즈 똥 파이 써

④ 내장 플래쉬
内置闪光灯
nèi zhì shǎn guāng dēng
네이 쯔 싼 꾸앙 떵

⑤ 렌즈
镜头
jìng tóu
찡 토우

박물관

유물
遗物
yí wù
이 우

도자기
陶瓷
táo cí
타오 츠

화석
化石
huà shí
후아 쓰

공룡
恐龙
kǒng lóng
콩 롱

미술관

회화
绘画
huì huà
후이 후아

전통 회화
传统绘画
chuán tǒng huì huà
추안 통 후이 후아

도예
陶艺
táo yì
타오 이

종이공예
剪纸艺术
jiǎn zhǐ yì shù
찌엔 쯔 이 쑤

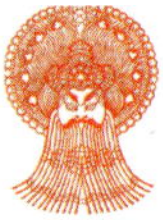

그림자 예술
皮影艺术
pí yǐng yì shù
피 잉 이 쑤

소조
塑造
sù zào
수 짜오

나무 인형
木偶
mù ǒu
무 오우

연
风筝
fēng zhēng
펑 쩡

자수
刺绣
cì xiù
츠 씨우

서예
书法
shū fǎ
쑤 파

조소
雕像
diāo xiàng
띠아오 씨앙

조각
雕刻
diāo kè
띠아오 커

도자기
陶瓷
táo cí
타오 츠

옥공예
玉雕
yù diāo
위 띠아오

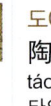

연극, 영화

꼭두각시놀이
木偶剧
mù ǒu jù
무 오우 쥐

그림자 연극
皮影戏
pí yǐng xì
피 잉 씨

영화
电影
diàn yǐng
띠엔 잉

변검
变脸
biàn liǎn
삐엔 리엔

서커스
杂技
zá jì
짜 찌

가극
歌剧
gē jù
꺼 쥐

경극
京剧
jīng jù
찡 쥐

상성
相声
xiàng sheng
씨앙 썽

소림무술 공연
少林武术表演
shǎo lín wǔ shù biǎo yǎn
싸오 린 우 쑤 삐아오 이엔

장예모의 〈인상유삼저〉
张艺谋的〈印象刘三姐〉
zhāng yì móu de 〈yìn xiàng liú sān jiě〉
짱 이 모우 더 〈인 씨앙 리우 산 찌에〉

콘서트, 뮤지컬

콘서트
演唱会
yǎn chàng huì
이엔 창 후이

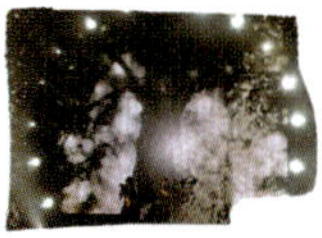

뮤지컬
音乐会
yīn yuè huì
인 위에 후이

클래식
古典音乐会
gǔ diǎn yīn yuè huì
꾸 띠엔 인 위에 후이

중국 전통 악기공연
中国传统乐器表演
zhōng guó chuán tǒng yuè qì biǎo yǎn
쫑 꾸오 추안 통 위에 치 삐아오 이엔

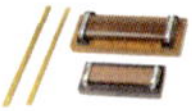

스포츠 종목

볼링
保龄球
bǎo líng qiú
빠오 링 치우

암벽 등반
攀岩
pān yán
판 이엔

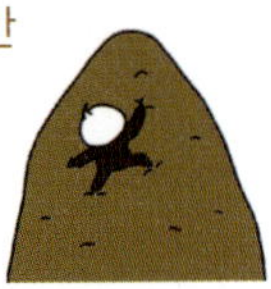

활강
滑降
huá jiàng
후아 찌앙

수상 그네
水上秋千
shuǐ shàng qiū qiān
쑤이 쌍 치우 치엔

패러글라이딩
滑翔跳伞
huá xiáng tiào sǎn
후아 씨앙 티아오 산

번지 점프
蹦极
bèng jí
뻥 찌

낚시
钓鱼
diào yú
띠아오 위

인공 암벽
人工攀岩
rén gōng pān yán
런 꽁 판 이엔

바둑
围棋
wéi qí
웨이 치

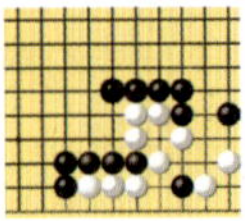

카레이싱
赛车
sài chē
사이 처

윈드서핑
冲浪
chōng làng
총 랑

골프
高尔夫
gāo ěr fū
까오 얼 푸

테니스
网球
wǎng qiú
왕 치우

스키
滑雪
huá xuě
후아 쉬에

태극권
太极拳
tài jí quán
타이 찌 추안

소림무술
少林武术
shào lín wǔ shù
싸오 린 우 쑤

말(낙타) 타기
骑马(骆驼)
qí mǎ (luò tuo)
치 마 (루오 투오)

축구
足球
zú qiú
주 치우

배구
排球
pái qiú
파이 치우

야구
棒球
bàng qiú
빵 치우

농구
篮球
lán qiú
란 치우

탁구
乒乓球
pīng pāng qiú
핑 팡 치우

검술
剑术
jiàn shù
찌엔 쑤

수영
游泳
yóu yǒng
요우 용

경마
赛马
sài mǎ
사이 마

권투
拳击
quán jī
추안 찌

태권도
跆拳道
tái quán dào
타이 추안 따오

검도
剑道
jiàn dào
찌엔 따오

무에타이
泰拳
tài quán
타이 추안

격투기
格斗
gé dòu
꺼 또우

씨름
摔跤
shuāi jiāo
쑤아이 찌아오

당구
台球
tái qiú
타이 치우

배드민턴
羽毛球
yǔ máo qiú
우 마오 치우

럭비
橄榄球
gǎn lǎn qiú
깐 란 치우

스쿼시
壁球
bì qiú
삐 치우

아이스하키
冰球
bīng qiú
삥 치우

핸드볼
手球
shǒu qiú
쏘우 치우

등산
登山
dēng shān
떵 싼

인라인
直排轮滑
zhí pái lún huá
쯔 파이 룬 후아

보트
划艇
huá tǐng
후아 팅

사이클
自行车
zì xíng chē
즈 씽 처

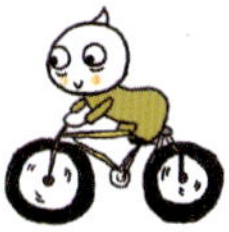

상점 이름

짝퉁 가게
仿冒品店
fǎng mào pǐn diàn
팡 마오 핀 띠엔

재래시장
集贸市场
jí mào shì chǎng
찌 마오 쓰 창

기념품 가게
纪念品商店
jì niàn pǐn shāng diàn
찌 니엔 핀 쌍 띠엔

야시장
夜市
yè shì
예 쓰

골동품 가게
古玩店
gǔ wán diàn
꾸 완 띠엔

전통 공예품 가게
传统工艺品商店
chuán tǒng gōng yì pǐn shāng diàn
추안 통 꽁 이 핀 쌍 띠엔

도매시장
批发市场
pī fā shì chǎng
피 파 쓰 창

쇼핑센터
购物中心
gòu wù zhōng xīn
꼬우 우 쫑 씬

면세점
免税店
miǎn shuì diàn
미엔 쑤이 띠엔

이케아(IKEA)
宜家
yí jiā
이 찌아

특산품 가게
土特产店
tǔ tè chǎn diàn
투 터 찬 띠엔

한약방
中药房
zhōng yào fáng
쫑 야오 팡

대형 할인점
大型超市
dà xíng chāo shì
따 씽 챠오 쓰

서점
书店
shū diàn
쑤 띠엔

화랑
画廊
huà láng
후아 랑

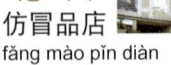

의류매장 服装卖场 fú zhuāng mài chăng 푸 쭈앙 마이 창

티셔츠
T恤衫
T xù shān
티 쉬 싼

남방
衬衫
chèn shān
천 싼

블라우스
女式衬衫
nǚ shì chèn shān
뉘 쓰 천 싼

청바지
牛仔裤
niú zăi kù
니우 짜이 쿠

바지
裤子
kù zi
쿠 즈

치마
裙子
qún zi
췬 즈

속옷
内衣
nèi yī
네이 이

잠옷
睡衣
shuì yī
쑤이 이

코트
外套
wài tào
와이 타오

스웨터
毛衣
máo yī
마오 이

원피스
连衣裙
lián yī qún
리엔 이 췬

운동복
运动服
yùn dòng fú
윈 똥 푸

재킷
夹克
jiā kè
찌아 커

우의
雨衣
yǔ yī
우 이

가죽옷
皮衣
pí yī
피 이

캐쥬얼복
休闲服
xiū xián fú
씨우 씨엔 푸

남성복
男装
nán zhuāng
난 쭈앙

여성복
女装
nǚ zhuāng
뉘 쭈앙

아동복
童装
tóng zhuāng
통 쭈앙

양복
西服
xī fú
씨 푸

등산복
登山服
dēng shān fú
떵 싼 푸

골프웨어
高尔夫球服
gāo ěr fū qiú fú
까오 얼 푸 치우 푸

중국 전통옷
中国传统服装
zhōng guó chuán tǒng fú zhuāng
쫑 꾸오 추안 통 푸 쭈앙

실크
丝绸
sī chóu
스 초우

부속 의류 服装附属 fú zhuāng fù shǔ 푸 쭈앙 푸 슈

손수건
手绢
shǒu juàn
쏘우 쮜엔

넥타이
领带
lǐng dài
링 따이

장갑
手套
shǒu tào
쏘우 타오

스카프
围巾
wéi jīn
웨이 찐

양말
袜子
wà zi
와 즈

신발
鞋子
xié zi
씨에 즈

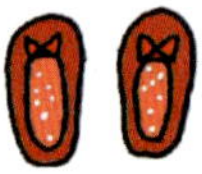

구두
皮鞋
pí xié
피 씨에

운동화
运动鞋
yùn dòng xié
운 똥 씨에

장화
高筒靴
gāo tǒng xuē
까오 통 쉬에

샌들
凉鞋
liáng xié
리앙 씨에

슬리퍼
拖鞋
tuō xié
투오 씨에

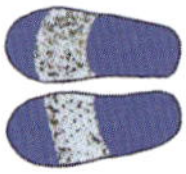

차, 식품, 약 茶, 食品, 药 chá, shí pǐn, yào 챠, 스 핀, 야오

녹차
绿茶
lǜ chá
뤼 챠

용정차
龙井茶
lóng jǐng chá
롱 찡 챠

우롱차
乌龙茶
wū lóng chá
우 롱 챠

자스민차
茉莉花茶
mò lì huā chá
모어 리 후아 챠

보이차
普洱茶
pǔ ěr chá
푸 얼 챠

국화차
菊花茶
jú huā chá
취 후아 챠

홍차
红茶
hóng chá
홍 챠

무이암차
武夷岩茶
wǔ yí yán chá
우 이 이엔 챠

다기
茶具
chá jù
챠 쥐

전통과자
传统点心
chuán tǒng diǎn xin
추안 통 띠엔 씬

사탕
糖果
táng guǒ
탕 꾸오

치즈
奶酪
nǎi lào
나이 라오

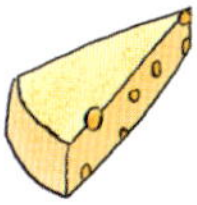

향료
香料
xiāng liào
씨앙 리아오

깨
芝麻
zhī ma
쯔 마

한약재
中药材
zhōng yào cái
쫑 야오 차이

우황청심환
牛黄清心丸
niú huáng qīng xīn wán
니우 후앙 칭 씬 완

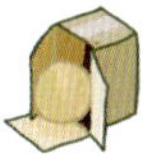

건강식품
健康食品
jiàn kāng shí pǐn
찌엔 캉 쓰 핀

약초
药草
yào cǎo
야오 차오

보석 珠宝 zhū bǎo 쮸 빠오

보증서를 주세요.
请给我保证书。
qǐng gěi wǒ bǎo zhèng shū
칭 게이 워 빠오 쩡 쑤

귀걸이
耳环
ěr huán
얼 후안

호안석
虎眼石
hǔ yǎn shí
후 이엔 쓰

반지
戒指
jiè zhi
찌에 쯔

목걸이
项链
xiàng liàn
씨앙 리엔

팔찌
手链
shǒu liàn
쏘우 리엔

순금
纯金
chún jīn
춘 찐

상아
象牙
xiàng yá
씨앙 야

옥
玉
yù
위

진주
珍珠
zhēn zhū
쩐 쭈

원석
天然宝石
tiān rán bǎo shí
티엔 란 빠오 쓰

칠기
漆器
qī qì
치 치

비취
翡翠
fěi cuì
페이 추이

대리석
大理石
dà lǐ shí
따 리 쓰

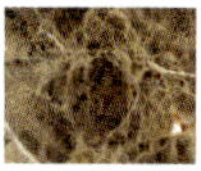

은세공품
银手工艺品
yín shǒu gōng yì pǐn
인 쏘우 꽁 이 핀

액세서리 配饰 pèi shì 페이 스

벨트
腰带
yāo dài
야오 따이

선글라스
太阳镜
tài yáng jìng
타이 양 찡

가방 / 지갑
包 / 钱包
bāo / qián bāo
빠오 / 치엔 빠오

모자
帽子
mào zi
마오 즈

시계
表
biǎo
삐아오

안경
眼镜
yǎn jìng
이엔 찡

화장품 化妆品 huà zhuāng pǐn 후아 쭈앙 핀

스킨
化妆水
huà zhuāng shuǐ
후아 쭈앙 쑤이

로션
乳液
rǔ yè
루 예

에센스
精华液
jīng huá yè
찡 후아 예

메이크업 베이스
隔离霜
gé lí shuāng
꺼 리 쑤앙

비비크림
BB霜
BB shuāng
비비 쑤앙

파운데이션
粉底
fěn dǐ
펀 띠

립글로스
唇蜜
chún mì
춘 미

립스틱
唇膏
chún gāo
추안 까오

아이섀도
眼影
yǎn yǐng
이엔 잉

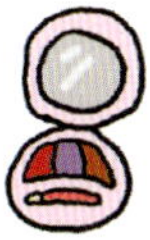

마스카라
睫毛膏
jié máo gāo
찌에 마오 까오

매니큐어
指甲油
zhǐ jia yóu
쯔 찌아 요우

향수
香水
xiāng shuǐ
씨앙 쑤이

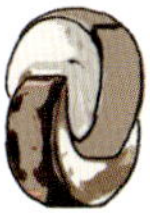

영양크림
营养霜
yǐng yǎng shuāng
잉 양 쑤앙

선크림
防晒霜
fáng shài shuāng
팡 싸이 슈앙

전자제품, 가구 电子产品, 家具

diàn zǐ chǎn pǐn, jiā jù 띠엔 즈 찬 핀, 찌아 쥐

카메라
相机
xiàng jī
씨앙 찌

DVD 판매점
DVD音像店
DVD yīn xiàng diàn
디브이디 인 씨앙 띠엔

게임 DVD
游戏DVD
yóu xì DVD
요우 씨 디브이디

노트북
笔记本电脑
bǐ jì běn diàn nǎo
삐 찌 뻔 띠엔 나오

컴퓨터
电脑
diàn nǎo
띠엔 나오

핸드폰
手机
shǒu jī
쏘우 찌

텔레비전
电视机
diàn shì jī
띠엔 쓰 찌

MP3
MP3
mp sān
엠피 싼

기타 其他 qí tā 치 타

거실용품
家居用品
jiā jū yòng pǐn
찌아 쥐 용 핀

주방용품
厨房用品
chú fáng yòng pǐn
추 팡 용 핀

골프용품
高尔夫用品
gāo ěr fū yòng pǐn
까오 얼 푸 용 핀

침구류
床上用品
chuáng shàng yòng pǐn
추앙 쌍 용 핀

맞춤 가구
定制家具
dìng zhì jiā jù
띵 쯔 찌아 쥐

문방사우, 기념품
文房四宝, 纪念品
wén fang sì bǎo, jì niàn pǐn
원 팡 스 빠오, 찌 니엔 핀

벼루
砚台
yàn tái
이엔 타이

종이
纸
zhǐ
쯔

붓
毛笔
máo bǐ
마오 삐

도장
图章
tú zhāng
투 짱

열쇠고리
钥匙扣
yào shi kòu
야오 쓰 코우

중국화
中国画
zhōng guó huà
쭝 꾸오 후아

고서 / 책
古籍 / 书
gǔ jí / shū
꾸 찌 / 쑤

장난감
玩具
wán jù
완 쮜

인형
玩偶
wán ǒu
완 오우

기념엽서
明信片
míng xìn piàn
밍 씬 피엔

우표
邮票
yóu piào
요우 피아오

옛날 동전
旧铜钱
jiù tóng qián
찌우 통 치엔

은제품
银器
yín qì
인 치

도자기 인형
陶瓷玩偶
táo cí wán ǒu
타오 츠 완 오우

홍등
红灯笼
hóng dēng lóng
홍 떵 롱

손거울
小镜子
xiǎo jìng zi
씨아오 찡 즈

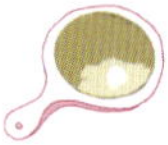

자수 제품
刺绣品
cì xiù pǐn
츠 씨우 핀

부채
扇子
shàn zi
싼 즈

명주솜
丝棉套子
sī mián tào zi
스 미엔 타오 즈

골동품
古董
gǔ dǒng
꾸 동

이것
这个
zhè ge
쩌 거

저것
那个
nà ge
나 거

더 화려한 것
更华丽的
gèng huá lì de
껑 후아 리 더

더 큰 사이즈
更大码的
gèng dà mǎ de
껑 따 마 더

더 작은 사이즈
更小码的
gèng xiǎo mǎ de
껑 씨아오 마 더

더 수수한 것
普通点的
pǔ tōng diǎn de
푸 통 띠엔 더

유행상품
流行商品
liú xíng shāng pǐn
리우 씽 쌍 핀

더 무거운 것
更重的
gèng zhòng de
껑 쫑 더

더 가벼운 것
更轻的
gèng qīng de
껑 칭 더

더 긴 것
更长的
gèng cháng de
껑 창 더

더 짧은 것
更短的
gèng duǎn de
껑 뚜안 더

다른 종류
其他种类
qí tā zhǒng lèi
치 타 쫑 레이

다른 디자인
其他款式
qí tā kuǎn shì
치 타 쿠안 쓰

다른 색깔
其他颜色
qí tā yán sè
치 타 이엔 서

더 싼 것
更便宜的
gèng pián yi de
껑 피엔 이 더

더 비싼 것
更贵的
gèng guì de
껑 꾸이 더

신상품
新款
xīn kuǎn
씬 쿠안

몇 가지
几种
jǐ zhǒng
찌 쫑

빨간색
红色
hóng sè
홍 써

주황색
橘黄色
jú huáng sè
쥐 후앙 써

노란색
黄色
huáng sè
후앙 써

초록색
草绿色
cǎo lǜ sè
차오 뤼 써

파란색
天蓝色
tiān lán sè
티엔 란 써

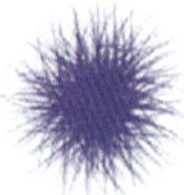

남색
蓝色
lán sè
란 써

보라색
紫色
zǐ sè
즈 써

상아색
象牙色
xiàng yá sè
씨앙 야 써

황토색
土黄色
tǔ huáng sè
투 후앙 써

검은색
黑色
hēi sè
헤이 써

회색
灰色
huī sè
후이 써

흰색
白色
bái sè
빠이 써

갈색
褐色
hè sè
허 써

분홍색
粉红色
fěn hóng sè
펀 홍 써

하늘색
淡蓝色
dàn lán sè
딴 란 써

면
棉
mián
미엔

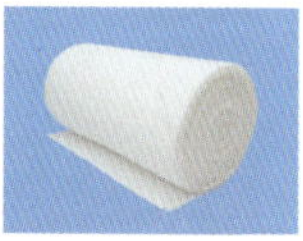

마
麻
má
마

실크
绸
chóu
초우

울
羊绒
yáng róng
양 롱

가죽
皮
pí
피

폴리에스테르
涤纶
dí lún
띠 룬

입다, 신다
穿
chuān
추안

메다
系
jì
찌

먹다
吃
chī
츠

바르다
擦
cā
차

들다
提
tí
티

만지다
摸
mō
모어

쓰다
用
yòng
용

착용하다
戴
dài
따이

지폐 纸币 zhǐ bì 쯔 삐

100위안
一百元
(一百块)
yì bǎi yuán (yì bǎi kuài)
이 빠이 위엔 (이 빠이 쿠아이)

50위안
五十元
(五十块)
wǔ shí yuán (wǔ shí kuài)
우 쓰 위엔 (우 쓰 쿠아이)

20위안
二十元
(二十块)
èr shí yuán (èr shí kuài)
얼 쓰 위엔 (얼 쓰 쿠아이)

10위안
十元
(十块)
shí yuán (shí kuài)
쓰 위엔 (쓰 쿠아이)

5위안
五元
wǔ yuán (wǔ kuài)
우 위엔 (우 쿠아이)

동전, 지폐 혼용 硬币, 纸币混用 yìng bì, zhi bì hùn yòng 잉 삐, 쯔 삐 훈 용

1위안
一元
(一块)
yī yuán (yí kuài)
이 위엔 (이 쿠아이)

1각
一角
(一毛)
yì jiǎo (yī máo)
이 찌아오 (이 마오)

5각
五角
(五毛)
wǔ jiǎo (wǔ máo)
우 찌아오 (우 마오)

1분
一分
yì fēn
이 펀

2분
两分
liǎng fēn
리앙 펀

5분
五分
wǔ fēn
우 펀

할인

1절 (90% 할인)
1折
yī zhé
이 쩌

2절 (80% 할인)
2折
liǎng zhé
리앙 쩌

3절 (70% 할인)
3折
sān zhé
산 쩌

4절 (60% 할인)
4折
sì zhé
스 쩌

5절 (50% 할인)
5折
wǔ zhé
우 쩌

결제

여행자수표
旅行支票
lǚ xíng zhī piào
뤼 씽 쯔 피아오

현금
现金
xiàn jīn
씨엔 찐

체크카드
借记卡
jiè jì kǎ
찌에 찌 카

달러
美金
měi jīn
메이 찐

슈퍼마켓 물건

생수
水
shuǐ
쑤이

우유
牛奶
niú nǎi
니우 나이

녹차 (설탕첨가)
绿茶 (有糖)
lǜ chá (yǒu táng)
뤼 차 (요우 탕)

오렌지주스
橙汁
chéng zhī
청 쯔

커피
咖啡
kā fēi
카 페이

왕라오지
王老吉
wáng lǎo jí
왕 라오 찌

요플레
酸奶
suān nǎi
수안 나이

콜라
可乐
kě lè
커 러

사이다
雪碧
xuě bì
쉬에 삐

맥주
啤酒
pí jiǔ
피 찌우

농부과원
农夫果园
nóng fū guǒ yuán
농 푸 꾸오 위엔

환타
芬达
fēn dá
펀 따

냉홍차
冰红茶
bīng hóng chá
삥 홍 차

샴푸
洗发水
xǐ fà shuǐ
씨 파 쑤이

린스
护发素
hù fà sù
후 파 수

치약
牙膏
yá gāo
야 까오

칫솔
牙刷
yá shuā
야 쑤아

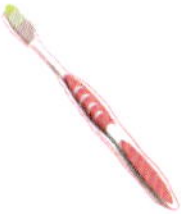

가그린
漱口水
shù kǒu shuǐ
쑤 코우 쑤이

비누
香皂
xiāng zào
씨앙 자오

면도기
刮胡刀
guā hú dāo
꾸아 후 따오

머리끈
头绳
tóu shéng
토우 썽

빗
梳子
shū zi
쑤 즈

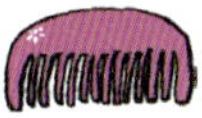

손톱깍기
指甲刀
zhǐ jiǎ dāo
쯔 찌아 따오

스킨
化妆水
huà zhuāng shuǐ
후아 쭈앙 쑤이

로션
乳液
rǔ yè
루 예

물티슈
湿巾
shī jīn
쓰 찐

화장지
卫生纸
wèi shēng zhǐ
웨이 썽 쯔

생리대
卫生巾
wèi shēng jīn
웨이 썽 찐

기저귀
尿布湿
niào bù shī
니아오 뿌 쓰

스타킹
丝袜
sī wà
스 와

양말
袜子
wà zi
와 즈

편지봉투
信封
xìn fēng
씬 펑

우산
雨伞
yǔ sǎn
위 산

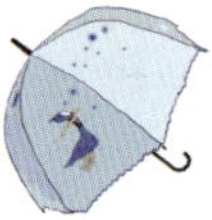

담배
烟
yān
이엔

라이터
打火机
dǎ huǒ jī
따 후오 찌

건전지
电池
diàn chí
띠엔 츠

쇼핑백
购物袋
gòu wù dài
꼬우 우 따이

볼펜
圆珠笔
yuán zhū bǐ
위엔 쭈 삐

테이프
胶布
jiāo bù
찌아오 뿌

종이컵
纸杯
zhǐ bēi
쯔 뻬이

컵라면
碗面
wǎn miàn
완 미엔

소시지
香肠
xiāng cháng
씨앙 챵

대나무잎 밥
粽子
zòng zi
쫑 즈

컵 당면(스펀)
粉丝面
fěn sī miàn
펀 스 미엔

사탕
糖
táng
탕

아이스크림
冰淇淋
bīng qí lín
삥 치 린

껌
口香糖
kǒu xiāng táng
코우 씨앙 탕

초콜릿
巧克力
qiǎo kè lì
치아오 커 리

해바라기씨
葵花子
kuí huā zǐ
쿠이 후아 즈

땅콩
花生
huā shēng
후아 셩

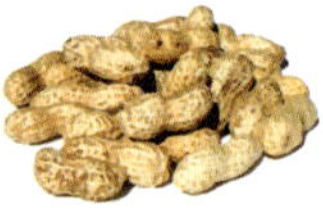

마시멜로
棉花软糖
mián huā ruǎn táng
미엔 후아 루안 탕

모기약
驱蚊剂
qū wén jì
취 원 찌

방취제
除臭剂
chú chòu jì
추 쵸우 찌

면도 크림
剃胡膏
tì hú gāo
티 후 까오

면도날
剃须刀片
tì xū dāo piàn
티 쉬 따오 피엔

과일

렌우
莲雾
lián wù
리엔 우

용안
龙眼
lóng yǎn
롱 위엔

여지
荔枝
lì zhī
리 쯔

망고
芒果
máng guǒ
망 꾸오

비파
枇杷
pí pá
피 파

망고스틴
山竹
shān zhú
싼 쭈

산사
山楂
shān zhā
싼 짜

양매
杨梅
yáng méi
양 메이

양다래
杨桃
yáng táo
양 타오

유자
柚子
yòu zi
요우 즈

하미과
哈密瓜
hā mì guā
하 미 꾸아

홍마오딴
红毛丹
hóng máo dān
홍 마오 딴

사과
苹果
píng guǒ
핑 꾸오

배
梨
lí
리

귤
橘子
jú zi
쥐 즈

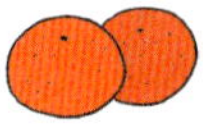

수박
西瓜
xī guā
씨 꾸아

포도
葡萄
pú táo
푸 타오

복숭아
桃子
táo zi
타오 즈

멜론
甜瓜
tián guā
티엔 꾸아

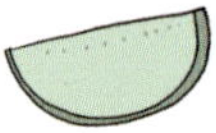

앵두
樱桃
yīng táo
잉 타오

오렌지
橙子
chéng zi
청 즈

레몬
柠檬
níng méng
닝 멍

바나나
香蕉
xiāng jiāo
씨앙 찌아오

자두
李子
lǐ zi
리 즈

두리안
榴莲
liú lián
리우 리엔

살구
杏子
xìng zi
씽 즈

감
柿子
shì zi
쓰 즈

참외
香瓜
xiāng guā
씨앙 꾸아

파인애플
菠萝
bō luó
뽀어 루오

키위
猕猴桃
mí hóu táo
미 호우 타오

코코넛
椰子
yē zi ròu
예 즈 로우

사탕수수
甘蔗
gān zhe
깐 쩌

구아바
番石榴
fān shí liu
판 쓰 리우

밤
板栗
bǎn lì
빤 리

대추
大枣
dà zǎo
따 자오

딸기
草莓
cǎo méi
차오 메이

건포도
葡萄干
pú táo gān
푸 타오 깐

채소

고수나물
香菜
xiāng cài
씨앙 차이

공심채
空心菜
kōng xīn cài
콩 씬 차이

청경채
油菜
yóu cài
요우 차이

호박
南瓜
nán guā
난 꾸아

당근
胡萝卜
hú luó bo
후 루오 뽀오

피망
青椒
qīng jiāo
칭 찌아오

가지
茄子
qié zi
치에 즈

버섯
蘑菇
mó gu
모어 꾸

감자
土豆
tǔ dòu
투 또우

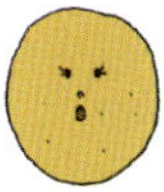

고추
辣椒
là jiāo
라 찌아오

토마토
番茄
fān qié
판 치에

무
萝卜
luó bo
루어 뽀어

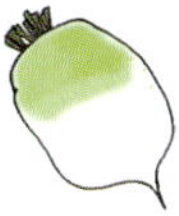

배추
白菜
bái cài
빠이 차이

마늘
蒜
suàn
수안

우엉
莲藕
lián'ǒu
리엔 오우

상추
生菜
shēng cài
썽 차이

시금치
菠菜
bō cài
뽀어 차이

양배추
卷心菜
juǎn xīn cài
쥐엔 씬 차이

브로콜리
西兰花
xī lán huā
씨 란 후아

양파
洋葱
yáng cōng
양 총

단호박
西葫芦
xī hú lu
씨 후 루

고구마
红薯
hóng shǔ
홍 쑤

오이
黄瓜
huáng guā
후앙 꾸아

파
葱
cōng
총

콩나물
豆芽
dòu yá
또우 야

생강
生姜
shēng jiāng
썽 찌앙

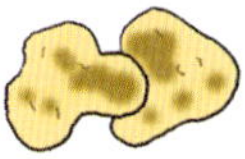

음식점

중국
中国
zhōng guó
쫑 꾸오

한국
韩国
hán guó
한 꾸오

양식
西餐
xī cān
씨 찬

뷔페
自助餐
zì zhù cān
즈 쮸 찬

프랑스
法国
fǎ guó
파 꾸오

이탈리아
意大利
yì dà lì
이 따 리

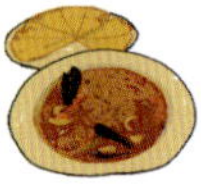

일본
日本
rì běn
르 뻔

인도
印度
yìn dù
인 뚜

태국
泰国
tài guó
타이 꾸오

베이징요리
北京料理
běi jīng liào lǐ
베이 찡 리아오 리

상하이요리
上海料理
shàng hǎi liào lǐ
쌍 하이 리아오 리

사천요리
四川料理
sì chuān liào lǐ
스 츄안 리아오 리

광둥요리
广东料理
guǎng dōng liào lǐ
꾸앙 똥 리아오 리

초밥
寿司
shòu sī
쏘우 스

스테이크
牛排
niú pái
니우 파이

바비큐
烤肉
kǎo ròu
카오 로우

해산물요리
海鲜料理
hǎi xiān liào lǐ
하이 씨엔 리아오 리

가까운
近的
jìn de
찐 더

조용한
安静的
ān jìng de
안 찡 더

토속적인
民俗的
mín sú de
민 수 더

저렴한
低廉的
dī lián de
띠 리엔 더

전문
专门的
zhuān mén de
쭈안 먼 더

길거리
路边
lù biān
루 삐엔

맛있는
好吃的
hǎo chī de
하오 츠 더

이 지방의 전통요리
这个地方的传统料理
zhè ge dì fang de chuán tǒng liào lǐ
쩌 거 띠 팡 더 추안 통 리아오 리

패스트푸드 / 분식 / 기타

제과점
面包店
miàn bāo diàn
미엔 빠오 띠엔

패스트푸드점
快餐店
kuài cān diàn
쿠아이 찬 띠엔

KFC
肯德基
kěn dé jī
컨 떠 찌

맥도널드
麦当劳
mài dāng láo
마이 땅 라오

피자헛
必胜客
bì shèng kè
삐 셩 커

찻집
茶馆
chá guǎn
챠 꾸안

롯데리아
乐天利
lè tiān lì
러 티엔 리

파파이스
派派思
pài pài sī
파이 파이 스

국수집
面馆
miàn guǎn
미엔 꾸안

일본라면집
日本拉面馆
rì běn lā miàn guǎn
르 뻔 라 미엔 꾸안

재즈바
爵士酒吧
jué shì jiǔ bā
쥐에 쓰 찌우 빠

커피숍
咖啡店
kā fēi diàn
카 페이 띠엔

창가자리
靠窗的位置
kào chuāng de wèi zhi
카오 추앙 더 웨이 쯔

금연석
禁烟区
jìn yān qū
찐 이엔 취

흡연석
吸烟区
xī yān qū
씨 이엔 취

조용한 자리
安静的位置
ān jìng de wèi zhi
안 찡 더 웨이 쯔

북경요리

북경오리
北京烤鸭
běi jīng kǎo yā
베이 찡 카오 야

양고기 샤브샤브
涮羊肉
shuàn yáng ròu
쑤안 양 로우

광둥요리

새끼돼지구이
烤乳猪
kǎo rǔ zhū
카오 루 쭈

딤섬
点心
diǎn xin
띠엔 씬

상해요리

게 요리
大闸蟹
dà zhá xiè
따 짜 씨에

샤오롱 바오쯔(난샹)
小笼包子(南翔)
xiǎo lóng bāo zi (nán xiáng)
씨아오 롱 빠오 즈 (난 씨앙)
* 찜통에 찐 소가 든 만두

사천요리

마파두부
麻婆豆腐
má pó dòu fu
마 포어 또우 푸

산니백육
蒜泥白肉
suàn ní bái ròu
수안 니 빠이 로우
* 다진 마늘을 넣고 삶은 돼지수육

위씨앙로우스
鱼香肉丝
yú xiāng ròu sī
위 씨앙 로우 스
* 죽순, 목이버섯, 돼지고기로 만든 요리

꽁빠오찌딩
宫爆鸡丁
gōng bào jī dīng
꽁 빠오 찌 띵
* 닭고기, 말린 고추, 땅콩을 함께 볶은 요리

샤브샤브
火锅
huǒ guō
후오 꾸오

강소요리

찐링이엔쑤이야
金陵盐水鸭
jīn líng yán shuǐ yā
찐 링 이엔 쑤이 야
* 통째로 소금에 절인 오리고기

칭뚠씨에펀쓰즈토우
清炖蟹粉狮子头
qīng dùn xiè fěn shī zi tóu
칭 뚠 씨에 펀 쓰 즈 토우
* 게살 완자요리

복건요리

상어 지느러미 스프 (불도장)
佛跳墙
fó tiào qiáng
포어 티아오 치앙

강서지방 요리

삼배계
三杯鸡
sān bēi jī
산 뻬이 찌
* 주재료는 닭고기, 쌀로 만든 술 한 컵, 돼지기름 한 컵, 간장 한 컵, 총 세 컵을 넣어서 만든 요리

산동요리

탕수육
糖醋里脊
táng cù lǐ ji
탕 추 리 찌

후난요리

홍샤오로우

红烧肉

hóng shāo ròu

홍 샤오 로우

*돼지고기를 살짝 볶은 후 간장을 넣어 다시 익힌 요리

강절요리

시후추위

西湖醋鱼

xī hú cù yú

시 후 추 위

*설탕에 식초를 넣어 조리한 생선 요리

총칭요리

샤오지공

烧鸡公

shāo jī gōng

쌰오 찌 꽁

*중국식 닭 전골 요리

절강요리

동파육

东坡肉

dōng pō ròu

똥 포어 로우

*통삽겹살에 진간장 등 향신료 넣고 조리한 요리

거지닭

叫花鸡

jiào huā jī

찌아오 후아 찌

*닭에 버섯, 새우, 다진 고기 등으로 속을 채운 다음, 닭 표면에 흙을 덮어 화덕에 구운 요리

신장요리

양고기 군만두

羊肉锅贴

yáng ròu guō tiē

양 로우 꾸오 티에

칭다오요리

홍합 요리

干贝料理

gān bèi liào lǐ

깐 뻬이 리아오 리

음식 이름

밥

米饭

mǐ fàn

미 판

죽

粥

zhōu

쪼우

계란 볶음밥

蛋炒饭

dàn chǎo fàn

딴 챠오 판

덮밥

盖饭

gài fàn

까이 판

국수

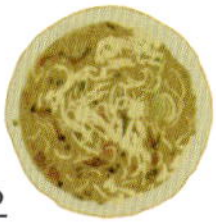

面条

miàn tiáo

미엔 티아오

볶음국수

炒面

chǎo miàn

챠오 미엔

국물국수

汤面

tāng miàn

탕 미엔

비빔국수

拌面

bàn miàn

빤 미엔

만두

饺子

jiǎo zi

찌아오 즈

군만두
煎饺
jiān jiǎo
찌엔 찌아오

호빵
豆沙包
dòu shā bāo
또우 싸 빠오

물만두
水饺
shuǐ jiǎo
쑤이 찌아오

찐만두
蒸饺
zhēng jiǎo
쩡 찌아오

만터우(화쥐엔)
馒头(花卷)
mán tou(huā juǎn)
만 토우(후아 쥐엔)
* 속 없는 찐빵

훈툰
馄饨
hún tun
훈 툰
* 밀가루 피에 고기 소를 넣고 싸서, 찌거나 끓여서 먹는 음식

밀가루 전병
煎饼
jiān bǐng
찌엔 삥

양고기 꼬치
羊肉串
yáng ròu chuàn
양 로우 추안

군밤
糖炒栗子
táng chǎo lì zi
탕 챠오 리 즈

춘취엘
春卷
chūn juǎn
춘 취엔
* 앙꼬 없는 찐빵

옥수수 수프
玉米甜汤
yù mǐ tián tāng
위 미 티엔 탕

자장면
炸酱面
zhá jiàng miàn
짜 찌앙 미엔

닭 육수 쌀국수
鸡汤面
jī tāng miàn
찌 탕 미엔

돼지뼈 육수 쌀국수
桂林米粉
guì lín mǐ fěn
꾸이 린 미 펀

불고기
烤肉
kǎo ròu
카오 로우

장조림
五香酱肉
wǔ xiāng jiàng ròu
우 씨앙 찌앙 로우

건두부 쌈
京酱肉丝
jīng jiàng ròu sī
찡 찌앙 로우 스

마라탕
麻辣烫
má là tàng
마 라 탕
* 매운 신선로 요리

닭고기 볶음
宫爆鸡丁
gōng bào jī dīng
꽁 빠오 찌 딩

감자볶음
炒土豆丝
chǎo tǔ dòu sī
챠오 투 또우 스

소고기 당면 볶음
蚂蚁上树
má yǐ shàng shù
마 이 쌍 쑤

삼선 누룽지
三鲜锅巴
sān xiān guō bā
산 씨엔 꾸오 빠

고구마 맛탕
拔丝地瓜
bá sī dì guā
빠 스 띠 꾸아

닭고기 탕
鸡汤
jī tāng
찌 탕

대나무잎 밥
粽子
zòng zi
종 즈

중국 호떡
肉饼, 糖饼
ròu bǐng, táng bǐng
로우 삥, 탕 삥

누룽지탕
虾仁锅巴
xiā rén guō bā
씨아 런 꾸오 빠

과일꼬치
糖葫芦
táng hú lu
탕 후 루

두유
豆浆
dòu jiāng
또우 찌앙

기름에 튀긴 꽈배기
油条
yóu tiáo
요우 티아오

잉어찜
鲤鱼清炖
lǐ yú qīng dùn
리 위 칭 뚠

당면
粉丝
fěn sī
펀 스

옥수수 구이
烤玉米
kǎo yù mǐ
카오 위 미

간장에 조린 계란
酱油蛋
jiàng yóu dàn
찌앙 요우 딴

라면
拉面
lā miàn
라 미엔

냉면
冷面
lěng miàn
렁 미엔

요리 재료

육류
肉类
ròu lèi
로우 레이

조류
禽类
qín lèi
친 레이

파충류
爬虫类
pá chóng lèi
파 총 레이

해조류
海藻类
hái zǎo lèi
하이 자오 레이

생선
海鲜
hǎi xiān
하이 씨엔

소
牛肉
niú ròu
니우 로우

닭
鸡
jī
찌

새우
虾
xiā
씨아

조기
黄鱼
huáng yú
후앙 위

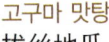

돼지
猪肉
zhū ròu
쭈 로우

오리
鸭
yā
야

오징어
墨鱼
mò yú
모어 위

갈치
带鱼
dài yú
따이 위

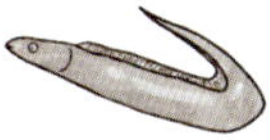

양
羊肉
yáng ròu
양 로우

거위
鹅
é
으어

게
蟹
xiè
씨에

잉어
鲤鱼
lǐ yú
리 위

염소
山羊
shān yáng
싼 양

비둘기
鸽子
gē zi
꺼 즈

문어
章鱼
zhāng yú
짱 위

붕어
鲫鱼
jì yú
찌 위

당나귀
驴
lǘ
뤼

달걀
鸡蛋
jī dàn
찌 단

가재
龙虾
lóng xiā
롱 씨아

장어
鳗鱼
mán yú
만 위

개
狗肉
gǒu ròu
꼬우 로우

뱀
蛇
shé
써

조개
贝壳
bèi ké
뻬이 커

갈비
排骨
pái gǔ
파이 꾸

개구리
田鸡
tián jī
티엔 찌

굴
牡蛎
mǔ lì
무 리

미나리
芹菜
qín cài
친 차이

옥수수
玉米
yù mǐ
위 미

힘줄
板筋
bǎn jīn
반 찐

자라
甲鱼
jiǎ yú
찌아 위

두부
豆腐
dòu fu
또우 푸

가지
茄子
qié zi
치에 즈

콩나물
豆芽
dòu yá
또우 야

창자
大肠
dà cháng
따 챵

송이버섯
松口菇
sōng kǒu gū
송 코우 꾸

오이
黄瓜
huáng guā
후앙 꾸아

토마토
番茄
fān qié
판 치에

식기, 양념, 후식

그릇
碗
wǎn
완

컵
杯子
bēi zi
뻬이 즈

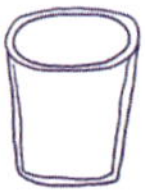

포크
叉子
chā zi
챠 즈

수저
餐具
cān jù
찬 쥐

접시
盘子
pán zi
판 즈

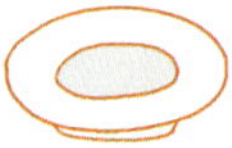

젓가락
筷子
kuài zi
쿠아이 즈

나이프
餐刀
cān dāo
찬 따오

냅킨
餐巾纸
cān jīn zhǐ
찬 찐 쯔

국자
汤勺
tāng sháo
탕 쌰오

차
茶
chá
챠

물
水
shuǐ
쑤이

시원한 물
冰水
bīng shuǐ
삥 쑤이

생수
矿泉水
kuàng quán shuǐ
쿠앙 취엔 쑤이

소금
盐
yán
이엔

후춧가루
胡椒
hú jiāo
후 찌아오

간장
酱油
jiàng yóu
찌앙 요우

설탕
糖
táng
탕

아이스크림
冰淇淋
bīng qí lín
삥 치 린

커피
咖啡
kā fēi
카 페이

과일
水果
shuǐ guǒ
쑤이 꾸오

디저트
甜品
tián pǐn
티엔 핀

짜차이
榨菜
zhà cài
짜 차이

고춧가루
辣椒面
là jiāo miàn
라 찌아오 미엔

와인
红酒
hóng jiǔ
홍 찌우

주류

백주
白酒
bái jiǔ
바이 찌우

고량주
高粱酒
gāo liáng jiǔ
까오 리앙 찌우
* 중국의 대표적인 증류수로 도수가 60도

십전대보주
十全大补酒
shí quán dà bǔ jiǔ
쓰 취엔 따 뿌 찌우
* 황기, 당기, 지황 등 열 가지 약재를 넣은 강장술로 쌀과 누룩으로 만듦

홍성이과두주
红星二锅头
hóng xīng èr guō tóu
홍 씽 얼 꾸오 토우
* 수수를 두 번째 증류해서 나온 술로 맛이 가장 좋다.

라오베이징
老北京
lǎo běi jīng
라오 뻬이 찡

소주
烧酒
shāo jiǔ
싸오 찌우

양하대곡주
洋河大曲酒
yáng hé dà qū jiǔ
양 허 따 취 찌우
* 양하지역에서 밀, 완두 등으로 빚은 술

칭따오 맥주
青岛啤酒
qīng dǎo pí jiǔ
칭 따오 피 찌우

양주
洋酒
yáng jiǔ
양 찌우

징주
京酒
jīng jiǔ
찡 찌우
*맑은 술

위스키
威士忌
wēi shì jì
웨이 쓰 찌

보드카
伏特加
fú tè jiā
푸 터 찌아

마이타이
茅台酒
máo tái jiǔ
마오 타이 찌우
*중국의 국주로 불리며 깊고 부드럽고 자극이 없다.

레드 와인
红葡萄酒
hóng pú táo jiǔ
홍 푸 타오 찌우

화이트 와인
白葡萄酒
bái pú táo jiǔ
바이 푸 타오 찌우

오량액
五粮液
wǔ liáng yè
우 리앙 예
*수수, 쌀, 찹쌀, 옥수수, 밀 등의 다섯가지 곡물로 빚은 술

싼비엔주
三鞭酒
sān biān jiǔ
싼 삐엔 찌우
*세 마리 짐승의 생식기와 구기자, 인삼, 숙지, 생지 등을 원료로 만든 건강 술

수정방
水井坊
shuǐ jǐng fáng
쑤이 찡 팡
*중국의 삼대 명주 중 하나로 과일향과 대나무향이 나는 백주

죽엽청주
竹叶青酒
zhú yè qīng jiǔ
쭈 예 칭 찌우
*술 색깔은 윤기있는 황금색에 녹색을 섞은 듯하여 혈액순환, 보혈 등의 효능이 있다.

주귀주
酒鬼酒
jiǔ guǐ jiǔ
찌우 꾸이 찌우
*몸을 보양하는 중국 전통 최고의 명주

메뉴

햄버거
汉堡
hàn bǎo
한 빠오

포테이토
薯条
shǔ tiáo
쑤 티아오

피자
比萨
bǐ sà
삐 사

후라이드 치킨
炸鸡块
zhá jī kuài
짜 찌 쿠아이

에그타르트
蛋挞
dàn tà
딴 타

핫도그
热狗
rè gǒu
르어 꼬우

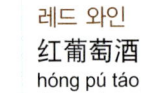

아이스크림
冰淇淋
bīng qí lín
삥 치 린

도너츠
甜甜圈
tián tián quān
티엔 티엔 취엔

샌드위치
三明治
sān míng zhì
산 밍 쯔

커피
咖啡
kā fēi
카 페이

주스
果汁
guǒ zhī
꾸오 쯔

콜라
可乐
kě lè
커 러

스프라이트
雪碧
xuě bì
쉬에 삐

우유
牛奶
niú nǎi
니우 나이

우롱차
乌龙茶
wū lóng chá
우 롱 차

세트 메뉴
套餐
tào cān
타오 찬

덮밥
盖饭
gài fàn
까이 판

홍차
红茶
hóng chá
홍 챠

닭다리
鸡腿
jī tuǐ
찌 투이

샐러드
沙拉
shā lā
싸 라

스프
汤
tāng
탕

빵
面包
miàn bāo
미엔 빠오

밥 세트
盒饭
hé fàn
허 판

케이크
蛋糕
dàn gāo
딴 까오

마요네즈
蛋黄酱
dàn huáng jiàng
딴 후앙 찌앙

케첩
番茄酱
fān qié jiàng
판 치에 찌앙

토스트
烤面包
kǎo miàn bāo
카오 미엔 빠오

관광 안내

관광할 만한 곳 值得观光的景点 zhí dé guān guāng de jǐng diǎn 쯔 떠 꾸안 꾸앙 더 찡 띠엔	숙소 住处 zhù chù 쭈 츄	관광 코스 观光路线 guān guāng lù xiàn 꾸안 꾸앙 루 씨엔
열차표 火车票 huǒ chē piào 후어 처 피아오	비행기표 飞机票 fēi jī piào 페이 찌 피아오	버스표 巴士票 bā shì piào 빠 쓰 피아오

숙박 관련

교통이 편리한 交通方便的 jiāo tōng fāng biàn de 찌아오 통 팡 삐엔 더	시설이 좋은 设施好的 shè shī hǎo de 써 쓰 하오 더	전망이 좋은 视野好的 shì yě hǎo de 쓰 예 하오 더
저렴한 便宜的 pián yi de 피엔 이 더	조용한 安静的 ān jìng de 안 찡 더	시내에 있는 在市内的 zài shì nèi de 짜이 쓰 네이 더

호텔(주점 / 반점)
宾馆(酒店 / 饭店)
bīn guǎn (jiǔ diàn / fàn diàn)
삔 꾸안 (찌우 띠엔 / 판 띠엔)

캠핑 부지
野营
yě yíng
예 잉

모텔
汽车旅馆
qì chē lǚ guǎn
치 처 뤼 꾸안

게스트 하우스
小型家庭旅馆
xiǎo xíng jiā tíng lǚ guǎn
씨아오 씽 찌아 팅 뤼 꾸안

유스호스텔: YHA
国际青年旅馆
guó jì qīng nián lǚ guǎn
꾸오 찌 칭 니엔 뤼 꾸안

조선족 민박
朝鲜族民宿
cháo xiǎn zú mín sù
챠오 씨엔 주 민 수

경제
经济
jīng jì
찡 찌

여관, 여사
旅馆, 旅社
lǚ guǎn, lǚ shè
뤼 꾸안, 뤼 써

대학 기숙사
大学宿舍
dà xué sù shè
따 쉬에 수 써

호텔 룸의 종류

싱글룸
单人间
dān rén jiān
딴 런 찌엔

더블룸
标准间
biāo zhǔn jiān
삐아오 쭌 찌엔

트윈룸
双人间
shuāng rén jiān
쑤앙 런 찌엔

다인실 (삼인실, 사인실)
多人间 (3人间, 4人间)
duō rén jiān (sān rén jiān, sì rén jiān)
뚜오 런 찌엔 (산 런 찌엔, 스 런 찌엔)

스위트룸
豪华间
háo huá jiān
하오 후아 찌엔

화장실 딸린 방 (위생간)
有卫生间的房间
yǒu wèi shēng jiān de fáng jiān
요우 웨이 셩 찌엔 더 팡 찌엔

에어컨 있는 방
有空调的房间
yǒu kōng tiáo de fáng jiān
요우 콩 티아오 더 팡 찌엔

공동 화장실, 공동 샤워실 (보통간)
公用卫生间, 公用浴室 (普通间)
gōng yòng wèi shēng jiān, gōng yòng yù shì (pǔ tōng jiān)
꽁 용 웨이 셩 찌엔, 꽁 용 위 쓰 (푸 통 찌엔)

룸서비스 - 음료 및 식사

물
水
shuǐ
쑤이

커피
咖啡
kā fēi
카 페이

샴페인
香槟
xiāng bīn
씨앙 삔

와인
红酒
hóng jiǔ
홍 찌우

얼음
冰
bīng
삥

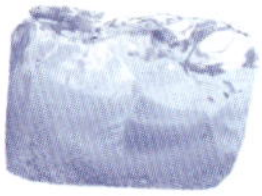

식사
饭菜
fàn cài
판 차이

룸서비스 - 기타

모닝콜
叫醒
jiào xǐng
찌아오 씽

세탁 / 다림질 / 드라이크리닝
洗衣服 / 熨衣服 / 干洗
xǐ yī fú / yùn yī fu / gān xǐ
씨 이 푸 / 윈 이 푸 / 깐 씨

방 청소
清扫房间
qīng sǎo fáng jiān
칭 사오 팡 찌엔

식당 예약
预订饭店
yù dìng fàn diàn
위 띵 판 띠엔

안마
按摩
àn mó
안 모어

객실 客厅 kè tīng 커 팅

방
房间
fáng jiān
팡 찌엔

전화
电话
diàn huà
띠엔 후아

텔레비전
电视
diàn shì
띠엔 쓰

리모컨
遥控器
yáo kòng qì
야오 콩 치

비디오
录像机
lù xiàng jī
루 씨앙 찌

냉장고
冰箱
bīng xiāng
삥 씨앙

에어컨
空调
kōng tiáo
콩 티아오

난방기
暖器
nuǎn qì
누안 치

전등
电灯
diàn dēng
띠엔 떵

침대
床
chuáng
추앙

베개
枕头
zhěn tou
쩐 토우

담요
毛毯
máo tǎn
마오 탄

시트
床单
chuáng dān
츄앙 딴

소파
沙发
shā fā
쌰 파
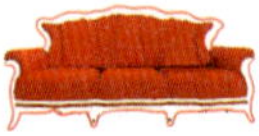

테이블
桌子
zhuō zi
쮸오 즈

커튼
窗帘
chuāng lián
추앙 리엔

티슈
纸巾
zhǐ jīn
쯔 찐

헤어드라이어
吹风机
chuī fēng jī
추이 펑 찌
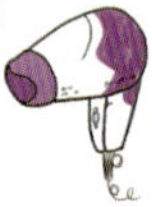

환풍기
换气扇
huàn qì shàn
후안 치 싼

미니바
迷你吧
mí nǐ ba
미 니 빠

욕실 浴盆 yù pén 위 펀

변기
马桶
mǎ tǒng
마 통

수도꼭지
水龙头
shuǐ lóng tóu
쑤이 롱 토우

창문
窗户
chuāng hu
추앙 후

샤워기
淋浴器
lín yù qì
린 위 치

휴지
手纸
shǒu zhǐ
쏘우 쯔

샴푸
洗发露
xǐ fà lù
씨 파 루

비누
香皂
xiāng zào
씨앙 자오

샤워젤
沐浴液
mù yù yè
무 위 예

칫솔
牙刷
yá shuā
야 쑤아

치약
牙膏
yá gāo
야 까오

욕조
浴池
yù chí
위 츠

세면대
洗脸池
xǐ liǎn chí
씨 리엔 츠
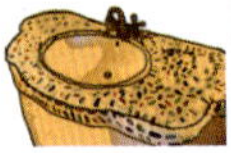

거울
镜子
jìng zi
찡 즈

수건
毛巾
máo jīn
마오 찐

부대시설

헬스클럽
健身房
jiàn shēn fáng
찌엔 썬 팡

비즈니스센터
营业中心
yíng yè zhōng xīn
잉 예 쫑 씬

상점
商店
shāng diàn
쌍 띠엔

사우나
桑拿
sāng ná
상 나

수영장
游泳馆
yóu yǒng guǎn
요우 용 구안

식당
饭店
fàn diàn
판 띠엔

안마하는 곳
按摩的地方
àn mó de dì fáng
안 모어 더 띠 팡

우체국
邮局
yóu jú
요우 쥐

은행
银行
yín háng
인 항

미용실
美容院
měi róng yuàn
메이 롱 위엔

이발소
理发店
lǐ fà diàn
리 파 띠엔

커피숍
咖啡店
kā fēi diàn
카 페이 띠엔

추가요금
附加费用
fù jiā fèi yòng
푸 찌아 페이 용

요금
费用
fèi yòng
페이 용

장소 찾기

휴대폰 판매점
手机卖场
shǒu jī mài chǎng
쏘우 찌 마이 창

충전카드 판매점
卖充值卡的地方
mài chōng zhí kǎ de dì fang
마이 총 쯔 카 더 띠 팡

공중전화기
公用电话
gōng yòng diàn huà
꽁 용 띠엔 후아

전화방
话吧
huà bā
후아 빠

인터넷전화 신청하는 곳
申请网络电话的地方
shēn qǐng wǎng luò diàn huà de dì fang
썬 칭 왕 루오 띠엔 후아 더 띠 팡

휴대폰

휴대폰
手机
shǒu jī
쏘우 지

SIM카드
SIM卡
SIM kǎ
심 카

SIM카드 2개 들어가는 휴대폰
放两个SIM卡的手机。
fàng liǎng gè SIM kǎ de shǒu jī
팡 리앙 꺼 심 카 더 쏘우 찌

리엔통
联通
lián tōng
리엔 통

이동통신
移动通信
yí dòng tōng xìn
이 똥 통 씬

좋은 전화번호
好的电话号码
hǎo de diàn huà hào mǎ
하오 더 띠엔 후아 하오 마

충전카드
充值卡
chōng zhí kǎ
총 쯔 카

일반 전화번호
一般的电话号码
yì bān de diàn huà hào mǎ
이 빤 더 띠엔 후아 하오 마

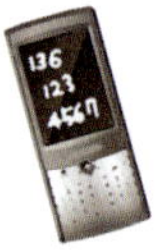

충전카드

IC카드

IC卡

IC kǎ

아이시 카

201카드

201卡

èr líng yāo kǎ

얼 링 야오 카

광고카드

广告卡

guǎng gào kǎ

꾸앙 까오 카

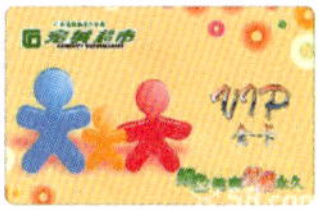

IP카드

IP卡

IP kǎ

아이피 카

우편 종류

국내우편

国内邮件 / 国内信件

guó nèi yóu jiàn / guó nèi xìn jiàn

꾸오 네이 요우 찌엔 / 꾸오 네이 씬 찌엔

국제우편

国际邮件 / 国际信件

guó jì yóu jiàn / guó jì xìn jiàn

꾸오 찌 요우 찌엔 / 꾸오 찌 씬 찌엔

일반우편 / 그림엽서

一般邮件 / 明信片

yì bān yóu jiàn / míng xìn piàn

이 빤 요우 찌엔 / 밍 씬 피엔

등기우편

挂号信

guà hào xìn

꾸아 하오 씬

보험부 우편

附加保险的邮件

fù jiā bǎo xiǎn de yóu jiàn

푸 찌아 빠오 씨엔 더 요우 찌엔

빠른우편(EMS)

特快邮件

tè kuài yóu jiàn

터 쿠아이 요우 찌엔

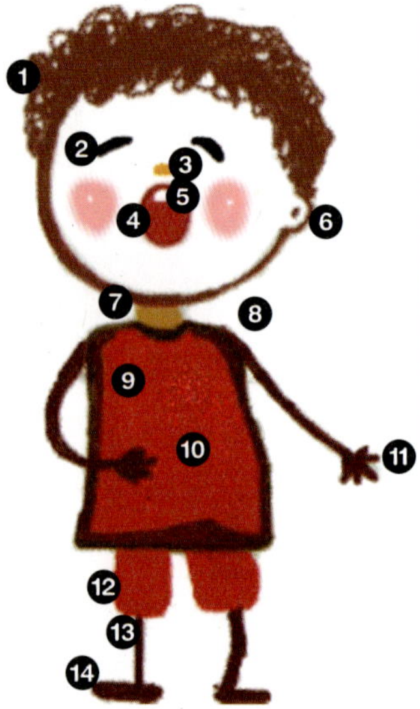

① 머리
头
tóu
토우

② 눈
眼睛
yǎn jīng
이엔 찡

③ 코
鼻子
bí zi
삐 즈

④ 입
嘴
zuǐ
쭈이

⑤ 이
牙
yá
야

⑥ 귀
耳朵
ěr duo
얼 뚜오

⑦ 목
脖子
bó zi
뽀어 즈

⑧ 어깨
肩膀
jiān bǎng
찌엔 빵

⑨ 가슴
胸
xiōng
씨옹

⑩ 배
肚子
dù zi
뚜 즈

⑪ 손
手
shǒu
쑈우

⑫ 다리
腿
tuǐ
투이

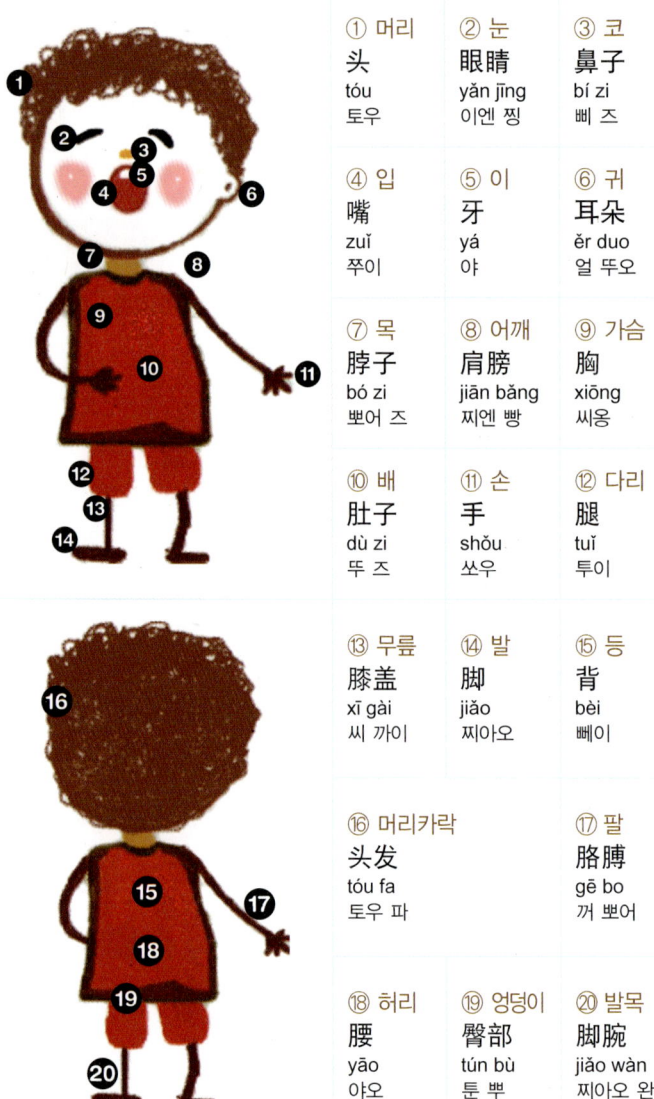

⑬ 무릎
膝盖
xī gài
씨 까이

⑭ 발
脚
jiǎo
찌아오

⑮ 등
背
bèi
뻬이

⑯ 머리카락
头发
tóu fa
토우 파

⑰ 팔
胳膊
gē bo
꺼 뽀어

⑱ 허리
腰
yāo
야오

⑲ 엉덩이
臀部
tún bù
툰 뿌

⑳ 발목
脚腕
jiǎo wàn
찌아오 완

병명

천식
哮喘
xiào chuǎn
씨아오 추안

고혈압
高血压
gāo xuè yā
까오 쉬에 야

소화불량
消化不良
xiāo huà bù liáng
씨아오 후아 뿌 리앙

생리통
痛经
tòng jīng
통 찡

당뇨병
糖尿病
táng niào bìng
탕 니아오 삥

알레르기
过敏
guò mǐn
꾸오 민

심장병
心脏病
xīn zàng bìng
씬 장 삥

맹장염
阑尾炎
lán wěi yán
란 웨이 이엔

위염
胃炎
wèi yán
웨이 이엔

감기
感冒
gǎn mào
깐 마오

배탈
闹肚子
nào dù zi
나오 뚜 즈

설사병
腹泻
fù xiè
푸 씨에

장티푸스
伤寒
shāng hán
쌍 한

결핵
结核
jié hé
찌에 허

고산병
高原反应
gāo yuán fǎn yìng
까오 위엔 판 잉

광견병
狂犬病
kuáng quǎn bìng
쿠앙 취엔 삥

뎅기열
骨痛热
gǔ tòng rè
꾸 통 르어

저체온증
体温过低症
tǐ wēn guò dī zhèng
티 원 꾸오 띠 쩡

폐렴
肺炎
fèi yán
페이 이엔

식중독
食物中毒
shí wù zhòng dú
쓰 우 쫑 뚜

기관지염
支气管炎
zhī qì guǎn yán
쯔 치 꾸안 이엔

열사병
中暑
zhòng shǔ
쫑 쑤

치통
牙痛
yá tòng
야 통

간염
肝炎
gān yán
깐 이엔

약명

아스피린
阿司匹林
ā sī pǐ lín
아 스 피 린

소화제
消化药
xiāo huà yào
씨아오 후아 야오

위장약
肠胃药
cháng wèi yào
챵 웨이 야오

반창고
创可贴
chuàng kě tiē
추앙 커 티에

수면제
安眠药
ān mián yào
안 미엔 야오

진통제
镇痛剂
zhèn tòng jì
쩐 통 찌

해열제
退烧药
tuì shāo yào
투이 싸오 야오

멀미약
晕车药
yùn chē yào
윈 처 야오

우황청심환
牛黄清心丸
niú huáng qīng xīn wán
니우 후앙 칭 씬 완

가래, 기침약
止痰, 止咳药
zhǐ tán, zhǐ ké yào
쯔 탄, 쯔 커 야오

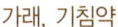

지혈제
止血剂
zhǐ xuè jì
즈 쒸에 찌

항생제
抗生素
kàng shēng sù
캉 셩 수

탈수방지약
防脱水药
fáng tuō shuǐ yào
팡 투오 쑤이 야오

소염제
消炎药
xiāo yán yào
씨아오 이엔 야오

소독약
消毒药
xiāo dú yào
씨아오 뚜 야오

변비약
便秘药
biàn mì yào
삐엔 미 야오

안약
眼药水
yǎn yào shuǐ
이엔 야오 쑤이

붕대
绷带
bēng dài
뻥 따이

설사약
泻药
xiè yào
씨에 야오

감기약
感冒药
gǎn mào yào
깐 마오 야오

소지품

지갑
钱包
qián bāo
치엔 빠오

여권
护照
hù zhào
후 짜오

신용카드
信用卡
xìn yòng kǎ
씬 용 카

가방
包
bāo
빠오

돈
钱
qián
치엔

보석
珠宝
zhū bǎo
쭈 빠오

수표
支票
zhī piào
쯔 피아오

신분증
身份证
shēn fèn zhèng
썬 펀 쩡

귀중품
贵重物品
guì zhòng wù pǐn
꾸이 쫑 우 핀

만남의 인사

안녕하세요.
你好。
nǐ hǎo
니 하오

안녕하세요.(아침 인사)
早上好。
zǎo shang hǎo
자오 샹 하오

안녕하세요.(점심 인사)
中午好。
zhōng wǔ hǎo
쫑 우 하오

안녕하세요.(오후 인사)
下午好。
xià wǔ hǎo
씨아 우 하오

처음 뵙겠습니다.
初次见面。
chū cì jiàn miàn
추 츠 찌엔 미엔

잘 부탁드립니다.
请多多关照。
qǐng duō duō guān zhào
칭 뚜오 뚜오 꾸안 짜오

잘 지냈어요?
你过得好吗?
nǐ guò de hǎo ma
니 꾸오 더 하오 마

만나서 반가워요.
见到您很高兴。
jiàn dào nín hěn gāo xìng
찌엔 따오 닌 헌 까오 씽

정말 오랜만이에요.
真的好久不见了。
zhēn de hǎo jiǔ bú jiàn le
쩐 더 하오 지우 뿌 찌엔 러

말씀 많이 들었어요.
久仰大名。
jiǔ yǎng dà míng
찌우 양 따 밍

우연한 만남

어쩐 일로 여기 오셨어요!
你怎么来这里了!
nǐ zěn me lái zhè lǐ le
니 전 머 라이 쩌 리 러

어머, (밍밍) 씨죠!
哎呦, 你是(明明)吧!
āi yōu, nǐ shì (míng míng) ba
아이 요우, 니 쓰 (밍 밍) 빠

안부 인사

어떻게 지내셨어요?
你过得怎么样?
nǐ guò de zěn me yàng
니 꾸오 더 전 머 양

다들 건강하시죠?
身体都还好吧?
shēn tǐ dōu hái hǎo ba
썬 티 또우 하이 하오 빠

네, 잘 지내요. / 늘 그래요.
是, 过得很好。/ 每天都一样。
shì, guò de hěn hǎo / měi tiān dōu yí yàng
쓰, 꾸오 더 헌 하오 / 메이 티엔 또우 이 양

헤어질 때 인사

안녕히 가세요.
请慢走。
qǐng màn zǒu
칭 만 쪼우

종종 연락해요.
保持联络。
bǎo chí lián luò
빠오 츠 리엔 루오

또 만나요.
再见。
zài jiàn
짜이 찌엔

만나서 반가웠어요.
见到你很高兴。
jiàn dào nǐ hěn gāo xìng
지엔 따오 니 헌 까오 씽

생일
生日
shēng ri
썽 르

결혼
结婚
jié hūn
찌에 훈

합격
合格
hé gé
허 꺼

승진
升迁
shēng qiān
썽 치엔

졸업
毕业
bì yè
삐 예

멋져요!
真帅!
zhēn shuài
쩐 쑤아이

훌륭해요!
了不起!
liǎo bu qǐ
리아오 뿌 치

굉장해요!
太棒了!
tài bàng le
타이 빵 러

대단해요!
很厉害!
hěn lì hai
헌 리 하이

귀여워요!
很可爱!
hěn kě ài
헌 커 아이

예뻐요!
很漂亮!
hěn piào liang
헌 피아오 리앙

아름다워요!
很美丽!
hěn měi lì
헌 메이 리

최고예요!
最棒了!
zuì bàng le
쭈이 빵 러

참 잘했어요!
真的做得很好!
zhēn de zuò de hěn hǎo
쩐 더 쭈오 더 헌 하오

새해 복 많이 받으세요.
新年快乐。
xīn nián kuài lè
씬 니엔 쿠와이 러

즐거운 크리스마스 되세요.
圣诞节快乐。
shèng dàn jié kuài lè
썽 딴 찌에 쿠와이 러

행운을 빌어요.
祝你好运。
zhù nǐ hǎo yùn
쭈 니 하오 윈

띠

쥐
鼠
shǔ
쑤

소
牛
niú
니우

호랑이
虎
hǔ
후

토끼
兔
tù
투

용
龙
lóng
롱

뱀
蛇
shé
써

말
马
mǎ
마

양
羊
yáng
양

원숭이
猴
hóu
호우

닭
鸡
jī
찌

개
狗
gǒu
꼬우

돼지
猪
zhū
쭈

직업

간호사
护士
hù shi
후 쓰

약사
药剂师
yào jì shī
야오 찌 쓰

의사
医生
yī shēng
이 셩

가이드
导游
dǎo yóu
따오 요우

선생님 / 교사
老师 / 教师
lǎo shī / jiào shī
라오 쓰 / 찌아오 쓰

교수
教授
jiào shòu
찌아오 쏘우

가수
歌手
gē shǒu
꺼 쏘우

음악가
音乐家
yīn yuè jiā
인 위에 찌아

화가
画家
huà jiā
후아 찌아

소방관
消防员
xiāo fáng yuán
씨아오 팡 위엔

경찰관
警察
jǐng chá
찡 챠

공무원
公务员
gōng wù yuán
꽁 우 위엔

요리사
厨师
chú shī
츄 쓰

디자이너
设计师
shè jì shī
써 찌 쓰

승무원
乘务员
chéng wù yuán
청 우 위엔

판사
审判员
shěn pàn yuán
썬 판 위엔

검사
检察官
jiǎn chá guān
찌엔 차 꾸안

변호사
律师
lǜ shī
뤼 쓰

사업가
商人
shāng rén
쌍 런

회사원
公司职员
gōng sī zhí yuán
꽁 스 쯔 위엔

학생
学生
xué sheng
쉬에 썽

운전기사
司机
sī jī
스 찌

농부
农民
nóng mín
농 민

가정주부
家庭主妇
jiā tíng zhǔ fù
찌아 팅 쭈 푸

작가
作家
zuò jiā
쭈오 찌아

정치가
政治家
zhèng zhì jiā
쩡 쯔 찌아

세일즈맨
推销员
tuī xiāo yuán
투이 씨아오 위엔

미용사
美容师
měi róng shī
메이 롱 쓰

군인
军人
jūn rén
쥔 런

은행원
银行职员
yín háng zhí yuán
인 항 쯔 위엔

엔지니어
工程师
gōng chéng shī
꽁 청 쓰

통역원
翻译
fān yì
판 이

비서
秘书
mì shū
미 쑤

별자리

양자리
白羊座
bái yáng zuò
빠이 양 쭈오

황소자리
金牛座
jīn niú zuò
찐 니우 쭈오

쌍둥이자리
双子座
shuāng zǐ zuò
쑤앙 즈 쭈오

게자리
巨蟹座
jù xiè zuò
쥐 씨에 쭈오

사자자리
狮子座
shī zi zuò
쓰 즈 쭈오

처녀자리
处女座
chǔ nǚ zuò
추 뉘 쭈오

천칭자리
天枰座
tiān píng zuò
티엔 핑 쭈오

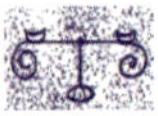

전갈자리
天蝎座
tiān xiē zuò
티엔 씨에 쭈오

사수자리
射手座
shè shǒu zuò
써 쏘우 쭈오

염소자리
摩羯座
mó jié zuò
모어 찌에 쭈오

물병자리
水瓶座
shuǐ píng zuò
쉐이 핑 쭈오

물고기자리
双鱼座
shuāng yú zuò
쑤앙 위 쭈오

혈액형

A형
A型
A xíng
에이 씽

B형
B型
B xíng
비 씽

O형
O型
O xíng
오 씽

AB형
AB型
AB xíng
에이비 씽

동물

사슴
鹿
lù
뤼

고양이
猫
māo
마오

팬더, 판다
熊猫
xióng māo
씨옹 마오

사자
狮子
shī zi
쓰 즈

기린
长颈鹿
cháng jǐng lù
창 찡 루

곰
熊
xióng
씨옹

다람쥐
松鼠
sōng shǔ
송 쑤

낙타
骆驼
luò tuo
루오 투오

염소
山羊
shān yáng
싼 양

표범
豹子
bào zi
빠오 즈

여우
狐狸
hú li
후 리

늑대
狼
láng
랑

악어
鳄鱼
è yú
으어 위

도마뱀
蜥蜴
xī yì
씨 이

개구리
青蛙
qīng wā
칭 와

거북이
乌龟
wū guī
우 꾸이

기러기
大雁
dà yàn
따 이엔

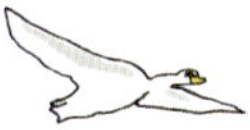

앵무새
鹦鹉
yīng wǔ
잉 우

독수리
雕
diāo
띠아오

오리
鸭子
yā zi
야 즈

거미
蜘蛛
zhī zhū
쯔 쭈

지렁이
蚯蚓
qiū yǐn
치우 인

무당벌레
瓢虫
piáo chóng
피아오 총

개미
蚂蚁
mǎ yǐ
마 이

반딧불
萤火虫
yíng huǒ chóng
잉 후오 총

사마귀
螳螂
táng láng
탕 랑

파리
苍蝇
cāng ying
창 잉

모기
蚊子
wén zi
원 즈

잠자리
蜻蜓
qīng tíng
칭 팅

바퀴벌레
蟑螂
zhāng láng
짱 랑

나비
蝴蝶
hú dié
후 띠에

매미
蝉
chán
찬

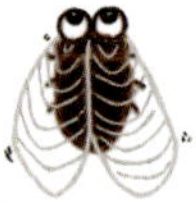

미꾸라지
泥鳅
ní qiū
니 치우

가재
龙虾
lóng xiā
롱 씨아

조개
贝壳
bèi ké
뻬이 커

불가사리
海星
hǎi xīng
하이 씽

전복
鲍鱼
bào yú
빠오 위

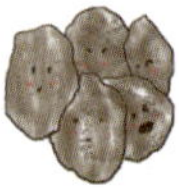

오징어
鱿鱼
yóu yú
요우 위

문어
章鱼
zhāng yú
짱 위

잉어
鲤鱼
lǐ yú
리 위

붕어
鲫鱼
jì yú
찌 위

메기
鲇鱼
nián yú
니엔 위

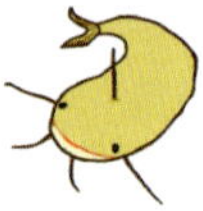

새우
虾
xiā
씨아

고래
鲸
jīng
찡

상어
鲨鱼
shā yú
싸 위

복어
河豚
hé tún
허 툰

학
鹤
hè
허

용
龙
lóng
롱

참새
麻雀
má què
마 취에

레드판다
小熊猫
xiǎo xióng māo
씨아오 씨옹 마오

펭귄
企鹅
qǐ é
치 어

코끼리
大象
dà xiàng
따 씨앙

메뚜기
蝗虫
huáng chóng
후앙 총

들창코 원숭이
金丝猴
jīn sī hóu
찡 스 호우

박쥐
蝙蝠
biān fú
삐엔 푸

코뿔소
犀牛
xī niú
씨 니우

개
狗
gǒu
고우

취미

영화감상
电影欣赏
diàn yǐng xīn shǎng
띠엔 잉 씬 쌍

음악감상
音乐欣赏
yīn yuè xīn shǎng
인 위에 씬 쌍

여행
旅游
lǚ yóu
뤼 요우

독서
读书
dú shū
뚜 쑤

춤추기
跳舞
tiào wǔ
티아오 우

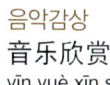

노래 부르기
唱歌
chàng gē
창 꺼

운동
运动
yùn dòng
윈 똥

등산
登山
dēng shān
떵 싼

스쿠버다이빙
潜水
qián shuǐ
치엔 쑤이

악기 연주
演奏乐器
yǎn zòu yuè qì
이엔 쪼우 위에 치

요리
烹饪
pēng rèn
펑 런

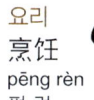

사진 찍기
摄影
shè yǐng
써 잉

정원 가꾸기
园艺
yuán yì
위엔 이

우표 수집
集邮
jí yóu
찌 요우

낚시
钓鱼
diào yú
띠아오 위

십자수
十字绣
shí zì xiù
쓰 즈 씨우

TV보기
看电视
kàn diàn shì
칸 띠엔 쓰

드라이브
驾车出游
jià chē chū yóu
찌아 처 추 요우

골프
高尔夫
gāo ěr fū
까오 얼 푸

빈둥거리다
混时间
hùn shí jiān
훈 쓰 찌엔

성격

명랑해요
开朗的
kāi lǎng de
카이 랑 더

상냥해요
和蔼的
hé ǎi de
허 아이 더

친절해요
亲切的
qīn qiè de
친 치에 더

당당해요
堂堂正正的
táng táng zhèng zhèng de
탕 탕 쩡 쩡 더

야무져요
实实在在的
shí shi zài zài de
쓰 쓰 짜이 짜이 더

고상해요
高尚的
gāo shàng de
까오 쌍 더

통이 커요
慷慨的
kāng kǎi de
캉 카이 더

눈치가 빨라요
有眼力见儿
yǒu yǎn lì jiànr
요우 이엔 리 찌엘

솔직해요
直率的
zhí shuài de
쯔 쑤아이 더

적극적이에요
积极的
jī jí de
찌 찌 더

사교적이에요
社交的
shè jiāo de
써 찌아오 더

덜렁거려요
马大哈的
mǎ dà hā de
마 따 하 더

보수적이에요
保守的
bǎo shǒu de
빠오 쏘우 더

뻔뻔해요
厚脸皮的
hòu liǎn pí de
호우 리엔 피 더

긍정적이에요
乐观的
lè guān de
러 꾸안 더

냉정해요
冷静的
lěng jìng de
렁 찡 더

소심해요
小心眼的
xiǎo xīn yǎn de
씨아오 씬 이엔 더

꼼꼼해요
仔细的
zǐ xì de
즈 씨 더

겁쟁이에요
胆小的
dǎn xiǎo de
딴 씨아오 더

개방적이에요
开放的
kāi fàng de
카이 팡 더

심술궂어요
泼辣的
pō là de
포어 라 더

다혈질이에요
气盛的
qì shèng de
치 셩 더

허풍쟁이에요
浮夸的
fú kuā de
푸 쿠아 더

소극적이에요
消极的
xiāo jí de
씨아오 찌 더

가족

친할아버지
爷爷
yé ye
예 예

외할아버지
外公
wài gōng
와이 꽁

친할머니
奶奶
nǎi nai
나이 나이

외할머니
外婆
wài pó
와이 포어

아빠
爸爸
bà ba
빠 빠

엄마
妈妈
mā ma
마 마

형, 오빠
哥哥
gē ge
꺼 꺼

누나, 언니
姐姐
jiě jie
찌에 찌에

나
我
wǒ
워

여동생
妹妹
mèi mei
메이 메이

남동생
弟弟
dì di
띠 띠

남편
丈夫
zhàng fu
짱 푸

부인
妻子
qī zi
치 즈

아들
儿子
ér zi
얼 즈

딸
女儿
nǚ ér
뉘 얼

며느리
儿媳妇
ér xí fu
얼 씨 푸

사위
女婿
nǚ xù
뉘 쉬

친손자 / 친손녀
孙子 / 孙女
sūn zi / sūn nǚ
쉰 즈 / 쉰 뉘

외손자 / 외손녀
外孙子 / 外孙女
wài sūn zi / wài sūn nǚ
와이 쉰 즈 / 와이 쉰 뉘

감정

사랑해요
爱
ài
아이

통쾌해요
痛快
tòng kuài
통 쿠아이

흥분했어요
兴奋
xīng fèn
씽 펀

재미있어요
有意思
yǒu yì si
요우 이 스

행복해요
幸福
xìng fú
씽 푸

즐거워요
快乐
kuài lè
쿠아이 러

좋아요
好
hǎo
하오

기뻐요
高兴
gāo xìng
까오 씽

힘이 나요
产生力量
chǎn shēng lì liàng
찬 썽 리 리앙

뿌듯해요
满意
mǎn yì
만 이

짜릿해요
麻酥酥
má sū sū
마 수 수

감격했어요
感动
gǎn dòng
깐 똥

부끄러워요
不好意思
bù hǎo yì si
뿌 하오 이 스

난처해요
为难
wéi nán
웨이 난

외로워요
寂寞
jì mò
찌 모어

재미없어요
真没意思
zhēn méi yì si
쩐 메이 이 스

화났어요
生气
shēng qì
썽 치

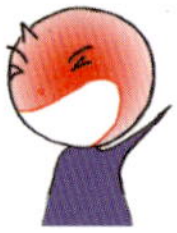

무서워요
害怕
hài pà
하이 파

불안해요
不安
bù ān
뿌 안

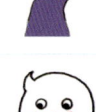

피곤해요
累
lèi
레이

싫어요
讨厌
tǎo yàn
타오 이엔

불쾌해요
令人不快的
lìng rén bú kuài de
링 런 뿌 쿠아이 더

괴로워요
难受
nán shòu
난 쏘우

지루해요
枯燥
kū zào
쿠 짜오

슬퍼요
哀伤
āi shāng
아이 쌍

억울해요
冤屈
yuān qū
위엔 취

비참해요
悲惨
bēi cǎn
뻬이 찬

짜증나요
恼火
nǎo huǒ
나오 후오

초조해요
焦急
jiāo jí
찌아오 지

무기력해요
软弱无力
ruǎn ruò wú lì
루안 루오 우 리

부담스러워요
负担
fù dān
푸 딴

놀랐어요
吃惊
chī jīng
츠 찡

와요
来
lái
라이

가요
去
qù
취

앉아요
坐
zuò
쭈오

서요
站
zhàn
짠

걸어요
走
zǒu
쪼우

달려요
跑
pǎo
파오

놀아요
玩
wán
완

일해요
工作
gōng zuò
꽁 쭈오

웃어요
笑
xiào
씨아오

울어요
哭
kū
쿠

나와요
出来
chū lai
추 라이

들어가요
进去
jìn qù
찐 취

자요
睡觉
shuì jiào
쑤이 찌아오

일어나요
起床
qǐ chuáng
치 추앙

질문해요
提问
tí wèn
티 원

대답해요
回答
huí dá
후이 다

멈춰요
停止
tíng zhǐ
팅 쯔

움직여요
行动
xíng dòng
씽 똥

던져요
扔
rēng
렁

잡아요
拿
ná
나

읽어요
读
dú
뚜

써요
写
xiě
씨에

먹어요
吃
chī
츠

마셔요
喝
hē
허

시 点 diǎn 디엔	1시 一点 yī diǎn 이 디엔	2시 两点 liǎng diǎn 리앙 디엔	3시 三点 sān diǎn 산 디엔
4시 四点 sì diǎn 스 디엔	5시 五点 wǔ diǎn 우 디엔	6시 六点 liù diǎn 리우 디엔	7시 七点 qī diǎn 치 디엔
8시 八点 bā diǎn 빠 디엔	9시 九点 jiǔ diǎn 지우 디엔	10시 十点 shí diǎn 쓰 디엔	11시 十一点 shí yī diǎn 쓰 이 디엔
12시 十二点 shí èr diǎn 쓰 얼 디엔	분 分 fēn 펀	1분 零一分 líng yī fēn 링 이 펀	2분 零二分 líng èr fēn 링 얼 펀
3분 零三分 líng sān fēn 링 산 펀	4분 零四分 líng sì fēn 링 스 펀	5분 零五分 líng wǔ fēn 링 우 펀	6분 零六分 ling liù fēn 링 리우 펀
7분 零七分 líng qī fēn 링 치 펀	8분 零八分 líng bā fēn 링 빠 펀	9분 零九分 líng jiǔ fēn 링 지우 펀	10분 十分 shí fēn 쓰 펀
11분 十一分 shí yī fēn 쓰 이 펀	12분 十二分 shí èr fēn 쓰 얼 펀	13분 十三分 shí sān fēn 쓰 산 펀	14분 十四分 shí sì fēn 쓰 스 펀
15분 十五分 shí wǔ fēn 쓰 우 펀	16분 十六分 shí liù fēn 쓰 리우 펀	17분 十七分 shí qī fēn 쓰 치 펀	18분 十八分 shí bā fēn 쓰 빠 펀

19분 十九分 shí jiǔ fēn 쓰 지우 펀	20분 二十分 èr shí fēn 얼 쓰 펀	21분 二十一分 èr shí yī fēn 얼 쓰 이 펀	22분 二十二分 èr shí èr fēn 얼 쓰 얼 펀
23분 二十三分 èr shí sān fēn 얼 쓰 산 펀	24분 二十四分 èr shí sì fēn 얼 쓰 스 펀	25분 二十五分 èr shí wǔ fēn 얼 쓰 우 펀	26분 二十六分 èr shí liù fēn 얼 쓰 리우 펀
27분 二十七分 èr shí qī fēn 얼 쓰 치 펀	28분 二十八分 èr shí bā fēn 얼 쓰 빠 펀	29분 二十九分 èr shí jiǔ fēn 얼 쓰 지우 펀	30분 三十分 sān shí fēn 산 쓰 펀
31분 三十一分 sān shí yī fēn 산 쓰 이 펀	32분 三十二分 sān shí èr fēn 산 쓰 얼 펀	33분 三十三分 sān shí sān fēn 산 쓰 산 펀	34분 三十四分 sān shí sì fēn 산 쓰 스 펀
35분 三十五分 sān shí wǔ fēn 산 쓰 우 펀	36분 三十六分 sān shí liù fēn 산 쓰 리우 펀	37분 三十七分 sān shí qī fēn 산 쓰 치 펀	38분 三十八分 sān shí bā fēn 산 쓰 빠 펀
39분 三十九分 sān shí jiǔ fēn 산 쓰 지우 펀	40분 四十分 sì shí fēn 스 쓰 펀	41분 四十一分 sì shí yī fēn 스 쓰 이 펀	42분 四十二分 sì shí èr fēn 스 쓰 얼 펀
43분 四十三分 sì shí sān fēn 스 쓰 산 펀	44분 四十四分 sì shí sì fēn 스 쓰 스 펀	45분 四十五分 sì shí wǔ fēn 스 쓰 우 펀	46분 四十六分 sì shí liù fēn 스 쓰 리우 펀
47분 四十七分 sì shí qī fēn 스 쓰 치 펀	48분 四十八分 sì shí bā fēn 스 쓰 빠 펀	49분 四十九分 sì shí jiǔ fēn 스 쓰 지우 펀	50분 五十分 wǔ shí fēn 우 쓰 펀

51분 五十一分 wǔ shí yī fēn 우 쓰 이 펀	52분 五十二分 wǔ shí èr fēn 우 쓰 얼 펀	53분 五十三分 wǔ shí sān fēn 우 쓰 산 펀	54분 五十四分 wǔ shí sì fēn 우 쓰 스 펀
55분 五十五分 wǔ shí wǔ fēn 우 쓰 우 펀	56분 五十六分 wǔ shí liù fēn 우 쓰 리우 펀	57분 五十七分 wǔ shí qī fēn 우 쓰 치 펀	58분 五十八分 wǔ shí bā fēn 우 쓰 빠 펀
59분 五十九分 wǔ shí jiǔ fēn 우 쓰 지우 펀			

계절, 월

봄 春天 chūn tiān 춘 티엔	3월 三月 sān yuè 산 위에	4월 四月 sì yuè 스 위에	5월 五月 wǔ yuè 우 위에
여름 夏天 xià tiān 씨아 티엔	6월 六月 liù yuè 리우 위에	7월 七月 qī yuè 치 위에	8월 八月 bā yuè 빠 위에
가을 秋天 qiū tiān 치우 티엔	9월 九月 jiǔ yuè 찌우 위에	10월 十月 shí yuè 쓰 위에	11월 十一月 shí yī yuè 쓰 이 위에
겨울 冬天 dōng tiān 똥 티엔	12월 十二月 shí èr yuè 쓰 얼 위에	1월 一月 yī yuè 이 위에	2월 二月 èr yuè 얼 위에

일 号 hào 하오	1일 一号 yī hào 이 하오	2일 二号 èr hào 얼 하오	3일 三号 sān hào 산 하오
4일 四号 sì hào 스 하오	5일 五号 wǔ hào 우 하오	6일 六号 liù hào 리우 하오	7일 七号 qī hào 치 하오
8일 八号 bā hào 빠 하오	9일 九号 jiǔ hào 찌우 하오	10일 十号 shí hào 쓰 하오	11일 十一号 shí yī hào 쓰 이 하오
12일 十二号 shí èr hào 쓰 얼 하오	13일 十三号 shí sān hào 쓰 산 하오	14일 十四号 shí sì hào 쓰 스 하오	15일 十五号 shí wǔ hào 쓰 우 하오
16일 十六号 shí liù hào 쓰 리우 하오	17일 十七号 shí qī hào 쓰 치 하오	18일 十八号 shí bā hào 쓰 빠 하오	19일 十九号 shí jiǔ hào 쓰 찌우 하오
20일 二十号 èr shí hào 얼 쓰 하오	21일 二十一号 èr shí yī hào 얼 쓰 이 하오	22일 二十二号 èr shí èr hào 얼 쓰 얼 하오	23일 二十三号 èr shí sān hào 얼 쓰 산 하오
24일 二十四号 èr shí sì hào 얼 쓰 스 하오	25일 二十五号 èr shí wǔ hào 얼 쓰 우 하오	26일 二十六号 èr shí liù hào 얼 쓰 리우 하오	27일 二十七号 èr shí qī hào 얼 쓰 치 하오
28일 二十八号 èr shí bā hào 얼 쓰 빠 하오	29일 二十九号 èr shí jiǔ hào 얼 쓰 찌우 하오	30일 三十号 sān shí hào 산 쓰 하오	31일 三十一号 sān shí yī hào 산 쓰 이 하오

요일
星期
xīng qī
씽 치

월요일
星期一
xīng qī yī
씽 치 이

화요일
星期二
xīng qī èr
씽 치 얼

수요일
星期三
xīng qī sān
씽 치 산

목요일
星期四
xīng qī sì
씽 치 스

금요일
星期五
xīng qī wǔ
씽 치 우

토요일
星期六
xīng qī liù
씽 치 리우

일요일
星期天
xīng qī tiān
씽 치 티엔

맑아요
晴天
qíng tiān
칭 티엔

따뜻해요
暖和
nuǎn huo
누안 후오

화창해요
风和日丽
fēng hé rì lì
펑 허 르 리

더워요
热
rè
르어

흐려요
阴天
yīn tiān
인 티엔

안개 껴요
起雾
qǐ wù
치 우
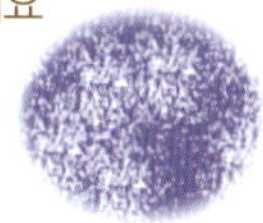

비가 와요
下雨
xià yǔ
씨아 위

비가 그쳐요
雨停
yǔ tíng
위 팅

장마예요
雨季
yǔ jì
위 찌

무지개가 떠요
出彩虹
chū cǎi hóng
추 차이 홍

습해요
潮湿
cháo shī
챠오 쓰

천둥 쳐요
打雷
dǎ léi
따 레이

번개 쳐요
打闪
dǎ shǎn
따 싼

바람이 불어요
刮风
guā fēng
꾸아 펑

시원해요
凉快
liáng kuai
리앙 쿠아이

태풍이 몰아쳐요
刮台风
guā tái fēng
꾸아 타이 펑

눈이 내려요
下雪
xià xuě
씨아 쉬에

얼음이 얼어요
上冻
shàng dòng
쌍 똥

선선해요
凉
liáng
리앙

쌀쌀해요
凉飕飕
liáng sōu sōu
리앙 소우 소우

추워요
冷
lěng
렁

0 영
零
líng
링

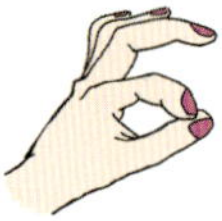

1 일
一
yī
이

2 이
二
èr
얼

두 량 (2)
两
liǎng
리앙
* 시간, 마리, 사람, 물건

3 삼
三
sān
산

4 사
四
sì
스

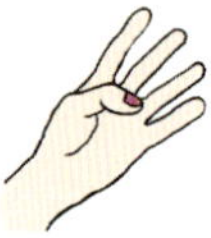

5 오
五
wǔ
우

6 육
六
liù
리우

7 칠
七
qī
치

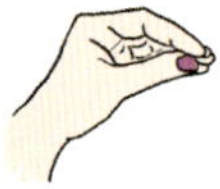

8 팔
八
bā
빠

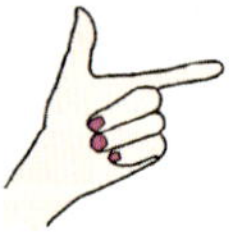

9 구
九
jiǔ
지우

10 십
十
shí
쓰

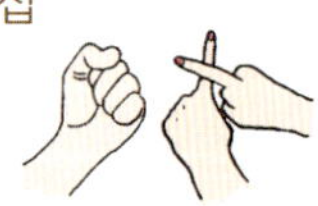

20 이십
二十
èr shí
얼 쓰

30 삼십
三十
sān shí
산 쓰

40 사십
四十
sì shí
스 쓰

50 오십
五十
wǔ shí
우 쓰

60 육십
六十
liù shí
지우 쓰

70 칠십
七十
qī shí
치 쓰

80 팔십
八十
bā shí
빠 쓰

90 구십
九十
jiǔ shí
지우 쓰

100 백
百
bǎi
빠이

1,000 천
千
qiān
치엔

10,000 만
万
wàn
완

100,000 십만
十万
shí wàn
쓰 완

1,000,000 백만
百万
bǎi wàn
빠이 완

10,000,000 천만
千万
qiān wàn
치엔 완

헤아리는 단위

명
个人
gè rén
꺼 런

마리
只
zhī
쯔

개
个
gè
꺼

잔
杯
bēi
뻬이

병
瓶
píng
핑

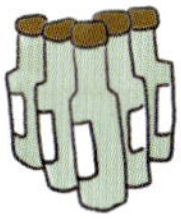

장
张
zhāng
짱

하루(1일) 一天 yì tiān 이 티엔	이틀(2일) 两天 liǎng tiān 리앙 티엔	사흘(3일) 三天 sān tiān 산 티엔	나흘(4일) 四天 sì tiān 스 티엔
닷새(5일) 五天 wǔ tiān 우 티엔	엿새(6일) 六天 liù tiān 리우 티엔	이레(7일) 七天 qī tiān 치 티엔	여드레(8일) 八天 bā tiān 빠 티엔
아흐레(9일) 九天 jiǔ tiān 지우 티엔	열흘(10일) 十天 shí tiān 쓰 티엔	일주일 一周 yì zhōu 이 쪼우	이주일 两周 liǎng zhōu 리앙 쪼우
한 달 一个月 yí gè yuè 이 꺼 위에	두 달 两个月 liǎng gè yuè 리앙 꺼 위에	일 년 一年 yì nián 이 니엔	이 년 两年 liǎng nián 리앙 니엔

영어 英语 yīng yǔ 잉 위 ABCD EFGH	한국어 韩语 hán yǔ 한 위 가나다라 마바사아	중국어 汉语 hàn yǔ 한 위 谢谢你。 对不起。

맛있어요 好吃 hǎo chī 하오 츠 	맛없어요 不好吃 bù hǎo chī 뿌 하오 츠 
싱거워요 淡 dàn 딴 	뜨거워요 烫 tàng 탕 
달아요 甜 tián 티엔 	짜요 咸 xián 씨엔 

매워요
辣
là
라

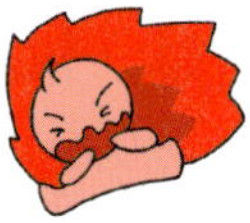

얼큰해요
辣乎乎的
là hū hū de
라 후 후 더

시어요
酸
suān
수안

써요
苦
kǔ
쿠

떫어요
涩
sè
서

느끼해요
油腻
yóu nì
요우 니

고소해요
可口
ké kǒu
커 코우

담백해요
清淡
qīng dàn
칭 딴

시원해요
爽口
shuǎng kǒu
쑤앙 코우

비려요
腥
xīng
씽

PART 2

자신만만 통 중국어

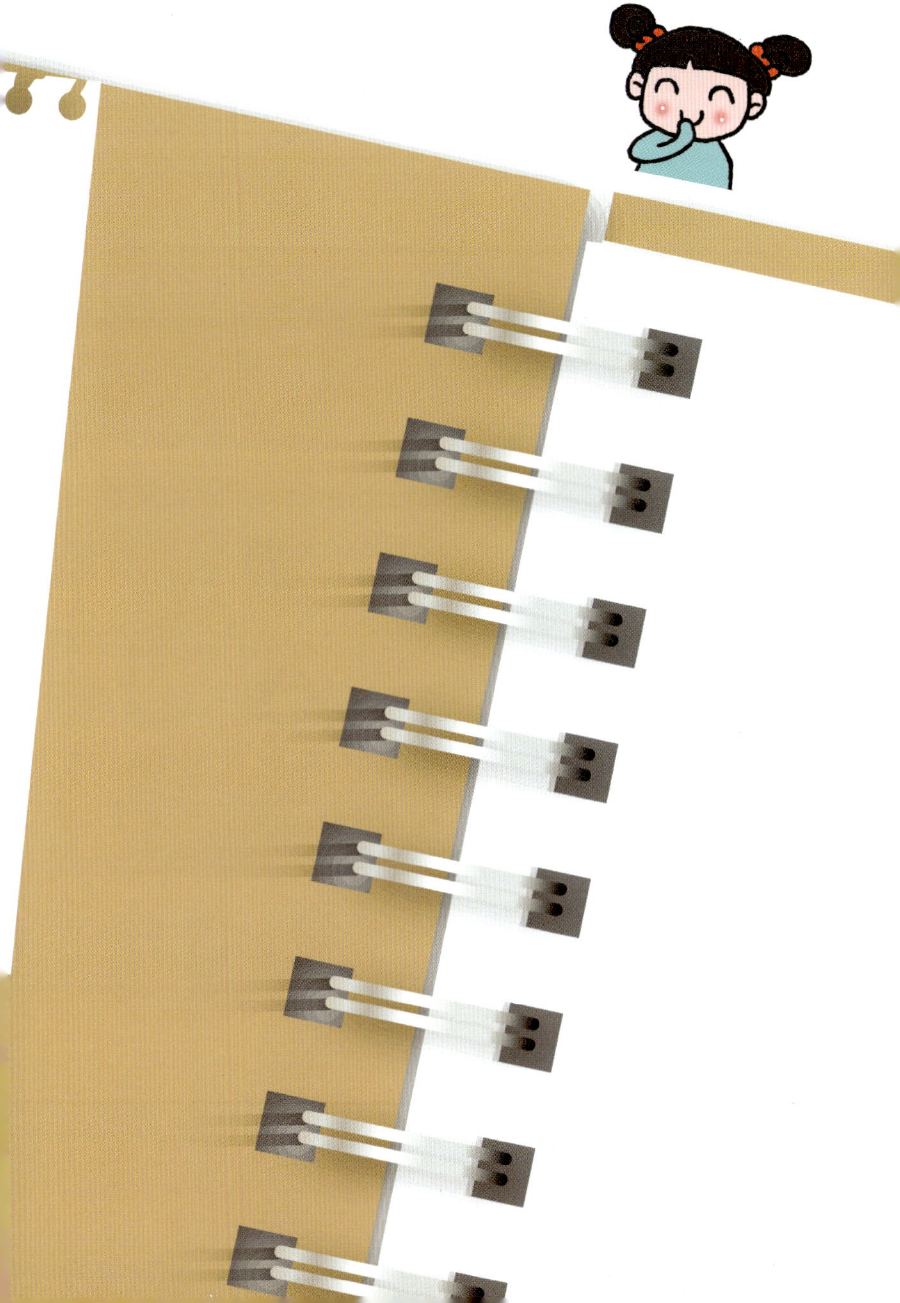

Unit 01. 기내에서

❶ 자리 찾기

바꿔 말하기

창문 입니다.
是 窗户 。
shì (chuāng hu)
쓰 (추앙 후)

비행기 기내

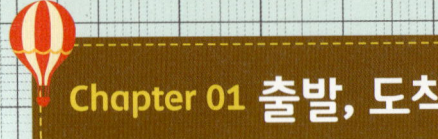

① 창문 窗户 chuāng hu 추앙 후	② 스튜어디스 空姐 kōng jiě 콩 지에	③ 객석 위쪽의 짐칸 舱顶行李箱 cāng dǐng xíng lǐ xiāng 창 딩 씽 리 씨앙
④ 에어컨 空调 kōng tiáo 콩 티아오	⑤ 조명 阅读灯 yuè dú dēng 위에 뚜 떵	⑥ 모니터 显示器 xiǎn shì qì 씨엔 쓰 치

⑦ 좌석(자리) 座位 zuò wèi 쭈오 웨이	⑧ 이어폰 耳机 ěr jī 얼 지	⑨ 구명조끼 life best 救生衣 jiù shēng yī 지우 썽 이
⑩ 호출버튼 呼叫按钮 hū jiào àn niǔ 후 지아오 안 니우	⑪ 안전벨트 安全带 ān quán dài 안 취엔 따이	⑫ 짐 行李 xíng li 씽 리
⑬ 통로 通道 tōng dào 통 따오	⑭ 비상구 紧急出口 jǐn jí chū kǒu 진 지 츄 코우	⑮ 화장실 厕所 cè suǒ 처 수오

핵심문장 익히기

- 제 자리입니다.
  这是我的座位。
  zhè shì wǒ de zuò wèi
  쩌 쓰 워 더 쭈오 웨이

- 제 자리를 좀 안내해주세요.
  请帮我找一下座位。
  qǐng bāng wǒ zhǎo yí xià zuò wèi
  칭 빵 워 쨔오 이 씨아 쭈오 웨이

- 제 자리는 어디인가요?
  请问我的座位在哪里?
  qǐng wèn wǒ de zuò wèi zài nǎ lǐ
  칭 원 워 더 쭈오 웨이 짜이 나 리

- 창가 / 통로 자리를 원해요.
  我想要靠窗 / 通道的座位。
  wǒ xiǎng yào kào chuāng / tōng dào de zuò wèi
  워 씨앙 야오 카오 추앙 / 통 따오 더 쭈오 웨이

- 의자를 젖혀도 될까요?
  座位可以往后放吗?
  zuò wèi kě yǐ wǎng hòu fàng ma
  쭈오 웨이 커 이 왕 호우 팡 마

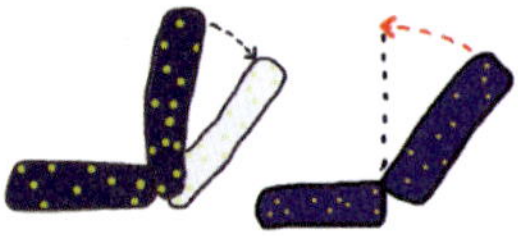

- 자리를 좀 찾아주시겠어요?
  请帮我找座位好吗?
  qǐng bāng wǒ zhǎo zuò wèi hǎo ma
  칭 빵 워 쨔오 쭈오 웨이 하오 마

- 짐을 올려 주시겠어요?
  请帮我把行李放上去好吗?
  qǐng bāng wǒ bǎ xíng li fàng shàng qù hǎo ma
  칭 빵 워 빠 씽 리 팡 쌍 취 하오 마

- 죄송하지만 자리를 바꿔 주실 수 있나요?
  不好意思, 能换一下座位吗?
  bù hǎo yì si, néng huàn yí xià zuò wèi ma
  뿌 하오 이 스, 넝 후안 이 씨아 쭈오 웨이 마

- 지나가도 될까요?
  我可以过去吗?
  wǒ kě yǐ guò qù ma
  워 커 이 꾸오 취 마

❷ 기내 서비스

1. 승무원에게 서비스를 요구할 때

바꿔 말하기

신문 주세요.

请给我 报纸 。

qǐng gěi wǒ (bào zhǐ)

칭 게이 워 (빠오 쯔)

기내 서비스 물품

신문		한글	영어	일어	중국어
报纸 bào zhǐ 빠오 쯔		韩文 hán wén 한 원	英文 yīng wén 잉 원	日文 rì wén 르 원	中文 zhōng wén 쫑 원

면세품 목록		잡지	
免税商品目录 miǎn shuì shāng pǐn mù lù 미엔 쑤이 쌍 핀 무 루		杂志 zá zhì 자 쯔	
담요 毛毯 máo tǎn 마오 탄		베개 枕头 zhěn tou 쩐 토우	
입국카드 外国人入境卡 wài guó rén rù jìng kǎ 와이 꾸오 런 루 찡 카		화장지 纸巾 zhǐ jīn 쯔 찐	

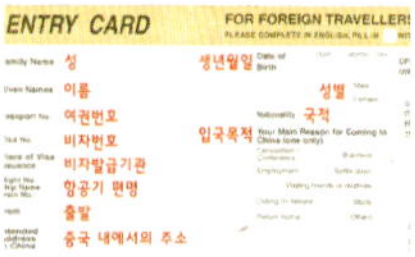

▶ 기내 서비스 – 신문

A: 승무원!
乘务员!
chéng wù yuán
청 우 위엔

B: 무엇을 도와드릴까요?
有什么可以帮您的吗?
yǒu shén me kě yǐ bāng nín de ma
요우 썬 머 커 이 빵 닌 더 마

A: (신문) 주세요.
请给我(报纸)。
qing gěi wǒ (bào zhǐ)
칭 게이 워 (빠오 쯔)

핵심문장 익히기

- 언제 도착하나요?
  什么时候能够到呢?
  shén me shí hóu néng gòu dào ne
  썬 머 쓰 호우 넝 꼬우 따오 너

- 몸이 불편해요, 도와주세요. (p 323 '질병, 사고' 참고)
  我身体不舒服, 请帮我一下。
  wǒ shēn tǐ bù shū fu, qǐng bāng wǒ yí xià
  워 썬 티 뿌 쑤 푸, 칭 빵 워 이 씨아

2. 음료나 음식을 요청할 때

바꿔말하기

음료수 주세요.
请给我 饮料 。
qǐng gěi wǒ (yǐn liào)
칭 게이 워 (인 리아오)

음료, 식사 관련

음료수 饮料 yǐn liào 인 리아오 	망고 주스 芒果汁 máng guǒ zhī 망 꾸오 쯔 	콜라 可乐 kě lè 커 러 
오렌지주스 橙汁 chéng zhī 청 쯔 	우유 牛奶 niú nǎi 니우 나이 	커피 咖啡 kā fēi 카 페이 
맥주 啤酒 pí jiǔ 피 찌우 	물 水 shuǐ 쑤이 	식사 饭 fàn 판 
포크 叉子 chā zi 챠 즈 	나이프 刀子 dāo zi 따오 즈 	젓가락 筷子 kuài zi 쿠아이 즈 

▶ 기내 서비스 – 음료 또는 음식

A: 무엇으로 드시겠어요?
请问您想吃点什么?
qǐng wèn nín xiǎng chī diǎn shén me
칭 원 닌 씨앙 츠 띠엔 썬 머

어떤 음료수를 드시겠어요?
请问您想喝点什么饮料?
qǐng wèn nín xiǎng hē diǎn shén me yǐn liào
칭 원 닌 씨앙 허 띠엔 썬머 인 리아오

B: 어떤 요리(음료수)가 있나요?
请问有什么吃的(饮料)?
qǐng wèn yǒu shén me chī de (yǐn liào)
칭 원 요우 썬 머 츠 더 (인 리아오)

A: 닭고기와 소고기 요리가 있습니다.
有鸡肉饭和牛肉饭。
yǒu jī ròu fàn hé niú ròu fàn
요우 찌 로우 판 허 니우 로우 판

B: 닭고기 요리 주세요.
请给我鸡肉饭。
qǐng gěi wǒ jī ròu fàn
칭 게이 워 찌 로우 판

고맙지만, 식사 안 할게요.
我不需要饭, 谢谢。
wǒ bù xū yào fàn, xiè xiè
워 뿌 쉬 야오 판, 씨에 씨에

A: 치워 드릴까요?
我可以给您收拾了吗?
wǒ kě yǐ gěi nín shōu shí le ma
워 커 이 게이 닌 쏘우 쓰 러 마

B: 치워 주세요.
你能帮我收拾一下吗?
nǐ néng bāng wǒ shōu shí yí xià ma
니 넝 빵 워 쏘우 쓰 이 씨아 마

나중에 치워 주세요.
待会儿再收拾吧。
dāi huìr zài shōu shí ba
따이 후얼 짜이 쏘우 쓰 빠

잘 먹었습니다.
我吃得很好。
wǒ chī de hěn hǎo
워 츠 더 헌 하오

한 잔 더 주세요.
再给我一杯。
zài gěi wǒ yì bēi
짜이 게이 워 이 뻬이

좀 더 주세요.
再给我一点。
zài gěi wǒ yì diǎn
짜이 게이 워 이 띠엔

3. 기내 면세품을 구입할 때

바꿔말하기

담배 주세요.
请给我 香烟 。
qǐng gěi wǒ (xiāng yān)
칭 게이 워 (씨앙 이엔)

기내 면세품

담배	술	화장품
香烟 xiāng yān 씨앙 이엔 	酒 jiǔ 찌우 	化妆品 huà zhuāng pǐn 후아 쭈앙 핀 

향수 香水 xiāng shuǐ 씨앙 쑤이 	시계 手表 shǒu biǎo 쏘우 삐아오 	목걸이 项链 xiàng liàn 씨앙 리엔 

핵심문장 익히기

- 이것으로 주세요.
  请给我这个。
  qǐng gěi wǒ zhè ge
  칭 게이 워 쩌 거

- 면세품 판매는 언제 하나요?
  什么时候可以买免税品?
  shén me shí hóu kě yǐ mǎi miǎn shuì pǐn
  썬 머 쓰 호우 커 이 마이 미엔 쑤이 핀

- 카탈로그를 보여 주시겠어요?
  请给我看一下商品目录?
  qǐng gěi wǒ kàn yí xià shāng pǐn mù lù
  칭 게이 워 칸 이 씨아 쌍 핀 무 루

- 가격이 얼마예요?
  多少钱?
  duō shǎo qián
  뚜오 싸오 치엔

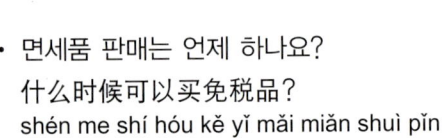

입국카드

ENTRY CARD

FOR FOREIGN TRAVELLERS

PLEASE COMPLETE IN ENGLISH. FILL IN ☐ WITH ✓

Family Name 성

Given Names 이름

Passport No. 여권번호

Visa No. 비자번호

Place of Visa Issuance 비자발급기관

Flight No. / Ship Name / Train No. 항공기 편명

From 출발

Intended Address in China 중국 내에서의 주소

생년월일 Date of Birth YEAR MONTH DAY

성별 Male / Female

Nationality 국적

입국목적 Your Main Reason for Coming to China (one only)

Convention / Conference — Business

Employment — Settle down

Visiting friends or relatives

Outing /in leisure — Study

Return home — Others

OFFICIAL USE ONLY

证件种类

签证种类

公安部出入境管理局监制

I declare the information I have given is true, correct and complete. I understand incorrect or untrue answer to any questions may have serious consequences.

SIGNATURE 서명

Date of Entry 입국날짜 YEAR MONTH DAY

출국카드

CHINA CUSTOMS
BAGGAGE DECLARATION FORM FOR OUTGOING PASSENGERS

Please read the instructions on the reverse side and provide information or mark "√" in the space

1. Surname 성

Given Name 이름

2. Date of Birth 생년 Year 월 Month 일 Day

3. Sex ☐ Male 남 ☐ Female 여

4. No. of Traveler's Document 여권번호

5. Nationality(Region) China ☐ (Hong Kong ☐ Macao ☐ Taiwan ☐)
Other Nationals 국적(한국)

6. Purpose of the Trip ☐ Official ☐ Business ☑ Leisure ☐ Study ☐ Immigration ☐ Visiting Friends or Relatives ☐ Return Residents ☐ Others

7. Flight No./Vehicle No./ Vessel Name 항공편수

8. Number of persons under the age of 16 traveling with you ☐

I am (We are) taking out of China's Customs territory

	Yes	No
9. trip necessities (camera, vidicon, laptop,etc.) valued each at over RMB 5,000, which will be brought back at the end of the trip.	☐	☑
10. Chinese currency in cash exceeding RMB 20,000 or foreign currencies in cash exceeding USD 5,000 if converted into US dollar.	☐	☑
11. gold, silver and other precious metals.	☐	☑
12. cultural relics, endangered animals or plants and products thereof, biology species resources.	☐	☑
13. radio transmitters, radio receivers, communication security equipments.	☐	☑
14. other articles which are prohibited or restricted from being taken out of the territory in accordance with the law of the People's Republic of China.	☐	☑
15. goods of commercial value, samples, advertisements.	☐	☑

I HAVE READ THE INSTRUCTIONS ON THE REVERSE SIDE OF THIS FORM AND DECLARE THAT THE INFORMATION GIVEN ON THIS FORM IS TRUE.

Passengers who are taking any articles included in items 9-14 shall fill out this form in detail.

Description	Quantity	Value	Type/Model	Customs Remarks

PASSENGER'S SIGNATURE 서명 Year 날짜 Month Date

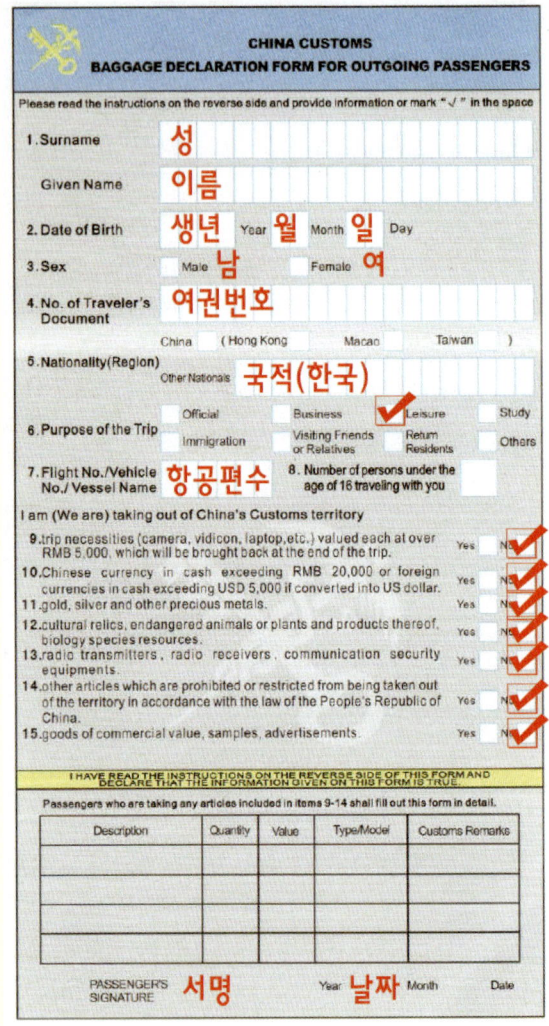

건강신고서

HEALTH DECLARATION FORM ON ENTRY/EXIT

Entry-Exit Inspection and Quarantine of the P. R. China

Notice: For your and others' health, please fill in the form truly and completely.

False information of intent will be followed with legal consequences.

Name 이름 ____ Sex: ☐Male 남 ☐Female 여

Date of Birth 생년월일 ____ Nationality/Region 국적 ____

Passport No. 여권번호 ____ Flight No. 항공기 편명 ____

The contact address and telephone number ____

체류지 주소와 전화번호 ____

1. Have you had close contact with poultry or bird in the past 7 days?
   지난 7일 내에 조류를 가깝게 접한 적이 있나요? Yes☐ No☐
2. Have you had close contact with patients or suspects suffering from Avian Influenza in the past 7 days? Yes☐ No☐
3. Please mark the symptoms and diseases you have with "√" in the corresponding "☐" 아래와 같은 증상 혹은 질병이 있으면 체크하세요

☐Fever 열 ☐Snivel 콧물 ☐Cough 기침 ☐Sore throat 후두염

☐Headache 두통 ☐Diarrhoea 설사 ☐Vomiting 구토 ☐Breath Difficulty 호흡곤란

☐Venereal disease 성병 ☐AIDS/HIV 후천성면역결핍증 ☐Psychosis 정신이상

☐Active pulmonary tuberculosis 폐결핵

I declare all the information given in this form are true and correct.

Signature: 서명 ____ Date: 날짜 ____

Temperature (for quarantine official only): ____℃

Unit 02. 입국 심사

❶ 입국 심사관과의 대화 1

바꿔말하기

사업차 예요.

是 商务出差 。

shì (shāng wù chū chāi)

쓰 (쌍 우 츄 챠이)

입국심사 1

사업차 Business 商务出差 shāng wù chū chāi 쌍 우 츄 차이 	여행, 관광 Outing 旅行, 观光 lǚ xíng, guān guāng 뤼 씽, 꾸안 꾸앙 	공무 Convention 公务 gōng wù 꽁 우 
취업 Employment 就业 jiù yè 지우 예 	거주 Settle down 居住 jū zhù 쥐 쭈 	친척 방문 Visiting friends of relatives 探亲 tàn qīn 탄 친 
유학 Study 留学 liú xué 리우 쉬에 	귀국 Return home 回国 huí guó 후이 꾸오 	기타 Others 其它 qí tā 치 타 

▶ 방문 목적에 대해

A: 방문 목적이 무엇인가요?
请问您的访问目的是什么?
qǐng wèn nín de fǎng wèn mù dì shì shén me
칭 원 닌 더 팡 원 무 띠 쓰 썬 머

B: (사업차)예요.
是(商务出差)。
shì (shāng wù chū chāi)
쓰 (쌍 우 츄 차이)

❷ 입국 심사관과의 대화 2

바꿔 말하기

호텔 에서 머물러요.
在 酒店 住。
zài (jiǔ diàn) zhù
짜이 (지우 띠엔) 쮸

입국심사 2

호텔 酒店 jiǔ diàn 찌우 띠엔	친척집 亲戚的家里 qīn qi de jiā lǐ 친 치 더 찌아 리	미정입니다. 还没决定。 hái méi jué dìng 하이 메이 쥐에 띵

▶ 체류지에 대해

A: 어디에서 머무시나요?
您住在哪里?
nín zhù zài nǎ lǐ
닌 쭈 짜이 나 리

B: (호텔)에서 머뭅니다.
在(酒店)住。
zài (jiŭ diàn) zhù
짜이 (지우 띠엔) 쭈

❸ 입국 심사관과의 대화 3

▶ 기타

A: 여권을 보여 주시겠어요.
请给我看一下您的护照。
qĭng gěi wŏ kàn yí xià nín de hù zhào
칭 게이 워 칸 이 씨아 닌 더 후 쨔오

B: 여기 있습니다.
给您护照。
gěi nín hù zhào
게이 닌 후 쨔오

A: 어느 나라에서 왔나요?
请问您是从哪个国家来的?
qĭng wèn nín shì cóng nă ge guó jiā lái de
칭 원 닌 쓰 총 나 꺼 꾸오 찌아 라이 더

B: (한국)에서 왔어요.
我是从(韩国)来的。
wŏ shì cóng (hán guó) lái de
워 쓰 총 (한 꾸오) 라이 더

A: 며칠 정도 머물 생각인가요?
您会在中国停留几天?
nín huì zài zhōng guó tíng liú jĭ tiān
닌 후이 짜이 쫑 꾸오 팅 리우 찌 티엔

B: (일주일) 머물 거예요. (p 381 '기간' 참고)
我要停留(一周)。
wǒ yào ting liú (yì zhōu)
워 야오 팅 리우 (이 쪼우)

A: 돌아가는 항공권을 가지고 있나요?
您有回程机票吗?
nín yǒu huí chéng jī piào ma
닌 요우 후이 청 찌 피아오 마

B: 네. / 아니요.
有。/ 没有。
yǒu / méi yǒu
요우 / 메이 요우

A: 현금은 얼마나 가지고 있나요?
您带了多少现金?
nín dài le duō shǎo xiàn jīn
닌 따이 러 뚜오 쌰오 씨엔 찐

B: (300위안) 가지고 있어요. (p 238 '물건 사기' 참고)
我有(三百块钱)。
wǒ yǒu (sān bǎi kuài qián)
워 요우 (산 빠이 쿠아이 치엔)

A: 이 나라는 처음이세요?
第一次到这里来吗?
dì yī cì dào zhè lǐ lái ma
띠 이 츠 따오 쩌 리 라이 마

B: 네. / 아니오.
是。/ 不是。
shì / bú shì
쓰 / 뿌 쓰

Unit 03. 수화물 찾기

❶ 수화물을 찾을 때

바꿔말하기

수화물을 못 찾겠어요.
我 找不到 行李。
wǒ (zhǎo bù dào) xíng li
워 (짜오 뿌 따오) 씽 리

수화물 찾기

분실했어요. 丢了。 diū le 띠우 러	바꼈어요. 拿错了。 ná cuò le 나 추오 러

▶ 수화물 찾는 곳을 물을 때

A: 수화물 찾는 곳이 어디 있나요?
请问在哪里取行李?
qǐng wèn zài nǎ lǐ qǔ xíng li
칭 원 짜이 나 리 취 씽 리

B: 어느 비행기로 오셨습니까?
请问您的航班号是多少?
qǐng wèn nín de háng bān hào shì duō shǎo
칭 원 닌 더 항 빤 하오 쓰 뚜오 쌰오

A: E64편 비행기로 왔습니다.
航班号是E64。
háng bān hào shì E liù shí sì
항 빤 하오 쓰 이 리우 쓰 스

B: 저쪽으로 가세요.
请往那边走。
qǐng wǎng nà biān zǒu
칭 왕 나 삐엔 조우

핵심문장 익히기

- 카트가 어디 있나요?
  请问哪里有手推车?
  qǐng wèn nǎ lǐ yǒu shǒu tuī chē
  칭 원 나 리 요우 쏘우 투이 처

- 유실물 관리 사무소가 어디죠?
  请问失物招领处在哪里?
  qǐng wèn shī wù zhāo lǐng chù zài nǎ lǐ
  칭 원 쓰 우 쨔오 링 추 짜이 나 리

- 저의 수화물 인환증입니다.
  这是我的行李票。
  zhè shì wǒ de xíng li piào
  쪄 쓰 워 더 씽 리 피아오

- 수화물이 파손됐어요.
  我的行李破损了。
  wǒ de xíng li pò sǔn le
  워 더 씽 리 포어 쉰 러

- 수화물이 나오지 않았어요.
  我的行李还没有出来。
  wǒ de xíng li hái méi yǒu chū lai
  워 더 씽 리 하이 메이 요우 츄 라이

- 분실 신고를 할게요.
  我想要挂失。
  wǒ xiǎng yào guà shī
  워 씨앙 야오 꾸아 쓰

- 보상해 주세요.
  请赔偿。
  qǐng péi cháng
  칭 페이 챵

❷ 세관원과의 대화

바꿔말하기

이것은 개인 소지품 입니다.
这是 私人物品 。
zhè shì (sī rén wù pǐn)
쩌 쓰 (스 런 우 핀)

개인 물품

개인 소지품 私人物品 sī rén wù pǐn 스 런 우 핀 	선물 礼物 lǐ wù 리 우 

▶ **세관원과 대화할 때**

A: 여권과 신고서를 보여 주세요.
请给我看一下护照和申报单。
qǐng gěi wǒ kàn yí xià hù zhào hé shēn bào dān
칭 게이 워 칸 이 씨아 후 쨔오 허 썬 빠오 딴

신고할 물건이 있나요?
请问您有要申报的物品吗?
qǐng wèn nín yǒu yào shēn bào de wù pǐn ma
칭 원 닌 요우 야오 썬 빠오 더 우 핀 마

B: 신고할 물건이 있습니다.
我有物品需要申报。
wǒ yǒu wù pǐn xū yào shēn bào
워 요우 우 핀 쉬 야오 썬 빠오

신고할 물건이 없습니다.
我没有物品需要申报。
wǒ méi yǒu wù pǐn xū yào shēn bào
워 메이 요우 우 핀 쉬 야오 썬 빠오

A: 가방을 열어 주시겠어요.
请把您的行李打开一下。
qǐng bǎ nín de xíng li dǎ kāi yí xià
칭 빠 닌 더 씽 리 따 카이 이 씨아

B: 이것은 (개인 소지품)입니다.
这是(私人物品)。
zhè shì (sī rén wù pǐn)
쩌 쓰 (스 런 우 핀)

Unit 04. 공항에서

❶ 환전원과의 대화

바꿔 말하기

달러 를 인민폐 로 환전해 주세요.

请帮我把 美元 换成 人民币 。

qǐng bāng wǒ bǎ (měi yuán) huàn chéng (rén mín bì)

칭 빵 워 빠 (메이 위엔) 후안 청 (런 민 삐)

동전으로 주세요.

请给我 硬币 。

qǐng gěi wǒ (yìng bì)

칭 게이 워 (잉 삐)

지폐와 동전

여행자 수표

旅行支票

lǚ xíng zhī piào

뤼 씽 쯔 피아오

인민폐

人民币

rén mín bì

런 민 삐

한화

韩币

hán bì

한 삐

달러

美元

měi yuán

메이 위엔

현금으로

以现金的形式

yǐ xiàn jīn de xíng shì

이 씨엔 찐 더 씽 쓰

수표로

以支票的形式

yǐ zhī piào de xíng shì

이 쯔 피아오 더 씽 쓰

지폐로

以纸币的形式

yǐ zhǐ bì de xíng shì

이 쯔 삐 더 씽 쓰

동전으로

以硬币的形式

yǐ yìng bì de xíng shì

이 잉 삐 더 씽 쓰

▶ 환전을 할 때

A: (달러)를 (인민폐)로 환전하려고 하는데요, 환율이 얼마예요?
我想把(美元)换成(人民币)，请问汇率是多少?
wǒ xiǎng bǎ (měi yuán) huàn chéng (rén mín bì), qǐng wèn huì lǜ shì duō shǎo
워 씨앙 빠 (메이 위엔) 후안 청 (런 민 삐), 칭 원 후이 뤼 쓰 뚜오 싸오

B: 100달러에 600위안입니다.
100美元兑换600元人民币。
yì bǎi měi yuán duì huàn liù bǎi yuán rén mín bì
이 빠이 메이 위엔 뚜이 후안 리우 빠이 위엔 런 민 삐

어떻게 바꿔 드릴까요?
请问您想要怎么换?
qǐng wèn nín xiǎng yào zěn me huàn
칭 원 닌 씨앙 야오 쩐 머 후안

A: [돈을 건네며] 다양하게 섞어 주세요. (p 238 '물건 사기' 참고)
各种面值都要。
gè zhǒng miàn zhí dōu yào
꺼 종 미엔 쯔 또우 야오

(10위안), (20위안) 섞어 주세요.
请给我(10元)和(20元)面值的人民币。
qǐng gěi wǒ (shí yuán) hé (èr shí yuán) miàn zhí de rén mín bì
칭 께이 워 (쓰 위엔) 허 (얼 쓰 위엔) 미엔 쯔 더 런 민 삐

(100위안) (5장) 주세요.
请给我(5张)(100元)的人民币。
qǐng gěi wǒ (wǔ zhāng) (yī bǎi yuán) de rén mín bì
칭 게이 워 (우 짱) (이 빠이 위엔) 더 런 민 삐

B: 신분증을 주세요.
请出示您的身份证。
qǐng chū shì nín de shēn fèn zhèng
칭 추 쓰 닌 더 썬 펀 쩡

핵심문장 익히기

- 환전은 어디에서 하나요?
  请问在哪里可以换钱?
  qǐng wèn zài nǎ lǐ kě yǐ huàn qián
  칭 원 짜이 나 리 커 이 후안 치엔

- 영수증을 주세요.
  请给我发票。
  qǐng gěi wǒ fā piào
  칭 게이 워 파 피아오

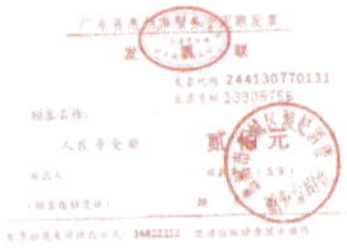

- 환전하려고 하는데, 중국은행이 어디에 있나요?
  我想去换钱, 请问中国银行怎么走?
  wǒ xiǎng qù huàn qián, qǐng wèn zhōng guó yín háng zěn me zǒu
  워 씨앙 취 후안 치엔, 칭 원 쫑 꾸오 인 항 쩐 머 쪼우

中国银行
BANK OF CHINA

❷ 관광 안내원에게 문의하기

바꿔 말하기

시내지도 주세요.
请给我 市内地图 。
qǐng gěi wǒ (shì nèi dì tú)
칭 게이 워 (쓰 네이 띠 투)

관광지도 있나요?
请问有 观光地图 吗?
qǐng wèn yǒu (guān guāng dì tú) ma
칭 원 요우 (꾸안 꾸앙 띠 투) 마

여행 관련 자료

지하철 노선도 地铁路线图 dì tiě lù xiàn tú 띠 티에 뤼 씨엔 투 	관광지도 观光地图 guān guāng dì tú 꾸안 꾸앙 띠 투 	여행안내자료 观光信息资料 guān guāng xìn xī zī liào 꾸안 꾸앙 씬 씨 즈 리아오 
한국어 팸플릿 韩国语手册 hán guó yǔ shǒu cè 한 꾸오 위 쏘우 처	시내지도 市内地图 shì nèi dì tú 쓰 네이 띠 투	버스 시간표 公交车时间表 gōng jiāo chē shí jiān biǎo 꽁 찌아오 처 쓰 찌엔 삐아오
버스 노선도 公交车路线图 gōng jiāo chē lù xiàn tú 꽁 찌아오 처 뤼 씨엔 투	호텔 리스트 酒店名单 jiǔ diàn míng dān 찌우 띠엔 밍 딴	버스 투어 안내서 观光巴士指南 guān guāng bā shì zhǐ nán 꾸안 꾸앙 빠 쓰 쯔 난

▶ 지하철 노선도 등을 달라고 할 때

A: (지하철 노선도) 있나요?
请问有(地铁路线图)吗?
qǐng wèn yǒu (dì tiě lù xiàn tú) ma
칭 원 요우 (띠 티에 뤼 씨엔 투) 마

B: 있습니다. / 없습니다.
有。/ 没有。
yǒu / méi yǒu
요우 / 메이 요우

핵심문장 익히기

- ~가는 교통편을 알려 주세요.
  请告诉我去~的交通信息。
  qǐng gào sù wǒ qù ~ de jiāo tōng xìn xī
  칭 까오 수 워 취 ~ 더 지아오 통 씬 시

- 여기에서 호텔을 예약할 수 있나요?
  可以在这里预订酒店吗?
  ké yǐ zài zhè lǐ yù dìng jiǔ diàn ma
  커 이 짜이 쩌 리 위 띵 지우 띠엔 마

- 한국어로 된 것 있나요?
  有韩文版的吗?
  yǒu hán wén bǎn de ma
  요우 한 원 빤 더 마

- 한국어 하시는 분 계세요?
  请问有会讲韩国语的人吗?
  qǐng wèn yǒu huì jiǎng hán guó yǔ de rén ma
  칭 원 요우 후이 찌앙 한 꾸오 위 더 런 마

핵심 단어

출발 입구 出发入口 chū fā rù kǒu 추 파 루 코우	도착 입구 到达入口 dào dá rù kǒu 따오 따 루 코우	탑승 입구 搭乘入口 dā chéng rù kǒu 따 청 루 코우	국내선 国内线 guó nèi xiàn 꾸오 네이 씨엔
탑승수속 중 办理登机中 bàn lǐ dēng jī zhōng 빤 리 떵 지 쫑	환승 비행기 换乘飞机 huàn chéng fēi jī 후안 청 페이 지	지연 延迟 yán chí 이엔 츠	공석 대기 空位待机 kōng wèi dài jī 콩 웨이 따이 지

Chapter 02 교통

Unit 01. 장소나 길 묻기

❶ 장소를 찾을 때

바꿔말하기

[리무진버스 정류장]이 어디에 있나요?
请问 [机场巴士站] 在哪里?
qǐng wèn (jī chǎng bā shì zhàn) zài nǎ lǐ
칭 원 (찌 창 빠 쓰 짠) 짜이 나 리

근처에 [매표소]가 있나요?
附近有 [售票厅] 吗?
fù jìn yǒu (shòu piào tīng) ma
푸 찐 요우 (쏘우 피아오 팅) 마

대중교통, 공용시설

시외버스 터미널 汽车站 qì chē zhàn 치 처 짠  客运站 kè yùn zhàn 커 윈 짠 汽车总站 qì chē zǒng zhàn 치 처 쫑 짠	관광버스 터미널 观光巴士站 guān guāng bā shì zhàn 꾸안 꾸앙 빠 쓰 짠 	여객 터미널(선박) 客运港口(船) kè yùn gǎng kǒu (chuán) 커 윈 깡 코우 (추안) 
리무진버스 정류장 机场巴士站 jī chǎng bā shì zhàn 찌 창 빠 쓰 짠 	버스 정류장 公交车站 gōng jiāo chē zhàn 꽁 찌아오 처 짠 	택시 정류장 出租车招停点 chū zū chē zhāo tíng diǎn 추 쭈 처 짜오 팅 띠엔 

공항 机场 jī chǎng 찌 창 	열차역 火车站 huǒ chē zhàn 후오 처 짠 	지하철역 地铁站 dì tiě zhàn 띠 티에 짠 
주차장 停车场 tíng chē chǎng 팅 처 창 	비상구 安全出口 ān quán chū kǒu 안 취엔 추 코우 	엘리베이터 电梯 diàn tī 띠엔 티 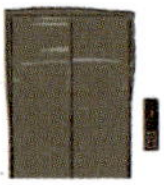
매표소 售票厅 shòu piào tīng 쏘우 피아오 팅 	자전거 대여점 自行车租赁店 zì xíng chē zū lìn diàn 즈 씽 처 쭈 린 띠엔 	렌트카 대여소 汽车租赁店 qì chē zū lìn diàn 치 처 쭈 린 띠엔 
입구 / 출구 入口 / 出口 rù kǒu / chū kǒu 루 코우 / 추 코우 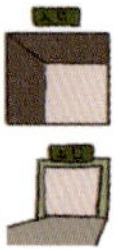	예약 창구 预约窗口 yù yuē chuāng kǒu 위 위에 추앙 코우 	환불 창구 退票窗口 tuì piào chuāng kǒu 투이 피아오 추앙 코우 

핵심문장 익히기

- 말씀 좀 묻겠습니다.
  麻烦问一下。
  má fán wèn yí xià
  마 판 원 이 샤

- ~까지 어떻게 가나요?
  到 ~ 怎么走?
  dào ~ zěn me zǒu
  따오 ~ 쩐 머 쪼우

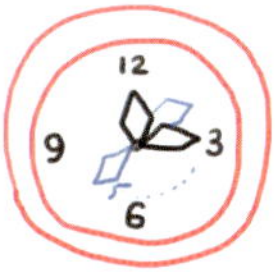

- ~까지 가는데 시간이 얼마나 걸리나요?

  到~需要多长时间?

  dào ~ xū yào duō cháng shí jiān

  짜오 ~ 쉬 야오 뚜오 챵 쓰 찌엔

- 어떻게 가면 가장 빠르나요?

  怎么去最快?

  zěn me qù zuì kuài

  전 머 취 쭈이 쿠아이

- 걸어서 갈 수 있나요?

  走路能到吗?

  zǒu lù néng dào ma

  조우 루 넝 따오 마

- 걸어서 얼마나 걸리나요?

  走路多久能到?

  zǒu lù duō jiǔ néng dào

  조우 루 뚜오 찌우 넝 따오

- 여기서 먼가요? (멀어요 / 가까워요)

  离这里远吗? (远 / 近)

  lí zhè lǐ yuǎn ma (yuǎn / jìn)

  리 쩌 리 위엔 마 (위엔 / 찐)

❷ 길을 찾을 때

바꿔말하기

여기에서 직진하세요.

从这里 直走。

(cóng zhè lǐ) zhí zǒu

(총 쩌 리) 쯔 쪼우

전봇대에서 도세요.

在电线杆那里 转弯。

(zài diàn xiàn gān nà lǐ) zhuǎn wān

(짜이 띠엔 씨엔 깐 나 리) 쭈안 완

방향, 장소

방향, 장소		
동서남북 东西南北 dōng xī nán běi 똥 씨 난 뻬이 	여기 / 저기(에서) (在)这里 / 那里 (zài) zhè lǐ / nà lǐ (짜이) 쩌 리 / 나 리 	사거리에서 在十字路口那里 zài shí zì lù kǒu nà lǐ 짜이 쓰 즈 루 코우 나 리 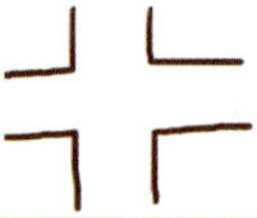
건물에서 在大楼那里 zài dà lóu nà lǐ 짜이 따 로우 나 리 	골목에서 在巷子那里 zài xiàng zi nà lǐ 짜이 씨앙 즈 나 리 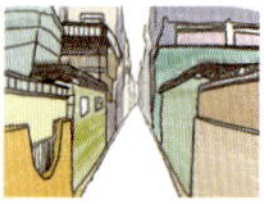	모퉁이에서 在拐角处那里 zài guǎi jiǎo chù nà lǐ 짜이 꾸아이 찌아오 추 나 리 
삼거리에서 在三岔路口那里 zài sān chà lù kǒu nà lǐ 짜이 산 차 루 코우 나 리 	이쪽 / 저쪽 / 오른쪽 / 왼쪽 / 앞 / 뒤(에서) (在)这边 / 那边 / 右边 / 左边 / 前边 / 后边 (zài) zhè biān / nà biān / yòu biān / zuǒ biān / qián biān / hòu biān (짜이) 쩌 삐엔 / 나 삐엔 / 요우 삐엔 / 쭈오 삐엔 / 치엔 삐엔 / 호우 삐엔	

바꿔 말하기

다리를 건너세요.
请过 桥 。
qǐng guò (qiáo)
칭 꾸오 (치아오)

도와주세요, 길을 잃어 버렸어요.
请帮我一下, 我迷路了 。
qǐng bāng wǒ yí xià, (wǒ mí lù le)
칭 빵 워 이 씨아, (워 미 루 러)

횡단보도
人行横道
rén xíng héng dào
런 씽 헝 따오

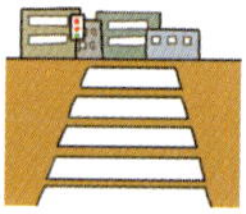

신호등
红绿灯
hóng lǜ dēng
홍 뤼 떵

길을 잃어 버렸어요.
我迷路了。
wǒ mí lù le
워 미 루 러

여기가 어딘지 모르겠어요.
我不知到这是哪里。
wǒ bù zhī dào zhè shì nǎ lǐ
워 뿌 쯔 따오 쩌 쓰 나 리

▶ 길을 물을 때

A: 여기 가려면 어떻게 가야 하나요?
去这里的话, 怎么走?
qù zhè li de huà, zěn me zǒu
취 쩌 리 더 후아, 쩐머 쪼우

B: (이쪽에서) 직진하다가 (다리) 건너세요.
(从这里)直走之后过(桥)。
(cóng zhè lǐ) zhí zǒu zhī hòu guò (qiáo)
(총 쩌리) 쯔 쪼우 쯔 호우 꾸오 (치아오)

A: 걸어가기에 가까운 거리입니까?
我走着去的话很近吗?
wǒ zǒu zhe qù de huà hěn jìn ma
워 쪼우 쩌 취 더 후아 헌 찐 마

B: 네, 걸어갈 수 있습니다. / 아니요, 차를 타야 합니다.
是的, 走着去的话很近。/ 不行, 要坐车才能去。
shì de, zǒu zhe qù de huà hěn jìn / bù xíng, yào zuò chē cái néng qù
쓰 더, 쪼우 쩌 취 더 후아 헌 찐 / 뿌 씽, 야오 쭈오 처 차이 넝 취

A: 감사합니다.
谢谢您。
xiè xie nín
씨에 씨에 닌

B: 그냥, 제가 데려다 드릴게요. 저를 따라 오세요.
我带您去好了。请跟我来。
wǒ dài nǐn qù hǎo le. qǐng gēn wǒ lái
워 따이 닌 취 하오 러. 칭 껀 워 라이

핵심문장 익히기

- 차를 잘못 탔어요.
  乘错车了。
  chéng cuò chē le
  청 추오 처 러

- 여기가 어디인가요?
  这里是哪里?
  zhè lǐ shì nǎ lǐ
  쩌 리 쓰 나 리

- 지도에 위치를 알려 주세요.
  请问在地图的哪个位置。
  qǐng wèn zài dì tú de nǎ ge wèi zhì
  칭 원 짜이 띠 투 더 나 거 웨이 쯔

- 약도를 그려 주세요.
  请画一下略图。
  qǐng huà yí xià lüè tú
  칭 후아 이 씨아 뤼에 투

- 도와주셔서 감사합니다.
  非常感谢您的帮助。
  fēi cháng gǎn xiè nín de bāng zhù
  페이 창 깐 씨에 닌 더 빵 주

Unit 02. 택시

바꿔 말하기

이곳 으로 가 주세요, 아시겠지요?
请载我去 这个地方 ，你明白了吗？
qǐng zǎi wǒ qù (zhè ge dì fang), nǐ míng bai le ma
칭 짜이 워 취 (쩌 거 띠 팡), 니 밍 빠이 러 마

장소

이곳 这个地方 zhè ge dì fang 쩌 거 띠 팡	가까운 길 近路 jìn lù 찐 루

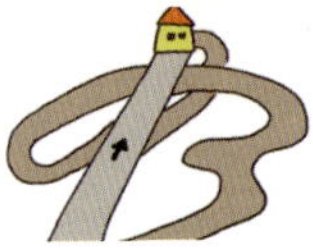

▶ 택시를 탈 때

A: 택시!
出租车!
chū zū chē
추 쭈 처

B: 어디까지 가세요?
请问您去哪里?
qǐng wèn nín qù nǎ lǐ
칭 원 닌 취 나 리

A: (이곳)으로 가주세요, 아시겠어요?
请带我去(这个地方)，您知道吗?
qǐng dài wǒ qù (zhè ge dì fāng), nín zhī dào ma
칭 따이 워 취 (쩌 꺼 띠 팡), 닌 쯔 따오 마

B: 어떤 길로 갈까요?
您走哪条路?
nín zǒu nǎ tiáo lù
닌 쪼우 나 티아오 루

A: 3호선을 경유해서 가 주세요.
请走经由三号线的路线。
qǐng zǒu jīng yóu sān hào xiàn de lù xiàn
칭 쪼우 찡 요우 산 하오 씨엔 더 루 씨엔

여기서 세워 주세요.
请停在这里。
qǐng tíng zài zhè lǐ
칭 팅 짜이 쩌 리

얼마예요?
请问一共多少钱?
qǐng wèn yí gòng duō shǎo qián
칭 원 이 꽁 뚜오 싸오 치엔

영수증을 주세요.
请给我发票。
qǐng gěi wǒ fā piào
칭 게이 워 파 피아오

핵심문장 익히기

- 트렁크를 열어 주세요.
  请把后备箱打开。
  qǐng bǎ hòu bèi xiāng dǎ kāi
  칭 빠 호우 뻬이 씨앙 따 카이

- 서둘러 주세요.
  请快一点。
  qǐng kuài yì diǎn
  칭 쿠아이 이 띠엔

- 여기에서 기다려 주세요.
  请在这里稍等一下。
  qǐng zài zhè lǐ shāo děng yí xià
  칭 짜이 쩌 리 싸오 떵 이 씨아

- 택시를 불러 주세요.
  请帮我叫出租车。
  qǐng bāng wǒ jiào chū zū chē
  칭 빵 워 찌아오 추 쭈 처

- 거스름돈을 주세요.
  请找钱。
  qǐng zhǎo qián
  칭 쨔오 치엔

- 거스름돈은 됐어요.
  不用找钱了。
  bú yòng zhǎo qián le
  뿌 용 쨔오 치엔 러

- 거스름돈이 모자라요.
  找钱找少了。
  zhǎo qián zhǎo shǎo le
  쨔오 치엔 쨔오 싸오 러

택시 렌탈

- 오늘 하루 렌탈 할 택시를 찾고 있어요.
  今天我想包一天车。
  jīn tiān wǒ xiǎng bāo yì tiān chē
  찐 티엔 워 씨앙 빠오 이 티엔 처

- 하루 빌리는 데 얼마예요?
  请问包一天车多少钱?
  qǐng wèn bāo yì tiān chē duō shǎo qián
  칭 원 빠오 이 티엔 처 뚜오 싸오 치엔

- 얼마까지 깎아 주실 수 있어요?
  请问能便宜多少?
  qǐng wèn néng pián yi duō shǎo
  칭 원 넝 피엔 이 뚜오 싸오

- 싸게 해 주면 빌릴게요.
  如果能便宜的话我就租。
  rú guǒ néng pián yi de huà wǒ jiù zū
  루 꾸오 넝 피엔 이 더 후아 워 찌우 쭈

Unit 03. 버스

❶ 시내버스

바꿔 말하기

이것은 일반버스 입니다.
这是 一般公交车 。
zhè shì (yì bān gōng jiāo chē)
쩌 스 (이 빤 꽁 지아오 처)

버스 종류 1

일반버스
一般公交车
yì bān gōng jiāo chē
이 빤 꽁 찌아오 처

트롤리버스
无轨电车
wú guǐ diàn chē
우 꾸이 띠엔 처

이층버스
双层公交车
shuāng céng gōng jiāo chē
쑤앙 청 꽁 찌아오 처

소형버스
小型客车
xiǎo xíng kè chē
씨아오 씽 커 처

핵심문장 익히기

• 어디에서 버스카드를 사나요?

请问在哪里买公交卡?

qǐng wèn zài nǎ lǐ mǎi gōng jiāo kǎ

칭 원 짜이 나 리 마이 꽁 찌아오 카

• 어디에서 버스카드를 충전 하나요?

请问公交卡在哪里充值?

qǐng wèn gōng jiāo kǎ zài nǎ lǐ chōng zhí

칭 원 꽁 찌아오 카 짜이 나 리 총 쯔

• ~에 가려면 몇 번 버스를 타야 하나요?

请问去~，应该坐几路公交车?

qǐng wèn qù ~, yīng gāi zuò jǐ lù gōng jiāo chē

칭 원 취 ~, 잉 까이 쭈오 찌 루 꽁 찌아오 처

• 이 버스 ~에 갑니까?

请问这路公交车去~吗?

qǐng wèn zhè lù gōng jiāo chē qù ~ ma

칭 원 쩌 루 꽁 찌아오 처 취 ~ 마

• ~에 가는 표 주세요.

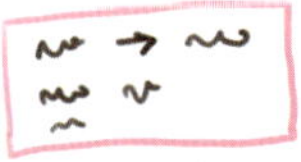

请给我去~的票。

qǐng gěi wǒ qù ~ de piào

칭 게이 워 취 ~ 더 피아오

• ~에 가는데 어디에서 내리나요?

去~应该在哪里下?

qù ~ yīng gāi zài nǎ lǐ xià

취 ~ 잉 까이 짜이 나 리 씨아

• ~에 가려면 갈아타야 하나요?

去~需要换乘吗?

qù ~ xū yào huàn chéng ma

취 ~ 쉬 야오 후안 청 마

• ~에 가려면 어디에서 갈아타나요?

去~应该在哪里换乘?

qù ~ yīng gāi zài nă lĭ huàn chéng

취 ~ 잉 까이 짜이 나 리 후안 청

• ~에 도착하면 알려 주세요.

到~的时候, 请告诉我。

dào ~ de shí hou, qĭng gào sù wŏ

따오 ~ 더 쓰 호우, 칭 까오 수 워

• 여기에서 내려요.

在这里下。

zài zhè lĭ xià

짜이 쩌 리 씨아

❷ 시외버스

바꿔말하기

럭셔리버스 표를 주시겠어요?
请给我 豪华大巴 票?
qǐng gěi wǒ (háo huá dà bā) piào
칭 게이 워 (하오 후아 따 빠) 피아오

버스 종류 2

럭셔리버스 豪华大巴 háo huá dà bā 하오 후아 따 빠 	에어컨버스 空调大巴 kōng tiáo dà bā 콩 티아오 따 빠 	침대버스 卧铺大巴 wò pù dà bā 워 푸 따 빠 
대형버스 大型巴士 dà xíng bā shì 따 씽 빠 쓰 	중형버스 中型巴士 zhōng xíng bā shì 쫑 씽 빠 쓰 	소형버스 小型巴士 xiǎo xíng bā shì 씨아오 씽 빠 쓰 

▶ 버스표를 구입할 때

A: 북경 가는 제일 빠른 차 몇 시에 있나요?
最快一班到北京的车是几点的?
zuì kuài yì bān dào běi jīng de chē shì jǐ diǎn de
쭈이 쿠아이 이 빤 따오 뻬이 찡 더 처 쓰 지 띠엔 더

B: 2시에 있어요. (p 368 '시간' 참고)
是两点的。
shì liǎng diǎn de
쓰 리앙 띠엔 더

A: (럭셔리버스) 표 2장 주세요. (p 377 '수' 참고)
请给我两张(豪华大巴)票。
qǐng gěi wǒ liǎng zhāng (háo huá dà bā) piào
칭 게이 워 리앙 짱 (하오 후아 따 빠) 피아오

B: 보험에 가입하시겠어요?
需要购买保险吗?
xū yào gòu mǎi bǎo xiǎn ma
쉬 야오 꼬우 마이 빠오 씨엔 마

A: 네, 가입해 주세요.
是, 我需要保险。
shì, wǒ xū yào bǎo xiǎn
쓰, 워 쉬 야오 빠오 씨엔

필요 없어요.
我不需要保险。
wǒ bù xū yào bǎo xiǎn
워 뿌 쉬 야오 빠오 씨엔

핵심문장 익히기

- 대기실이 어디인가요?
  请问候车大厅在哪里?
  qǐng wèn hòu chē dà tīng zài nǎ lǐ
  칭 원 호우 처 따 팅 짜이 나 리

- 이 차는 고속도로로 가나요?
  这个车走高速吗?
  zhè ge chē zǒu gāo sù ma
  쩌 거 처 쪼우 까오 수 마

- 직행버스인가요?
  是直达大巴吗？
  shì zhí dá dà bā ma
  쓰 쯔 따 따 빠 마

핵심 단어

고속버스 高速大巴 gāo sù dà bā 까오 수 따 빠	직행버스 直达大巴 zhí dá dà bā 쯔 따 따 빠	화장실 딸린 버스 有卫生间的大巴 yǒu wèi shēng jiān de dà bā 요우 웨이 셩 찌엔 더 따 빠
매일 每日一班 měi rì yì bān 메이 르 이 빤	격일 隔日一班 gé rì yì bān 꺼 르 이 빤	수시로 (사람이 차면 떠남) 随时 suí shí 수이 쓰

❸ 관광버스 투어

바꿔말하기

당일치기 관광버스 투어 있나요?
有没有观光巴士 当日 游？
yǒu méi yǒu guān guāng bā shì (dāng rì) yóu
요우 메이 요우 꾸안 꾸앙 빠 쓰 (땅 르) 요우

기간

반나절 半日 bàn rì 빤 르 	당일치기 当日 dāng rì 땅 르 	2일 两日 liǎng rì 리앙 르	3일 三日 sān rì 산 르

바꿔말하기

오전 관광버스 투어 있나요?

有没有 上午 的巴士半日游?

yǒu méi yǒu (shàng wǔ) de bā shì bàn rì yóu

요우 메이 요우 (쌍 우) 더 빠 쓰 빤 르 요우

시간

오전 上午 shàng wǔ 쌍 우		오후 下午 xià wǔ 씨아 우	

▶ 관광버스 투어를 문의할 때

A: 오늘 관광투어 할 수 있나요?
今天能参加观光旅游吗?
jīn tiān néng cān jiā guān guāng lǚ yóu ma
찐 티엔 넝 찬 찌아 꾸안 꾸앙 뤼 요우 마

B: 네, 가능해요.
是的, 可以。
shì de, kě yǐ
쓰 더, 커 이

A: (당일치기) 관광버스 투어 있나요?
有没有观光巴士(当日)游?
yǒu méi yǒu guān guāng bā shì (dāng rì) yóu
요우 메이 요우 꾸안 꾸앙 빠 쓰 (땅 르) 요우

B: 네, 투어에 참가하시겠습니까?
是的, 您要参加吗?
shì de, nín yào cān jiā ma
쓰 더, 닌 야오 찬 찌아 마

A: 네, 투어에 참가하고 싶어요.
是的，我想参加。
shì de, wǒ xiǎng cān jiā
쓰 더, 워 씨앙 찬 찌아

B: 어떤 투어에 참가하시겠어요?
你想参加什么旅行？
nǐ xiǎng cān jiā shén me lǚ xíng
니 씨앙 찬 찌아 썬 머 뤼 씽

A: 시내관광을 하고 싶어요.
我想在市内旅游。
wǒ xiǎng zài shì nèi lǚ yóu
워 씨앙 짜이 쓰 네이 뤼 요우

핵심문장 익히기

출발 전 문의

• 야간 관광버스 투어 있나요?
有没有夜间观光巴士游？
yǒu méi yǒu yè jiān guān guāng bā shì yóu
요우 메이 요우 예 찌엔 꾸안 꾸앙 빠 쓰 요우

• 어디 가는 투어인가요? *장소를 물어볼 때
请问这是去哪里的旅游路线？
qǐng wèn zhè shì qù nǎ lǐ de lǚ yóu lù xiàn
칭 원 쩌 쓰 취 나 리 더 뤼 요우 루 씨엔

- 일정을 알려 주세요.
  请您给我说一下日程安排。
  qǐng nín gěi wǒ shuō yí xià rì chéng ān pái
  칭 닌 게이 워 쑤오 이 씨아 르 청 안 파이

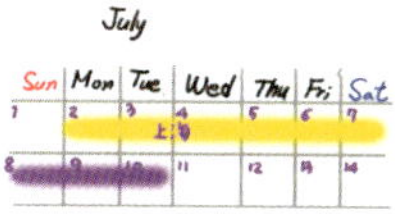

- 신청은 어디에서 하나요?
  在哪里报名?
  zài nǎ lǐ bào míng
  짜이 나 리 빠오 밍

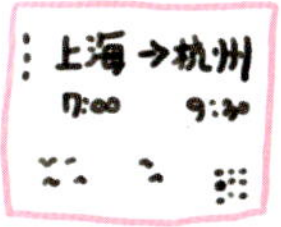

- 출발은 언제 하나요?
  什么时候出发?
  shén me shí hou chū fā
  썬 머 쓰 호우 추 파

- 출발은 어디에서 하나요?
  从什么地方出发?
  cóng shén me dì fang chū fā
  총 썬 머 띠 팡 추 파

- 몇 시에 출발하나요?
  几点出发?
  jǐ diǎn chū fā
  찌 띠엔 추 파

- 몇 시에 돌아오나요?
  几点回来?
  jǐ diǎn huí lái
  찌 띠엔 후이 라이

- 몇 시간 걸리나요?
  要花几个小时?
  yào huā jǐ ge xiǎo shí
  야오 후아 찌 거 씨아오 쓰

• 식사가 포함되나요?

包饭吗?

bāo fàn ma

빠오 판 마

• 요금은 얼마인가요?

费用是多少?

fèi yòng shì duō shǎo

페이 용 쓰 뚜오 싸오

• 한국인 가이드는 있나요?

有韩国导游吗?

yǒu hán guó dǎo yóu ma

요우 한 꾸오 따오 요우 마

버스 안에서

• 여기에서 얼마나 머무나요?

在这停留多久?

zài zhè tíng liú duō jiǔ

짜이 쩌 팅 리우 뚜오 찌우

• 자유시간은 있나요?

有自由活动的时间吗?

yǒu zì yóu huó dòng de shí jiān ma

요우 즈 요우 후오 똥 더 쓰 찌엔 마

• 몇 시에 버스로 돌아오면 되나요?

可以乘几点的巴士回来呢?

ké yǐ chéng jǐ diǎn de bā shì huí lái ne

커 이 청 찌 띠엔 더 빠 쓰 후이 라이 너

Unit 04. 지하철

바꿔말하기

이것은 1호선 입니다.
这是 一号线 。
zhè shì (yī hào xiàn)
쩌 쓰 (이 하오 씨엔)

지하철 노선

1호선 1号线 yī hào xiàn 이 하오 씨엔	2호선 2号线 èr hào xiàn 얼 하오 씨엔	3호선 3号线 sān hào xiàn 산 하오 씨엔
4호선 4号线 sì hào xiàn 스 하오 씨엔	5호선 5号线 wǔ hào xiàn 우 하오 씨엔	6호선 6号线 liù hào xiàn 리우 하오 씨엔
7호선 7号线 qī hào xiàn 치 하오 씨엔	8호선 8号线 bā hào xiàn 빠 하오 씨엔	9호선 9号线 jiǔ hào xiàn 지우 하오 씨엔

핵심문장 익히기

- 지하철 노선도를 어디에서 구할 수 있나요?
  哪里有地铁路线图?
  nǎ lǐ yǒu dì tiě lù xiàn tú
  나 리 요우 띠 티에 루 씨엔 투

- 지하철 노선도 있나요?
  有地铁路线图吗?
  yǒu dì tiě lù xiàn tú ma
  요우 띠 티에 뤼 씨엔 투 마

- 자동매표기가 어디 있나요?
  哪里有自动卖票机?
  nǎ lǐ yǒu zì dòng mài piào jī
  나 리 요우 즈 똥 마이 피아오 찌

- 자동매표기를 어떻게 이용하나요?
  怎么使用自动卖票机?
  zěn me shǐ yòng zì dòng mài piào jī
  전 머 쓰 용 즈 똥 마이 피아오 찌

- ~까지 얼마예요?
  去~多少钱?
  qù ~ duō shǎo qián
  취 ~ 뚜오 샤오 치엔

- ~가려면 몇 호선을 타야 하나요?
  去~应该乘几号线?
  qù ~ yīng gāi chéng jǐ hào xiàn
  취 ~ 잉 까이 청 찌 하오 씨엔

- ~에 가는 지하철 맞나요?
  这是去~的地铁吗?
  zhè shì qù ~ de dì tiě ma
  쩌 쓰 취 ~ 더 띠 티에 마

• ~에 가려면 어디에서 내려야 하나요?

去~应该在哪里下?

qù ~ yīng gāi zài nǎ lǐ xià

취 ~ 잉 까이 짜이 나 리 씨아

• ~에 가려면 어디에서 갈아타나요?

去~应该在哪里换乘?

qù ~ yīng gāi zài nǎ lǐ huàn chéng

취 ~ 잉 까이 짜이 나 리 후안 청

• ~에 가려면 몇 번 출구로 나가야 하나요?

去~应该从几号口出去?

qù ~ yīng gāi cóng jǐ hào kǒu chū qù

취 ~ 잉 까이 총 찌 하오 코우 추 취

• ~에 가려면 어느 쪽에서 타야 하나요?

去~应该乘哪个方向的车?

qù ~ yīng gāi chéng nǎ ge fāng xiàng de chē

취 ~ 잉 까이 청 나 거 팡 씨앙 더 처

• 표를 잃어 버렸어요.

我的票丢了。

wǒ de piào diū le

워 더 피아오 띠우 러

• 첫차(막차)는 몇 시인가요?

首班(末班)车是几点?

shǒu bān (mò bān) chē shì jǐ diǎn

쏘우 빤 (모어 빤) 처 쓰 찌 띠엔

Unit 05. 열차

❶ 열차 시간표

火车票网 WWW.HUOCHEPIAO.COM

首页 | 始发/终点(站)搜索 | 站站查询 | 车站查询 | 车次查询 | 票源查询

我要搜 始发站: 终点站: 搜索

由 北京 到 上海 的车次如下:

열차번호 출발지 도착지 소요시간

订北京酒店 2折起订上海酒店 北京到上海火车票信息 北京到上海机票在线比价 比火车票便宜的北京特价机票

车次	类型	出发站	开车时间	到达站	到达时间	用时	里程	硬座	软座	硬卧	软卧
1461	普快	北京	14:30	上海	14:32	24小时2分	1463	88	0	190	0
1905	普快	北京	01:38	上海	00:48	23小时10分	1463	137	0	267	397
1907	普快	北京	01:25	上海	23:59	22小时34分	1463	137	0	267	397
D31	动车组	北京	10:50	上海	20:49	9小时59分	1463	0	0	0	0
K255/K258	空调快速	北京西	00:38	上海	18:15	17小时45分	1453	104	0	188	412
L447	临客	北京	00:40	上海	23:39	22小时59分	1463	131	0	288	379
L523	临客	北京	16:10	上海	21:37	29小时27分	1463	137	0	267	397
T103	空调特快	北京	20:20	上海	09:20	13小时0分	1463	179	0	327	478
T109	空调特快	北京	20:14	上海	09:14	13小时0分	1463	179	0	327	478
T35	空调特快	北京	22:42	上海	11:45	13小时3分	1463	0	0	0	478
Z1	直达特快	北京	19:56	上海	07:29	11小时33分	1463	0	0	0	478
Z13	直达特快	北京	19:38	上海	07:06	11小时28分	1463	0	0	0	478
Z21	直达特快	北京	19:32	上海	07:00	11小时28分	1463	0	0	0	478
Z5	直达特快	北京	20:02	上海	07:36	11小时34分	1463	0	0	0	478
Z7	直达特快	北京	19:44	上海	07:12	11小时28分	1463	0	0	0	478

핵심문장 익히기

- 열차 시간표 어디에 있나요?
  哪里有列车时刻表?
  nǎ lǐ yǒu liè chē shí kè biǎo
  나 리 요우 리에 처 쓰 커 삐아오

- 열차 시간표 주세요.
  请给我列车时刻表。
  qǐng gěi wǒ liè chē shí kè biǎo
  칭 게이 워 리에 처 쓰 커 삐아오

❷ 열차표 예약, 구입

1. 열차표 예약

바꿔말하기

대리 매표소 가 어디 있나요?

哪里有 代理卖票点 ?

nǎ lǐ yǒu (dài lǐ mài piào diǎn)

나 리 요우 (따이 리 마이 피아오 띠엔)

열차 대합실

매표소 售票厅 shòu piào tīng 쏘우 피아오 팅  	외국인 전용 매표소 外国人专用售票厅 wài guó rén zhuān yòng shòu piào tīng 와이 꾸오 런 쭈안 용 쏘우 피아오 팅 	열차표 대행업소 火车票代售点 huǒ chē piào dài shòu diǎn 후오 처 피아오 따이 쏘우 띠엔 
짐 보관소 行李寄存处 xíng lǐ jì cún chù 씽 리 찌 춘 츄 	대기실 候车大厅 hòu chē dà tīng 호우 처 따 팅 	화장실 卫生间 wèi shēng jiān 웨이 셩 찌엔 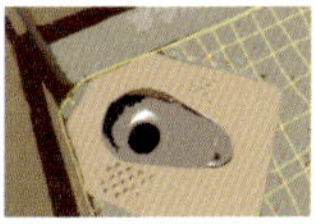
안내소 咨询台 zī xún tái 즈 쉰 타이  	열차 플랫폼 站台 zhàn tái 짠 타이 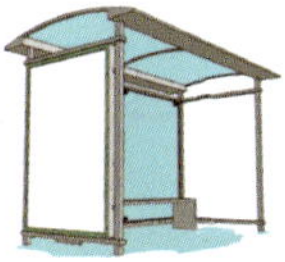	플랫폼 안의 매표소 站台票售票口 zhàn tái piào shòu piào kǒu 짠 타이 피아오 쏘우 피아오 코우

2. 열차표 구입

바꿔 말하기

14일, 오후 2시, 2층 연와, 상해로 가는 열차표 2장 주세요.

请给我 两张14号下午两点2层去上海的软卧票 。

qǐng gěi wǒ (liǎng zhāng shí sì hào xià wǔ liǎng diǎn èr céng qù shàng hǎi de ruǎn wò piào)

칭 게이 워 (리앙 짱 쓰 스 하오 씨아 우 리앙 띠엔 얼 청 취 쌍 하이 더 루안 워 피아오)

열차 종류

자기부상열차 磁悬浮列车 cí xuán fú liè chē 츠 쉬엔 푸 리에 처 	초고속열차 / D, G 열차 动车 dòng chē 똥 처 	무정차 열차, 직행 열차 直达列车 zhí dá liè chē 쯔 따 리에 처 
특급열차, T 열차 特快列车 tè kuài liè chē 터 쿠아이 리에 처 	쾌속열차, K 열차 快车 kuài chē 쿠아이 처 	보통열차 普通列车 pǔ tōng liè chē 푸 통 리에 처 

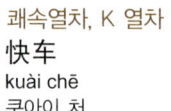

객차 등급

보통석 普通座 pǔ tōng zuò 푸 통 쭈오 	귀빈석 贵宾座 guì bīn zuò 꾸이 삔 쭈오 	연와 软卧 ruǎn wò 루안 워 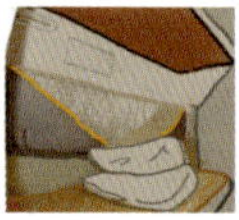
경와 硬卧 yìng wò 잉 워 	연좌 软座 ruǎn zuò 루안 쭈오 	경좌 硬座 yìng zuò 잉 쭈오 

기타			
입석표 站票 zhàn piào 짠 피아오	에어컨 空调 kōng tiáo 콩 티아오	편도 单程 dān chéng 딴 청	열차번호 列车班次 liè chē bān cì 리에 처 빤 츠
왕도 往返 wǎng fǎn 왕 판	3층 침대 上铺 shàng pù 쌍 푸	2층 침대 中铺 zhōng pù 쭝 푸	1층 침대 下铺 xià pù 씨아 푸

▶ 열차표를 구입할 때

A: 상해 가는 열차가 몇 시에 있나요?
请告诉我几点有去上海的列车?
qǐng gào sù wǒ jǐ diǎn yǒu qù shàng hǎi de liè chē
칭 까오 쑤 워 찌 띠엔 요우 취 쌍 하이 더 리에 처

B: 14일 오후 2시, 15일 오후 4시 연와, 경좌 자리만 있습니다.
只剩下14号下午两点, 15号下午四点的软卧和硬座了。
zhǐ shèng xià shí sì hào xià wǔ liǎng diǎn, shí wǔ hào xià wǔ sì diǎn de ruǎn wò hé yìng zuò le
쯔 썽 씨아 쓰 스 하오 씨아 우 리앙 띠엔, 쓰 우 하오 씨아 우 스 띠엔 더 루안 워 허 잉 쭈오 러

A: (14일, 오후 2시, 2층 연와, 상해 가는 열차표 2장) 주세요. 열차표가 얼마입니까? (p 372 '일' 참고)
请给我(两张14号下午两点2层去上海的软卧票)。请问一共多少钱?
qǐng gěi wǒ (liǎng zhāng shí sì hào xià wǔ liǎng diǎn èr céng qù shàng hǎi de ruǎn wò piào). qǐng wèn yí gòng duō shǎo qián.
칭 게이 워 (리앙 짱 쓰 스 하오 씨아 우 리앙 띠엔 얼 청 취 쌍 하이 더 루안 워 피아오). 칭 원 이 꽁 뚜오 싸오 치엔

핵심 단어		
도착지 目的地 mù dì dì 무 띠 띠	날짜 日期 rì qī 르 치	열차번호 列车班次 liè chē bān cì 리에 처 빤 츠
침대 软卧 ruǎn wò 루안 워	인원 人员数 rén yuán shù 런 위엔 쑤	열차표 火车票 huǒ chē piào 후오 처 피아오

❸ 열차 타기, 환불

핵심문장 익히기

- 대합실은 어디에 있나요?
  候车室在哪里?
  hòu chē shì zài nǎ lǐ
  호우 처 쓰 짜이 나 리

- 상해행은 어디에서 타나요?
  去上海的车在哪里搭乘?
  qù shàng hǎi de chē zài nǎ lǐ dā chéng
  취 쌍 하이 더 처 짜이 나 리 따 청

- 이 열차가 상해행인가요?
  这是去上海的车吗?
  zhè shì qù shàng hăi de chē ma
  쩌 쓰 취 쌍 하이 더 처 마

- 환불 창고가 어디에 있나요?
  退票窗口在哪里?
  tuì piào chuāng kǒu zài nă lĭ
  투이 피아오 추앙 코우 짜이 나 리

- 이 열차표를 환불해 주세요.
  请帮我把这张票退掉。
  qĭng bāng wǒ bă zhè zhāng piào tuì diào
  칭 빵 워 빠 쩌 짱 피아오 투이 띠아오

열차 티켓

❹ 열차 안에서

바꿔말하기

식당칸 이 어디에 있나요?
餐车 在哪里?
(cān chē) zài nǎ lǐ
(찬 처) 짜이 나 리

객차

승무원	식당칸	화장실
乘务员 chéng wù yuán 청 우 위엔 	餐车 cān chē 찬 처 	厕所 cè suǒ 처 수오 

▶ 열차표를 바꿀 때

A: 무엇을 도와드릴까요?
请问有什么可以帮到您?
qǐng wèn yǒu shén me kě yǐ bāng dào nín
칭 원 요우 썬 머 커 이 빵 따오 닌

B: 저는 한국인입니다. 경좌에서 연좌로 바꿀 수 있나요?
我是韩国人。可以把硬座换成软座吗?
wǒ shì hán guó rén. kě yǐ bǎ yìng zuò huàn chéng ruǎn zuò ma
워 쓰 한 꾸오 런. 커 이 빠 잉 쭈오 후안 청 루안 쭈오 마

A: 네, 가능해요. / 아니요, 불가능해요.
可以。/ 不可以。
kě yǐ / bù kě yǐ
커 이 / 뿌 커 이

연좌보다는 연와침대칸이 어떨까요?
换成软卧怎么样?
huàn chéng ruǎn wò zěn me yàng
후안 청 루안 워 쩐 머 양

B: 추가 비용이 얼마인가요?
那么应该加多少钱?
nà me yīng gāi jiā duō shǎo qián
나 머 잉 까이 찌아 뚜오 싸오 치엔

핵심문장 익히기

자리 교체

• 여기 빈자리인가요?
这是空座位吗?
zhè shì kōng zuò wèi ma
쩌 쓰 콩 쭈오 웨이 마

• 여기는 제 자리예요.
这是我的座位。
zhè shì wǒ de zuò wèi
쩌 쓰 워 더 쭈오 웨이

• 자리 좀 바꿔 주세요.
请和我换个座位。
qǐng hé wǒ huàn gè zuò wèi
칭 허 워 후안 거 쭈오 웨이

• 표를 좀 바꿔 주세요.
请和我换一下票。
qǐng hé wǒ huàn yí xià piào
칭 허 워 후안 이 씨아 피아오

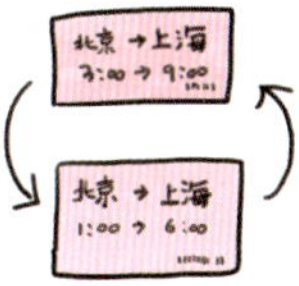

• 빈 좌석이 있는지 알아보려면 어디로 가야 하나요?
我想问问有没有空座位，应该去哪里问？
wǒ xiǎng wèn wèn yǒu méi yǒu kōng zuò wèi, yīng gāi qù nǎ lǐ wèn
워 씨앙 원 원 요우 메이 요우 콩 쭈오 웨이, 잉 까이 취 나 리 원

• 입석 승차권을 구입했는데요, 빈 좌석 있나요?
我买了站票，有空座位吗？
wǒ mǎi le zhàn piào, yǒu kōng zuò wèi ma
워 마이 러 짠 피아오, 요우 콩 쭈오 웨이 마

• 식당칸을 좌석으로 이용할 수 있을까요?
餐车的位置可以当成座位吗？
cān chē de wèi zhi ké yǐ dàng chéng zuò wèi ma
찬 처 더 웨이 쯔 커 이 땅 청 쭈오 웨이 마

• 연장해서 더 가고 싶은데 표를 바꿀 수 있나요?
我想延长行程，可以换票吗？
wǒ xiǎng yán cháng xíng chéng, ké yǐ huàn piào ma
워 씨앙 이엔 창 씽 청, 커 이 후안 피아오 마

승무원에게 문의

• 북경행은 어디에서 내리나요?
去北京的应该在哪里下？
qù běi jīng de yīng gāi zài nǎ lǐ xià
취 뻬이 찡 더 잉 까이 짜이 나 리 씨아

• 북경행은 어디에서 갈아타나요?
去北京的在哪里换乘？
qù běi jīng de zài nǎ lǐ huàn chéng
취 뻬이 찡 더 짜이 나 리 후안 청

- 열차가 얼마 동안 정차하나요?
  车要停多久?
  chē yào tíng duō jiǔ
  처 야오 팅 뚜오 찌우

- 내릴 역을 지나쳤는데 어떻게 해야 하나요?
  车已经过站了, 我应该怎么办?
  chē yǐ jīng guò zhàn le, wǒ yīng gāi zěn me bàn
  처 이 찡 꾸오 짠 러, 워 잉 까이 젼 머 빤

Chapter 02

- 식당차는 어디에 있나요?
  餐车在哪里?
  cān chē zài nǎ lǐ
  찬 처 짜이 나 리

표를 잃어 버렸을 때

- 표를 보여 주세요.
  请给我看一下票。
  qǐng gěi wǒ kàn yí xià piào
  칭 게이 워 칸 이 씨아 피아오

- 네, 여기 있습니다.
  给您。
  gěi nín
  게이 닌

- 표를 잃어 버렸습니다.
  我的票丢了。
  wǒ de piào diū le
  워 더 피아오 띠우 러

- 어디에서 타셨어요?
  在哪里乘的车?
  zài nǎ lǐ chéng de chē
  짜이 나 리 청 더 처

- ~에서 탔습니다.
  在~乘的车。
  zài ~ chéng de chē
  짜이 ~ 청 더 처

Unit 06. 비행기

❶ 비행기표 예약, 확인, 변경, 취소

바꿔말하기

왕복 입니다.
是 往返 的。
shì (wǎng fǎn) de
쓰 (왕 판) 더

비행기표

비행기표 飞机票 fēi jī piào 페이 지 피아오 	국내 国内 guó nèi 꾸오 네이 	국외 国外 guó wài 꾸오 와이 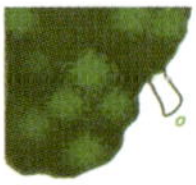
편도 单程 dān chéng 딴 청 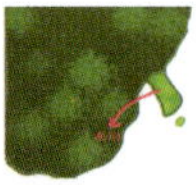	왕복 往返 wǎng fǎn 왕 판 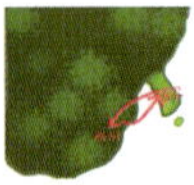	경유 经由 jīng yóu 찡 요우 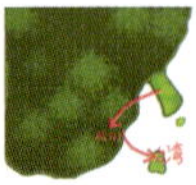

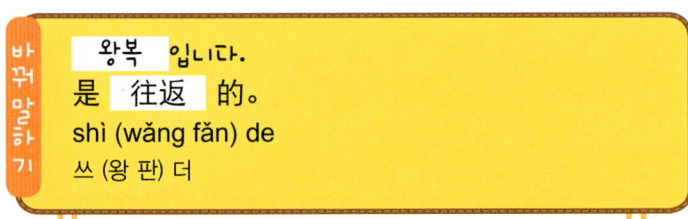

출발 도시 出发城市 chū fā chéng shì 추 파 청 쓰	목적 도시 目的城市 mù dì chéng shì 무 띠 청 쓰	출발 날짜 出发日期 chū fā rì qī 추 파 르 치
출발 시간 出发时间 chū fā shí jiān 추 파 쓰 찌엔	돌아오는 날짜 返程日期 fǎn chéng rì qī 판 청 르 치	돌아오는 날 시간 返程时间 fǎn chéng shí jiān 판 청 쓰 찌엔
좌석 등급 舱位等级 cāng wèi děng jí 창 웨이 떵 찌	표 받을 도시 (표를 거주지로 배달 받음) 送票城市 sòng piào chéng shì 송 피아오 청 쓰	

▶ 인터넷 예약

비행기 예매 사이트에서 표를 다운로드 받을 수 있을까요?
可以从网上打印电子票吗?
kě yǐ cóng wǎng shàng dǎ yìn diàn zǐ piào ma
커 이 총 왕 쌍 따 인 띠엔 즈 피아오 마

▶ 전화 또는 방문 예약

A: 무엇을 도와드릴까요?
有什么可以帮您的吗?
yǒu shén me kě yǐ bāng nín de ma
요우 썬 머 커 이 빵 닌 더 마

B: 항공권을 예매하려고 하는데요.
我想预订机票。
wǒ xiǎng yù dìng jī piào
워 씨앙 위 띵 찌 피아오

A: 어디로 가는 항공권을 원하시나요?
您想买去哪里的机票?
nín xiǎng mǎi qù nǎ lǐ de jī piào
닌 씨앙 마이 취 나 리 더 찌 피아오

B: 북경요.
北京。
běi jīng
뻬이 찡

A: 언제 출발하는 걸 원하세요?
你要什么时候出发?
nǐ yào shén me shí hou chū fā
니 야오 썬 머 쓰 호우 추 파

B: 14일 오전 비행기요. (p 371 '계절, 월, 일, 요일' 참고)
十四号早上。
shí sì hào zǎo shàng
쓰 스 하오 자오 쌍

B: 얼마예요?
请问多少钱?
qǐng wèn duō shǎo qián
칭 원 뚜오 싸오 치엔

A: 비행기 값 1만위안, 공항세와 유류세 1만위안, 합계 2만위안 이에요.
机票的价格是1万元, 机场税和燃油税1万元, 总计 2万元。
jī piào de jià gé shì yí wàn yuán, jī chǎng shuì hé rán yóu shuì yí wàn yuán, zǒng jì liǎng wàn yuán
찌 피아오 더 찌아 꺼 쓰 이 완 위엔, 찌 창 쑤이 허 란 요우 쑤이 이 완 위엔, 쫑 찌 리앙 완 위엔

A: 영문 이름을 알려주세요.
请告诉我英文姓名。
qǐng gào sù wǒ yīng wén xìng míng
칭 까오 수 워 잉 원 씽 밍

B: 성은 JANG이고, 이름은 ming ming입니다.
我的姓是 JANG, 名字是 ming ming。
wǒ de xìng shì JANG, míng zi shì ming ming
워 더 씽 쓰 장, 밍 즈 쓰 밍 밍

A: 예약되었습니다.
已经为您预约成功了。
yǐ jīng wèi nín yù yuē chéng gōng le
이 찡 웨이 닌 위 위에 청 꽁 러

핵심문장 익히기

- 중국민항(CAAC) 매표소가 어디 있나요?
  中国民航售票处在哪里?
  zhōng guó mín háng shòu piào chù zài nǎ lǐ
  쫑 꾸오 민 항 쏘우 피아오 추 짜이 나 리

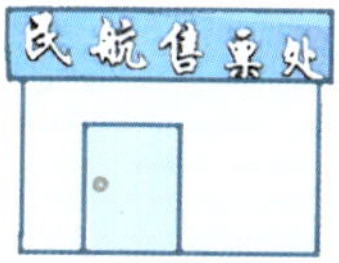

- 항공편 시간표를 구입할게요.
  我想买航班时刻表。
  wǒ xiǎng mǎi háng bān shí kè biǎo
  워 씨앙 마이 항 빤 쓰 커 삐아오

▶ 예약 확인

A: 예약을 확인하려고요.
我想确认一下预订的机票。
wǒ xiǎng què rèn yí xià yù dìng de jī piào
워 씨앙 취에 런 이 씨아 위 띵 더 찌 피아오

제 이름은 장 밍밍이에요.
我的名字是 JANG ming ming。
wǒ de míng zì shì JANG ming ming
워 더 밍 즈 쓰 장 밍 밍

14일 2시 비행기예요.
十四号两点的飞机。
shí sì hào liǎng diǎn de fēi jī
쓰 스 하오 리앙 띠엔 더 페이 지

비행기 편명은 ○○이구요.
航班号是○○。
háng bān hào shì ○○
항 빤 하오 쓰 ○○

B: 예약이 확인되었어요.
已经确认了您的预订。
yǐ jīng què rèn le nín de yù dìng
이 찡 취에 런 러 닌 더 위 띵

명단에 없네요.
没有找到您的名字。
méi yǒu zhǎo dào nín de míng zi
메이 요우 짜오 따오 닌 더 밍 즈

A: 그럼 저는 어떻게 해야 하나요?
那么我该怎么办呢?
nà me wǒ gāi zěn me bàn ne
나 머 워 까이 젼 머 빤 너

▶ 변경, 취소

A: 예약을 변경(취소)해 주세요.
我要变更(取消)预订。
wǒ yào biàn gēng (qǔ xiāo) yù dìng
워 야오 삐엔 껑 (취 씨아오) 위 띵

B: 예약을 변경(취소)할 수 없습니다.
不可以变更(取消)。
bù kě yǐ biàn gēng (qǔ xiāo)
뿌 커 이 삐엔 껑 (취 씨아오)

예약을 취소하면 위약금을 물어야 합니다.
取消预订的话有违约金。
qǔ xiāo yù dìng de huà yǒu wéi yuē jīn
취 씨아오 위 띵 더 후아 요우 웨이 위에 진

❷ 비행기 체크인과 탑승

바꿔말하기

국내선 데스크 가 어디 인가요?
国内线路咨询台 在哪里?
(guó nèi xiàn lù zī xún tái) zài nǎ lǐ
(꾸오 네이 씨엔 루 즈 쉰 타이) 짜이 나 리

공항

국제선 데스크
国际线咨询台
guó jì xiàn zī xún tái
꾸오 찌 씨엔 즈 쉰 타이

국내선 탑승구
国内线登机口
guó nèi xiàn dēng jī kǒu
꾸오 네이 씨엔 떵 찌 코우

국제선 탑승구
国际线登机口
guó jì xiàn dēng jī kǒu
꾸오 찌 씨엔 떵 찌 코우

탑승 대기소
候机处
hòu jī chù
호우 지 츄

▶ 매표소에서

A: 항공권과 여권을 주세요.
请给我机票和护照。
qǐng gěi wǒ jī piào hé hù zhào
칭 게이 워 찌 피아오 허 후 짜오

B: 창가 자리(통로 자리)로 주세요.
请给我靠窗的座位(靠通道的座位)。
qǐng gěi wǒ kào chuāng de zuò wèi (kào tōng dào de zuò wèi)
칭 게이 워 카오 추앙 더 쭈오 웨이 (카오 통 따오 더 쭈오 웨이)

짐을 부쳐 주세요.
行李托运。
xíng li tuō yùn
씽 리 투오 윈

A: 짐의 무게가 초과해서 초과운임을 내야 합니다.
行李超重，需要追加费用。
xíng li chāo zhòng, xū yào zhuī jiā fèi yòng
씽 리 챠오 쭝, 쉬 야오 쭈이 찌아 페이 용

B: 초과운임이 얼마입니까?
追加费用是多少?
zhuī jiā fèi yòng shì duō shǎo
쭈이 찌아 페이 용 쓰 뚜오 쌰오

A: 초과운임은 300위안이에요.
追加费用是三百元。
zhuī jiā fèi yòng shì sān bǎi yuán
쭈이 찌아 페이 용 쓰 산 빠이 위엔

B: 비행기는 예정대로 출발하나요?
飞机按预定时间出发吗?
fēi jī àn yù dìng shí jiān chū fā ma
페이 지 안 위 띵 쓰 찌엔 추 파 마

탑승 시간은 언제인가요?
几点登机?
jǐ diǎn dēng jī
찌 띠엔 떵 찌

몇 번 탑승구로 나가야 하나요?
几号登机口登机?
jǐ hào dēng jī kǒu dēng jī
찌 하오 떵 찌 코우 떵 찌

핵심문장 익히기

결항, 비행기 놓쳤을 때

- 북경으로 가는 비행기를 놓쳤어요.
  我错过了去北京的飞机。
  wǒ cuò guò le qù běi jīng de fēi jī
  워 추오 꾸오 러 취 뻬이 찡 더 페이 지

- 북경으로 가는 비행기가 결항됐어요.
  去北京的飞机停飞了。
  qù běi jīng de fēi jī tíng fēi le
  취 뻬이 찡 더 페이 지 팅 뻬이 러

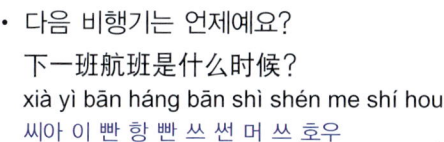

- 다음 비행기는 언제예요?
  下一班航班是什么时候?
  xià yì bān háng bān shì shén me shí hou
  씨아 이 빤 항 빤 쓰 썬 머 쓰 호우

- 얼마나 기다려야 하나요?
  要等多长时间?
  yào děng duō cháng shí jiān
  야오 떵 뚜오 창 쓰 찌엔

Unit 07. 여객선

비자 발급 신청서

中 国 签 证 申 请 表 CHINESE VISA APPLICATION FORM

1. 中文姓名 Chinese name (If any) 한자이름 韓國人
2. 曾用名 Former name (If any)
3. 外文姓名 Surname 영문성 HAN / Given name 영문이름 GUK IN
4. 性别 성별 Sex ☒ 男 M ☐ 女 F
5. 出生日期 Date of birth 1990 年 Y 3 月 M 17 日 D ☐ 생년월일
6. 出生地 Place of birth 출생지 Seoul, South Korea
7. 国籍 Nationality 국적 Republic of Korea
8. 曾有过何国籍 Former nationality (If any)
9. 职业 Occupation 직업 (Student 등..)
10. 工作单位电话 Office tel. No. 직장 전화번호 02-123-4567
11. 工作单位名称和地址 Full name and address of your company/employer
직장주소 (123-1 Insa-dong, Jongro-gu, Seoul, South Korea)
12. 家庭住址 Home address 집주소 (123-2 Insa-dong, Jongro-gu, Seoul, South Korea)
13. 住宅电话 Home tel. No. 집 전화번호 02-987-6543
14. 护照种类 Passport type 여권종류 ☒ 普通 Ordinary ☐ 公务 (官员) Service (Official) ☐ 外交 Diplomat ☐ 其它 Others
号码 No. 여권번호 JR1234567 有效日期 Valid Until 유효기간 2010.5.10 发照机关 Issued by
15. 申请赴中国事由 Purpose of journey in China 여행목적 Travel(Sight Seeing)
16. 前往中国地点 Places to visit in china 방문지 Beijing, Xian, Kunming, Guilin
17. 邀请单位名称或邀请人姓名、地址、电话 Name(s), address and phone number of inviting organization/person in China(If applicable)
중국내 연락처(이름, 주소, 전화번호) - 30일이상 체류시 기입
云南省 昆明市 盘龙区 龙泉镇 花园办事处 羊肽小村 2栋 15号 / Tel : 0871-624-7100
18. 拟入境次数 Number of entries 입국회수 ☒ 一次 Single ☐ 二次 Double ☐ 多次 Multiple
19. 拟入境日期 Intended date of entry 입국일 2005 年 Y 6 月 M 10 日 D
20. 拟在中国停留期限 Duration of (each) stay in China 체류기간 90 Day(s)
21. 拟取证时间 Requested days of processing 비자발급 소요 기간(많을수록 비쌈)
☒ 正常 (4 个工作日, 到馆申请) / Regular (4 Business days, Walk-in service)
☐ 加急 (2 个工作日, 到馆申请) / Express (2 Business days, Walk-in service)
☐ 特急 (1 个工作日, 到馆申请) / Rush (1 Business day, Walk-in service)
22. 是否申请过赴华签证? Have you ever applied for a Chinese visa before? 전에 중국비자 발급한 적이 있는가? ☐ 是 Yes ☒ 否 No
23. 是否被拒绝过赴华签证? Have you ever been declined for your Chinese visa application? 중국비자 발급을 거부당한 적 있는가?
☒ 否 No ☐ 是 Yes 被拒时间、地点 If declined, when and where?
24. 使用同一护照的偕行人 Accompanying persons sharing the same (one) passport (if applicable)
姓名 Full name 出生日期 Date of birth 与申请人关系 Relation to applicant
여권에 다른 가족(아이)이 기재되어 있으면 이름/생년월일/관계 기입
25. 我仅声明我已如实和完整地填写了上述内容, 并对此负责。
I hereby declare that the information given above is true, correct and complete. I shall bear the responsibility for the above information.
신청일 2005 年 Year 6 月 Month 11 日 Day 签名 Signature 서명 한국인

照片 Photo 사진 (여권사진크기)

中华人民共和国驻大韩民国大使馆签证专用

바꿔 말하기

1등석 표 한 장 주세요.
请给我一张 一等座 的票。
qǐng gěi wǒ yì zhāng (yī děng zuò) de piào
칭 게이 워 이 짱 (이 떵 쭈오) 더 피아오

좌석 등급

3등석 3等舱 sān děng cāng 싼 떵 창	2등석 2等舱 èr děng cāng 얼 떵 창
1등석 1等舱(头等舱) yī děng cāng (tóu děng cāng) 이 떵 창 (토우 떵 창)	VIP석 VIP舱(特等舱) VIP cāng (tè děng cāng) 브이아이피 창 (터 떵 창)

핵심 단어

배 이름 船名 chuán míng 추안 밍	출항일 出航日期 chū háng rì qī 추 항 르 치
목적지 目的地 mù dì dì 무 띠 띠	좌석 등급 座席级别 zuò xí jí bié 쭈오 씨 찌 삐에

핵심문장 익히기

- 요금이 얼마인가요?
  船票多少钱?
  chuán piào duō shǎo qián
  추안 피아오 뚜오 싸오 치엔

- ~에 가는 배는 언제 출항하나요?
  去~的船什么时候出发?
  qù ~ de chuán shén me shí hou chū fā
  취 ~ 더 추안 썬 머 쓰 호우 추 파

- ~로 가는 배의 하선은 언제인가요?
  去~的船什么时候到达目的地?
  qù ~ de chuán shén me shí hou dào dá mù dì dì
  취 ~ 더 추안 썬 머 쓰 호우 따오 따 무 띠 띠

- ~로 가는 배는 어디에서 승선하나요?
  去~的船在哪里登船?
  qù ~ de chuán zài nǎ lǐ dēng chuán
  취 ~ 더 추안 짜이 나 리 떵 추안

- 멀미약 파는 곳이 있나요?
  有没有卖晕船药的?
  yǒu méi yǒu mài yūn chuán yào de
  요우 메이 요우 마이 윈 추안 야오 더

- 유람선을 어디에서 타나요?
  在哪里坐游艇?
  zài nǎ lǐ zuò yóu tǐng
  짜이 나 리 쭈오 요우 팅

▶ 나룻배를 탈 때

A: 배 타실래요?
要坐船吗?
yào zuò chuán ma
야오 쭈오 추안 마

B: 어디까지 가나요?
你的船去哪里?
nǐ de chuán qù nǎ lǐ
니 더 추안 취 나 리

A: 서호를 돕니다.
就是在西湖里面转一下。
jiù shì zài xī hú lǐ miàn zhuàn yí xià
찌우 쓰 짜이 씨 후 리 미엔 쭈안 이 씨아

B: 시간이 얼마나 걸리나요?
能转几个小时?
néng zhuàn jǐ gè xiǎo shí
넝 쭈안 찌 거 씨아오 쓰

A: 1시간, 2시간, 3시간 등 선택하시면 됩니다.
有一个小时, 两个小时和三个小时三种时间可以选择。
yǒu yí gè xiǎo shí, liǎng gè xiǎo shí hé sān gè xiǎo shí sān zhǒng shí jiān kě yǐ xuǎn zé
요우 이 꺼 씨아오 쓰, 리앙 꺼 씨아오 쓰 허 싼 꺼 씨아오 쓰 싼 쫑 쓰 찌엔 커 이 쒸엔 쩌

B: 3시간 탈게요. 얼마 해 주실 거예요? 싸게 해 주면 탈게요.
我要坐三个小时。总共多少钱? 如果便宜的话我就坐。
wǒ yào zuò sān gè xiǎo shí. zǒng gong duō shǎo qián? rú guǒ pián yì de huà wǒ jiù zuò
워 야오 쭈오 싼 꺼 씨아오 쓰. 쫑 꽁 뚜오 쌰오 치엔? 루 꾸오 피엔 이 더 후아 워 찌우 쭈오

Unit 08. 자전거, 삼륜차

바꿔 말하기

페달 을 수리해 주세요.

请帮我修一下 脚踏板 。

qǐng bāng wǒ xiū yí xià (jiǎo tà bǎn)

칭 빵 워 씨우 이 씨아 (찌아오 타 빤)

자전거 명칭

① 핸들	② 안상	③ 앞바퀴	④ 뒷바퀴
车把	车座	前轮	后轮
chē bǎ	chē zuò	qián lún	hòu lún
처 빠	처 쭈오	치엔 륀	호우 륀

▶ 고장 났을 때

A: 자전거가 고장 났어요.
自行车坏了。
zì xíng chē huài le
즈 씽 처 후아이 러

B: 어디가 고장 났나요?
哪里坏了?
nă lĭ huài le
나 리 후아이 러

A: (페달)을 수리해 주세요.
请帮我修一下(脚踏板)。
qĭng bāng wŏ xiū yí xià (jiăo tà băn)
칭 빵 워 씨우 이 씨아 (찌아오 타 빤)

핵심문장 익히기

자전거 임대

- 무료로 자전거를 빌려 주는 곳이 있나요?
  请问在哪里可以借到免费的自行车?
  qĭng wèn zài nă lĭ kĕ yĭ jiè dào miăn fèi de zì xíng chē
  칭 원 짜이 나 리 커 이 찌에 따오 미엔 페이 더 즈 씽 처

- 자전거를 어디에서 빌릴 수 있나요?
  哪里可以租自行车?
  nă lĭ kĕ yĭ zū zì xíng chē
  나 리 커 이 쭈 즈 씽 처

- 하루 빌리는 데 얼마예요?

  租一天多少钱?

  zū yì tiān duō shǎo qián

  주 이 티엔 뚜오 싸오 치엔

- 1시간에 얼마예요?

  租一个小时多少钱?

  zū yí gè xiǎo shí duō shǎo qián

  주 이 거 씨아오 쓰 뚜오 싸오 치엔

- 보증금은 얼마예요?

  押金多少钱?

  yā jīn duō shǎo qián

  야 찐 뚜오 싸오 치엔

- 몇 시에 반환하면 되나요?

  应该几点归还?

  yīng gāi jǐ diǎn guī huán

  잉 까이 찌 띠엔 꾸이 후안

- 보증금을 반환해 주세요.

  请还我押金。

  qǐng huán wǒ yā jīn

  칭 후안 워 야 찐

자전거 구입

- 자전거를 사려고 해요.

  我想买自行车。

  wǒ xiǎng mǎi zì xíng chē

  워 씨앙 마이 즈 씽 처

- 이 자전거 주세요.
  请给我这个自行车。
  qǐng gěi wǒ zhè ge zì xíng chē
  칭 게이 워 쩌 거 즈 씽 처

- 도난 방지 케이블을 주세요.
  请给我防盗锁。
  qǐng gěi wǒ fáng dào suǒ
  칭 게이 워 팡 따오 수오

- 얼마예요?
  多少钱?
  duō shǎo qián
  뚜오 싸오 치엔

- 싸게 해 주세요.
  便宜点吧。
  pián yì diǎn ba
  피엔 이 띠엔 빠

- 깎아 주면 살게요.
  便宜点我就买。
  pián yì diǎn wǒ jiù mǎi
  피엔 이 띠엔 워 찌우 마이

오토바이 삼륜차

- ~가는데요, 얼마예요?
  去~多少钱?
  qù ~ duō shǎo qián
  취 ~ 뚜오 싸오 치엔

• 깎아 주세요, 그러면 탈게요.

便宜点吧，便宜点我就坐。

pián yi diǎn ba, pián yi diǎn wǒ jiù zuò

피엔 이 띠엔 빠, 피엔 이 띠엔 워 찌우 쭈오

• 됐어요, 안 탈게요.

算了，我不坐了。

suàn le, wǒ bù zuò le

수안 러, 워 뿌 쭈오 러

Unit 09. 렌터카

바꿔말하기

대형차 를 빌리고 싶어요.

我想租 大型车 。

wǒ xiǎng zū (dà xíng chē)

워 씨앙 주 (따 씽 처)

자동차의 종류 – 크기

중형차 中型车 zhōng xíng chē 쫑 씽 처		소형차 小型车 xiǎo xíng chē 씨아오 씽 처	
대형차 大型车 dà xíng chē 따 씽 처		스포츠카 跑车 pǎo chē 파오 처	

▶ 렌터카를 대여할 때

A: 렌터카를 빌리려고 하는데요. / 렌터카를 예약하려고 하는데요.
我想租汽车。/ 我想预订租车服务。
wǒ xiǎng zū qì chē / wǒ xiǎng yù dìng zū chē fú wù
워 씨앙 주 치 처 / 워 씨앙 위 띵 주 처 푸 우

B: 어떤 종류의 차를 원하세요?
您想租哪种车?
nín xiǎng zū nǎ zhǒng chē
닌 씨앙 주 나 쫑 처

A: (대형차)를 빌리고 싶어요.
我想租(大型车)。
wǒ xiǎng zū (dà xíng chē)
워 씨앙 주 (따 씽 처)

렌터카 목록을 보여 주세요.
能给我看一下租赁车的目录吗。
néng gěi wǒ kàn yí xià zū lìn chē de mù lù ma
넝 게이 워 칸 이 씨아 주 린 처 더 무 루 마

이 차로 할게요.
我要这辆车。
wǒ yào zhè liàng chē
워 야오 쩌 리앙 처

하루 빌리는데 얼마예요?
租一天多少钱?
zū yì tiān duō shǎo qián
주 이 티엔 뚜오 쌰오 치엔

B: 기사 딸려서 300위안입니다.
附带司机的话300块。
fù dài sī jī de huà sān bǎi kuài
푸 따이 쓰 찌 더 후아 싼 빠이 쿠아이

A: 보증금은 얼마예요?
押金多少钱?
yā jīn duō shǎo qián
야 진 뚜오 쌰오 치엔

B: 보증금은 10만위안입니다.
押金是十万块。
yā jīn shì shí wàn kuài
야 진 쓰 쓰 완 쿠와이

A: 혹시 국제 면허증을 가지고 있는데 직접 운전할 수 있나요?
我有国际驾照,可以直接开车吗?
wǒ yǒu guó jì jià zhào, kě yǐ zhí jiē kāi chē ma
워 요우 꾸오 찌 찌아 짜오, 커 이 쯔 찌에 카이 처 마

B: 국제 면허증만으로는 운전하실 수 없어요.
只有国际驾照是不能开车的。
zhǐ yǒu guó jì jià zhào shì bù néng kāi chē de
쯔 용 꾸오 찌 찌아 짜오 쓰 뿌 넝 카이 처 더

핵심문장 익히기

- 이것이 제 국제 면허증입니다.
  这是我的国际驾照。
  zhè shì wǒ de guó jì jià zhào
  쩌 쓰 워 더 꾸오 찌 지아 쨔오

- 이것이 제 국내 면허증입니다.
  这是我的国内驾照。
  zhè shì wǒ de guó nèi jià zhào
  쩌 쓰 워 더 꾸오 네이 지아 쨔오

- 도로 지도를 주세요.
  请给我一张行车路线图。
  qǐng gěi wǒ yì zhāng xíng chē lù xiàn tú
  칭 게이 워 이 짱 씽 처 루 씨엔 투

- 배터리가 떨어졌어요.
  电池没电了。
  diàn chí méi diàn le
  띠엔 츠 메이 띠엔 러

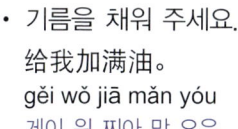

- 펑크 났어요.
  爆胎了。
  bào tāi le
  빠오 타이 러

- 시동이 안 걸려요.
  车不能发动了。
  chē bù néng fā dòng le
  처 뿌 넝 파 똥 러

- 브레이크가 안 돼요.
  刹车失灵了。
  shā chē shī líng le
  쌰처 쓰 링 러

- 기름이 떨어졌어요.
  没油了。
  méi yóu le
  메이 요우 러

- 기름을 채워 주세요.
  给我加满油。
  gěi wǒ jiā mǎn yóu
  게이 워 찌아 만 요우

• 정비사를 불러 주세요.

给我叫一下修理工。

gěi wǒ jiào yí xià xiū lǐ gōng

게이 워 찌아오 이 씨아 씨우 리 꽁

• 액셀러레이터가 안 돼요.

油门坏了。

yóu mén huài le

요우 먼 후아이 러

• 엔진이 안 돼요.

发动机坏了。

fā dòng jī huài le

파 똥 찌 후아이 러

• 여기 주차할 수 있나요?

这里可以停车吗?

zhè lǐ kě yǐ tíng chē ma

쩌 리 커 이 팅 처 마

• 여기에서 얼마나 주차할 수 있나요?

这里可以停车多长时间?

zhè lǐ kě yǐ tíng chē duō cháng shí jiān

쩌 리 커 이 팅 처 뚜오 창 쓰 찌엔

• 근처에 주유소가 있나요?

附近有加油站吗?

fù jìn yǒu jiā yóu zhàn ma

푸 찐 요우 찌아 요우 짠 마

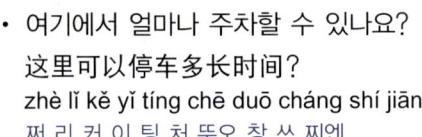

• 차를 점검해 주세요.

请帮我检查一下车。

qǐng bāng wǒ jiǎn chá yí xià chē

칭 빵 워 찌엔 차 이 씨아 처

- 긴급 연락처를 알려 주세요.
  给我个紧急联系电话。
  gěi wǒ gè jǐn jí lián xì diàn huà
  게이 워 거 찐 찌 리엔 씨 띠엔 후아

핵심 단어

양보 减速让行 jiǎn sù ràng xíng 찌엔 수 랑 씽		일시정지 临时停车 lín shí tíng chē 린 쓰 팅 처	
추월금지 禁止超车 jìn zhǐ chāo chē 진 쯔 챠오 처		제한속도 限制速度 xiàn zhì sù dù 씨엔 쯔 수 뚜	
일방통행 单行道 dān xíng dào 딴 씽 따오		주차금지 禁止停车 jìn zhǐ tíng chē 진 쯔 팅 처	
우측통행 右侧通行 yòu cè tōng xíng 요우 처 통 씽		진입금지 禁止进入 jìn zhǐ jìn rù 진 쯔 진 뤼	

Unit 01. 장소 묻기

바꿔 말하기

관광 안내소 가 어디에 있나요?
旅游咨询处 在哪里?
(lǚ yóu zī xún chù) zài nǎ lǐ
(뤼 요우 즈 쉰 추) 짜이 나 리

근처에 매표소 가 있나요?
附近有 售票厅 吗?
fù jìn yǒu (shòu piào tīng) ma?
푸 찐 요우 (쏘우 피아오 팅) 마

놀거리

번화가
闹市区
nào shì qū
나오 쓰 취

극장
剧院
jù yuàn
쥐 위엔

수영장
游泳馆
yóu yǒng guǎn
요우 용 꾸안

영화관
电影院
diàn yǐng yuàn
띠엔 잉 위엔

놀이동산
游乐场
yóu lè chǎng
요우 러 창

스키장
滑雪场
huá xuě chǎng
후아 쉬에 창

노래방
练歌房
liàn gē fáng
리엔 꺼 팡

사우나
桑拿
sāng ná
상 나

나이트클럽
夜总会
yè zǒng huì
예 쫑 후이

동물원
动物园
dòng wù yuán
똥 우 위엔

식물원
植物园
zhí wù yuán
쯔 우 위엔

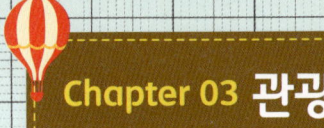

편의시설, 공공시설

세탁소
洗衣房
xǐ yī fáng
씨 이 팡

PC방
网吧
wǎng bā
왕 빠

목욕탕
澡堂
zǎo táng
자오 탕

전화방
话吧
huà bā
후아 빠

안마방
按摩房
àn mó fáng
안 모어 팡

발 마사지 하는 곳
洗脚房
xǐ jiǎo fáng
씨 찌아오 팡

화장실
厕所
cè suǒ
처 수오

은행
银行
yín háng
인 항

약국
药店
yào diàn
야오 띠엔

병원
医院
yī yuàn
이 위엔

우체국
邮局
yóu jú
요우 쥐

소방서
消防队
xiāo fáng duì
씨아오 팡 뚜이

경찰서
公安局
gōng ān jú
꽁 안 쥐

도서관
图书馆
tú shū guǎn
투 쑤 꾸안

국무원
国务院
guó wù yuàn
꾸오 우 위엔

영사관
领事馆
lǐng shì guǎn
링 쓰 꾸안

현금지급기(ATM)
自动柜员机
zì dòng guì yuán jī
즈 똥 꾸이 위엔 찌

백화점
百货商店
bǎi huò shāng diàn
빠이 후오 쌍 띠엔

관광 안내소
旅游咨询处
lǚ yóu zī xún chù
뤼 요우 즈 쉰 츄

매표소
售票厅
shòu piào tīng
쏘우 피아오 팅

핵심문장 익히기

- 가까워요?
  近吗?
  jìn ma
  찐 마

- 멀어요?
  远吗?
  yuǎn ma
  위엔 마

Unit 02. 관광지에서

❶ 중국의 대표 관광지

바꿔 말하기

천단공원 에 가고 싶어요.
我想去 天坛公园 。
wǒ xiǎng qù (tiān tán gōng yuán)
워 씨앙 취 (티엔 탄 꽁 위엔)

이화원 은 어디 있나요?
颐和园 在哪里?
(yí hé yuán) zài nǎ lǐ
(이 허 위엔) 짜이 나 리

중국의 대표 관광지

북경 北京 běi jīng 뻬이 찡

자금성
紫禁城
zǐ jìn chéng
즈 찐 청

천단공원
天坛公园
tiān tán gōng yuán
티엔 탄 꽁 위엔

이화원
颐和园
yí hé yuán
이 허 위엔

용경협
龙庆峡
lóng qìng xiá
롱 칭 씨아

홍교시장
虹桥市场
hóng qiáo shì chǎng
홍 치아오 쓰 창

팔달령 만리장성
八达岭长城
bā dá lǐng cháng chéng
빠 따 링 창 청

용화궁
雍和宫
yōng hé gōng
용 허 꽁

천안문
天安门
tiān ān mén
티엔 안 먼

하북성 河北省 hé běi shěng 허 뻬이 썽

피서산장
避暑山庄
bì shǔ shān zhuāng
삐 쑤 싼 쭈앙

산동성 山东省 shān dōng shěng 싼 똥 썽

태산
泰山
tài shān
타이 싼

대묘
大庙
dà miào
따 미아오

청도 팔대관
青岛八大关
qīng dǎo bā dà guān
칭 따오 빠 따 꾸안

장수성 江苏省 jiāng sū shěng 찌앙 쑤 썽

졸정원
拙政园
zhuō zhèng yuán
쭈오 쩡 위엔

산서성 山西省 shān xī shěng 싼 씨 썽

핑야오 고성
平遥古城
píng yáo gǔ chéng
핑 야오 꾸 청

대동운강석굴
大同云冈石窟
dà tóng yún gāng shí kū
따 통 윈 깡 쓰 쿠

면산
绵山
mián shān
미엔 싼

우타이산
五台山
wǔ tái shān
우 타이 싼

심양 沈阳 shěn yáng 썬 양

선양고궁
沈阳故宫
shěn yáng gù gōng
썬 양 꾸 꽁

상해 上海 shàng hǎi 쌍 하이

예원
豫园
yù yuán
위 위엔

황푸강
黄浦江
huáng pǔ jiāng
후앙 푸 찌앙

동방명주
东方明珠
dōng fāng míng zhū
똥 팡 밍 쭈

항주 杭州 háng zhōu 항 쪼우

서호
西湖
xī hú
씨 후

안휘성 安徽省 ān huī shěng 안 후이 썽

황산
黄山
huáng shān
후앙 싼

사천성 四川省 sì chuān shěng 스 추안 썽

두장옌
都江堰
dū jiāng yàn
뚜 찌앙 이엔

낙산대불
乐山大佛
lè shān dà fó
러 싼 따 포어

황룡
黄龙
huáng lóng
후앙 롱

청성산
青城山
qīng chéng shān
칭 청 싼

절강성 浙江省 zhè jiāng shěng 쩌 찌앙 썽

루쉰고가
鲁迅故居
lǔ xùn gù jū
뤼 쉰 꾸 쥐

운남성 云南省 yún nán shěng 운 난 썽

웬모투린
元谋土林
yuán móu tǔ lín
위엔 모어 투 린

리장고성
丽江古城
lì jiāng gǔ chéng
리 찌앙 꾸 청

다리고성
大理古城
dà lǐ gǔ chéng
따 리 꾸 청

호도협
虎跳峡
hǔ tiào xiá
후 티아오 씨아

차마고도
茶马古道
chá mǎ gǔ dào
차 마 꾸 따오

호남성 湖南省 hú nán shěng 후 난 썽

봉황고성
凤凰古城
fèng huáng gǔ chéng
펑 후앙 꾸 청

장가계
张家界
zhāng jiā jiè
짱 찌아 찌에

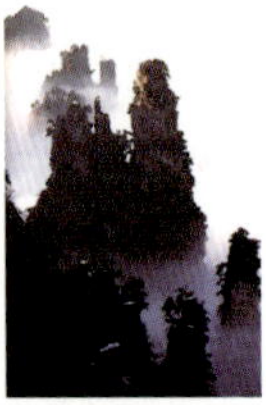

티베트 자치구 西藏自治区 xī zàng zì zhì qū 씨 짱 즈 쯔 취

포탈라궁
布达拉宫
bù dá lā gōng
뿌 따 라 꽁

산서성 陕西省 shǎn xī shěng 싼 씨 썽

병마용
兵马俑
bīng mǎ yǒng
삥 마 용

하남성 河南省 hé nán shěng 허 난 썽

소림사
少林寺
shào lín sì
싸오 린 스

봉황산
凤凰山
fèng huáng shān
펑 후앙 싼

용문석굴
龙门石窟
lóng mén shí kū
롱 먼 쓰 쿠

계림 **桂林** guì lín 꾸이 린	
양강사호 两江四湖 liǎng jiāng sì hú 리앙 찌앙 스 후 	
이강 漓江 lí jiāng 리 찌앙 	관음동굴 观音洞 guān yīn dòng 꾸안 인 똥 

핵심문장 익히기

- 이곳에서 가 볼만한 명소를 소개해 주세요.
  请介绍一下这里值得去的旅游景点。
  qǐng jiè shào yí xià zhè lǐ zhí dé qù de lǚ yóu jǐng diǎn
  칭 찌에 싸오 이 씨아 쩌 리 쯔 더 취 더 뤼 요우 찡 띠엔

- 이곳에서 꼭 가봐야 할 곳은 어딘가요?
  这里一定要去看的景点在哪里?
  zhè lǐ yí dìng yào qù kàn de jǐng diǎn zài nǎ lǐ
  쩌 리 이 띵 야오 취 칸 더 찡 띠엔 짜이 나 리

❷ 매표소에서

바꿔 말하기

학생 입장권 1장 주세요.
要一张 学生 票。
yào yì zhāng (xué sheng) piào
야오 이 짱 (쉬에 썽) 피아오

가운데 자리 영화표 주세요.
请给我 中间位置的 电影票。
qǐng gěi wǒ (zhōng jiān wèi zhi de) diàn yǐng piào
칭 게이 워 (쫑 지엔 웨이 쯔 더) 띠엔 잉 피아오

학생 2장 공연표 주세요.
买 两张学生 入场券。
mǎi (liǎng zhāng xué sheng) rù chǎng quàn
마이 (리앙 짱 쉬에 썽) 루 창 취엔

학생 은 할인 되나요?
学生 可以打折吗?
(xué sheng) kě yǐ dǎ zhé ma
(쉬에 썽) 커 이 따 쩌 마

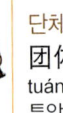

어른 成人 cheng rén 청 런 	학생 学生 xué sheng 쉬에 썽 	단체 团体 tuán tǐ 투안 티 
노인 老人 lǎo rén 라오 런 	유아 幼儿 yòu ér 요우 얼 	입장권 세트 套票 tào piào 타오 피아오 

가운데 자리 中间的座位 zhōng jiān de zuò wèi 쭝 찌엔 더 쭈오 웨이	가장자리 边沿 biān yán 삐엔 이엔	케이블 승차권(편도 / 왕복) 缆车票(单程 / 往返) lǎn chē piào (dān chéng / wǎng fǎn) 란 처 피아오 (딴 청 / 왕 판)

▶ 표를 구입할 때

A: 표 있나요?
有票吗？
yǒu piào ma
요우 피아오 마

B: 있어요.
有。
yǒu
요우

매진되었어요.
售完了。
shòu wán le
쏘우 완 러

A: (학생)은 할인 되나요?
(学生)可以打折吗？
(xué sheng) kě yǐ dǎ zhé ma
(쉬에 썽) 커 이 따 쩌 마

B: 네, 할인됩니다. 학생증을 보여 주세요.
是的，可以打折，请给我看一下你的学生证。
shì de, kě yǐ dǎ zhé, qǐng gěi wǒ kàn yí xià nǐ de xué sheng zhèng
쓰 더, 커 이 따 쩌, 칭 게이 워 칸 이 씨아 니 더 쉬에 썽 쩡

A: 학생증이 여기 있어요.
这是我的学生证。
zhè shì wǒ de xué sheng zhèng
쩌 쓰 워 더 쉬에 썽 쩡

입장료는 얼마인가요?
门票多少钱?
mén piào duō shǎo qián
먼 피아오 뚜오 쌰오 치엔

B: 100위안이에요.
一百块钱。
yì bǎi kuài qián
이 빠이 쿠아이 치엔

A: (학생) 입장권 1장 주세요. (p 377 '수' 참고)
要一张(学生)票。
yào yì zhāng (xué sheng) piào
야오 이 짱 (쉬에 썽) 피아오

핵심문장 익히기

- 짐을 어디에 맡기나요?
  哪里可以寄存?
  nǎ lǐ kě yǐ jì cún
  나 리 커 이 찌 춘

- 무슨 요일에 휴관합니까?
  哪天不开放?
  nǎ tiān bù kāi fàng
  나 티엔 뿌 카이 팡

- 개장 시간(폐장 시간)은 언제인가요?
  开门时间(关门时间)是几点?
  kāi mén shí jiān (guān mén shí jiān) shì jǐ diǎn
  카이 먼 쓰 찌엔 (꾸안 먼 쓰 찌엔) 쓰 찌 띠엔

- 자동안내 번역기를 어디에서 빌리나요?
  自助导游语音翻译机在哪里借?
  zì zhù dǎo yóu yǔ yīn fān yì jī zài nǎ lǐ jiè
  즈 쭈 따오 요우 위 인 판 이 찌 짜이 나 리 찌에

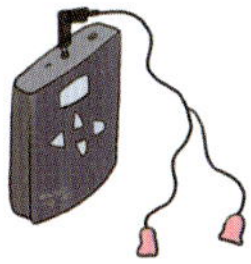

- 자동안내 번역기를 빌리고 싶어요.
  想借自助导游语音翻译机。
  xiǎng jiè zì zhù dǎo yóu yǔ yīn fān yì jī
  씨앙 찌에 즈 쭈 따오 요우 위 인 판 이 찌

- 어디에서 관광 유람차를 타나요?
  观光电车在哪里坐?
  guān guāng diàn chē zài nǎ lǐ zuò
  꾸안 꾸앙 띠엔 처 짜이 나 리 쭈오

- 화장실이 어디에 있나요?
  洗手间在哪里?
  xǐ shǒu jiān zài nǎ lǐ
  씨 쏘우 찌엔 짜이 나 리

핵심 단어

유료(무료) 주차 收费(免费)停车 shōu fèi (miǎn fèi) tíng chē 쏘우 페이 (미엔 페이) 팅 처	주차비 停车费 tíng chē fèi 팅 처 페이	화장실 이용 使用洗手间 shǐ yòng xǐ shǒu jiān 쓰 용 씨 쏘우 찌엔

❸ 관광지에서

1. 명칭 묻기

바꿔 말하기

이 / 저 산 의 이름은 무엇입니까?
这 / 那 山 叫什么名字?
zhè / nà (shān) jiào shén me míng zi
쩌 / 나 (싼) 찌아오 썬 머 밍 쯔

자연물

산 山 shān 싼 	강 江 jiāng 찌앙 	호수 湖 hú 후 
저수지 水库 shuǐ kù 쑤이 쿠 	연못 荷塘 hé táng 허 탕 	해변 海边 hǎi biān 하이 삐엔 
습지 沼泽 zhǎo zé 짜오 저 	협곡 峡谷 xiá gǔ 씨아 꾸 	해안 海岸 hǎi àn 하이 안 
동굴 洞 dòng 똥 	섬 岛 dǎo 따오 	삼림 森林 sēn lín 선 린 
초원 草原 cǎo yuán 차오 위엔 	사막 沙漠 shā mò 쌰 모어 	폭포 瀑布 pù bù 푸 뿌 

인공 자연물

분수
喷泉
pēn quán
펀 취엔

공원
公园
gōng yuán
꽁 위엔

댐
堤坝
dī bà
띠 빠

정원
庭园
tíng yuán
팅 위엔

유적

장성
长城
cháng chéng
창 청

명승지
名胜
míng shèng
밍 셩

유적지
遗址
yí zhǐ
이 쯔

성
城
chéng
청

석불
石佛
shí fó
쓰 포어

불상
佛像
fó xiàng
포어 씨앙

사찰
寺庙
sì miào
스 미아오

탑
塔
tǎ
타

무덤
坟墓
fén mù
펀 무

문
门
mén
먼

사당
祠堂
cí táng
츠 탕

옛날 집
老房子
lǎo fáng zi
라오 팡 즈

고궁
故宫
gù gōng
꾸 꽁

조형

기념비
纪念碑
jì niàn bēi
찌 니엔 뻬이

기념관
纪念馆
jì niàn guǎn
찌 니엔 꾸안

다리
桥
qiáo
치아오

광장
广场
guǎng chǎng
꾸앙 창

성당
教堂
jiào táng
찌아오 탕

교회
教会
jiào huì
찌아오 후이

박물관
博物馆
bó wù guǎn
뽀어 우 꾸안

미술관
美术馆
měi shù guǎn
메이 쑤 꾸안

건물
楼
lóu
로우

대학
大学
dà xué
따 쉬에

이슬람 사원
清真寺
qīng zhēn sì
칭 쩐 스

2. 규모 묻기

바꿔말하기

높이 가 어떻게 되나요?

多 **高** ?

duō (gāo)

뚜오 (까오)

규모	
길이 长 cháng 창 	넓이 宽 kuān 쿠안 
무게 重 zhòng 쭝 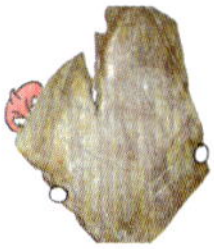	크기 大 dà 따 

핵심문장 익히기

- 이것의 이름은 무엇인가요?
  这个叫什么?
  zhè ge jiào shén me
  쩌 거 찌아오 썬 머

- 저것의 이름은 무엇인가요?
  那个叫什么?
  nà ge jiào shén me
  나 꺼 찌아오 썬 머

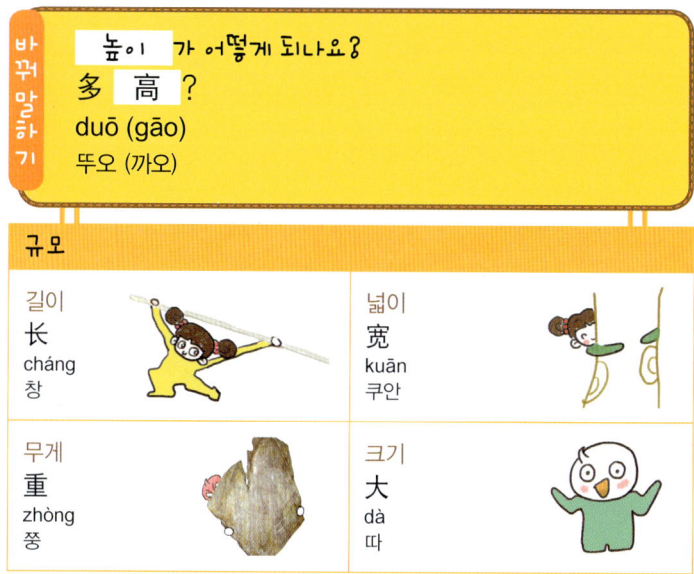

• 누가 여기에서 살았나요?
这个地方谁住过?
zhè ge dì fāng shuí zhù guò
쩌 거 띠 팡 쑤이 쭈 꾸오

• 언제 만들어졌나요?
什么时候建的?
shén me shí hou jiàn de
썬 머 쓰 호우 찌엔 더

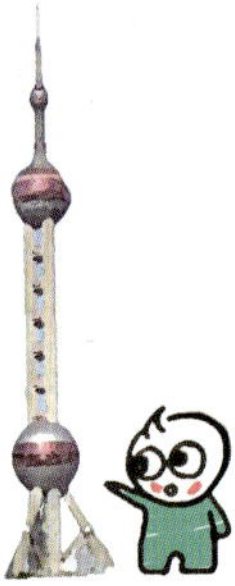

• 가장 유명한 것은 무엇입니까?
什么最出名?
shén me zuì chū míng
썬 머 쭈이 추 밍

• 어디에 쓰는 물건인가요?
这个东西干什么用?
zhè ge dōng xī gàn shén me yòng
쩌 거 동 씨 깐 썬 머 용

• 퍼레이드는 언제 시작하나요?
巡游什么时候开始?
xún yóu shén me shí hou kāi shǐ
쉰 요우 썬 머 쓰 호우 카이 쓰

핵심 단어

출입 금지
禁止出入
jìn zhǐ chū rù
찐 쯔 츄 루

접근 금지
禁止靠近
jìn zhǐ kào jìn
찐 쯔 카오 찐

금연
禁烟
jìn yān
찐 이엔

조용히 하세요.
请安静。
qǐng ān jìng
칭 안 찡

손대지 마세요.
请勿触摸。
qǐng wù chù mō
칭 우 추 모어

들어가지 마세요.
请勿进入。
qǐng wù jìn rù
칭 우 찐 루

사진 촬영 금지
禁止拍照
jìn zhǐ pāi zhào
찐 쯔 파이 쨔오

❹ 사진 촬영

바꿔말하기

이것은 전원 스위치 입니다.

这个是 电源开关 。

zhè ge shì (diàn yuán kāi guān)

쩌 거 쓰 (띠엔 위엔 카이 꾸안)

사진기 명칭

① 전원 스위치 电源开关 diàn yuán kāi guān 띠엔 위엔 카이 꾸인	② 셔터 버튼 拍摄键 pāi shè jiàn 파이 써 찌엔	③ 셀프타이머 定时自动拍摄 dìng shí zì dòng pāi shè 띵 쓰 즈 똥 파이 써
④ 내장 플래쉬 内置闪光灯 nèi zhì shǎn guāng dēng 네이 쯔 싼 꾸앙 떵		⑤ 렌즈 镜头 jìng tóu 찡 토우

▶ 사진 촬영을 부탁할 때

A: 실례지만, 사진 좀 찍어 주시겠어요?
请问，能帮忙照张相吗？
qǐng wèn, néng bāng máng zhào zhāng xiàng ma
칭 원, 넝 빵 망 짜오 짱 씨앙 마

B: 어느 버튼을 누르면 되나요?
摁哪个按钮？
èn nǎ gè àn niǔ
언 나 거 안 니우

A: 여기 누르면 돼요.
摁这里。
èn zhè lǐ
언 쩌 리

한 장 더 부탁드려요.
麻烦再来一张。
má fan zài lái yī zhāng
마 판 짜이 라이 이 짱

감사합니다.
谢谢。
xiè xiè
씨에 씨에

▶ 사진 촬영을 허락 받을 때

A: 당신의 사진을 찍어도 될까요?
可以给你照张相吗？
kě yǐ gěi nǐ zhào zhāng xiàng ma
커 이 게이 니 짜오 쟝 씨앙 마

B: 좋아요, 찍으세요.
可以，照吧。
kě yǐ, zhào ba
커 이, 짜오 빠

미안해요, 바빠서요.
对不起，我很忙。
duì bu qǐ, wǒ hěn máng
뚜이 뿌 치, 워 헌 망

A: 사진을 보내 드릴게요.
我会把相片发给你。
wǒ huì bǎ xiàng piàn fā gěi nǐ
워 후이 빠 씨앙 피엔 파 게이 니

(이메일) 주소를 적어 주세요.
写一个(电子邮件)地址吧。
xiě yí gè (diàn zǐ yóu jiàn) dì zhǐ ba
씨에 이 꺼 (띠엔 즈 요우 찌엔) 띠 쯔 빠

핵심문장 익히기

- 여기에서 사진 찍어도 되나요?
  这里允许照相吗？
  zhè lǐ yǔn xǔ zhào xiàng ma
  쩌 리 윈 쉬 짜오 씨앙 마

- 여기에서 플래시를 터뜨려도 되나요?
  可以开闪光灯吗？
  kě yǐ kāi shǎn guāng dēng ma
  커 이 카이 싼 꾸앙 떵 마

- 여기에서 비디오 촬영해도 되나요?
  这里允许摄像吗？
  zhè lǐ yǔn xǔ shè xiàng ma
  쩌 리 윈 쉬 써 씨앙 마

• 함께 사진 찍으시겠어요?

要一起照相吗?

yào yì qǐ zhào xiàng ma

야오 이 치 짜오 씨앙 마

❺ 박물관에서

바꿔말하기

어느 시대의 유물 인가요?

这是哪个时代的 遗物 ?

zhè shì nǎ ge shí dài de (yí wù)

쩌 쓰 나 꺼 쓰 따이 더 (이 우)

박물관

유물 遗物 yí wù 이 우 	도자기 陶瓷 táo cí 타오 츠 
화석 化石 huà shí 후아 쓰 	공룡 恐龙 kǒng lóng 콩 롱 

핵심문장 익히기

• 여기는 어떤 전시실인가요?

这里展示的是什么?

zhè lǐ zhǎn shì de shì shén me

쩌 리 짠 쓰 더 쓰 썬 머

- 이것은 어디에 쓰는 물건인가요?
  这个是用来干什么的?
  zhè ge shì yòng lái gàn shén me de
  쩌 거 쓰 용 라이 깐 썬 머 더

- 이것의 이름은 무엇인가요?
  这个叫什么名字?
  zhè ge jiào shén me míng zi
  쩌 거 찌아오 썬 머 밍 쯔

- 입구는 어디인가요?
  入口在哪里?
  rù kǒu zài nǎ lǐ
  루 코우 짜이 나 리

- 출구는 어디인가요?
  出口在哪里?
  chū kǒu zài nǎ lǐ
  추 코우 짜이 나 리

❻ 미술관에서

바꿔말하기

이 작품은 종이공예 입니다.
这个作品是 剪纸艺术 。
zhè ge zuò pǐn shì (jiǎn zhǐ yì shù)
쩌 꺼 쭈오 핀 쓰 (찌엔 쯔 이 쑤)

미술관

회화	전통 회화	도예
绘画 huì huà 후이 후아 	传统绘画 chuán tǒng huì huà 추안 통 후이 후아 	陶艺 táo yì 타오 이 

종이공예
剪纸艺术
jiǎn zhǐ yì shù
찌엔 쯔 이 쑤

그림자 예술
皮影艺术
pí yǐng yì shù
피 잉 이 쑤

소조
塑造
sù zào
수 짜오

나무 인형
木偶
mù ǒu
무 오우

연
风筝
fēng zhēng
펑 쩡

자수
刺绣
cì xiù
츠 씨우

서예
书法
shū fǎ
쑤 파

조소
雕像
diāo xiàng
띠아오 씨앙

조각
雕刻
diāo kè
띠아오 커

도자기
陶瓷
táo cí
타오 츠

옥공예
玉雕
yù diāo
위 띠아오

▶ 작품 종류에 관한 질문

A: 이 작품은 무엇인가요?
这个作品是什么?
zhè ge zuò pǐn shì shén me
쩌 꺼 쭈오 핀 쓰 선 머

B: 이 작품은 (종이공예)입니다.
这个作品是(剪纸艺术)
zhè ge zuò pǐn shì (jiǎn zhǐ yì shù)
쩌 꺼 쭈오 핀 쓰 (찌엔 쯔 이 쑤)

핵심문장 익히기

- 안내책자 주세요.
  请给一个介绍说明手册吧。
  qǐng gěi yí gè jiè shào shuō míng shǒu cè ba
  칭 게이 이 거 찌에 싸오 쑤오 밍 쏘우 처 빠

- 짐을 어디에 맡기나요?
  在哪里存包?
  zài nǎ lǐ cún bāo
  짜이 나 리 춘 빠오

- 한국인 가이드가 있나요?
  有韩语导游吗?
  yǒu hán yǔ dǎo yóu ma
  요우 한 위 따오 요우 마

- 이것은 누구의 작품인가요?
  这是谁的作品?
  zhè shì shuí de zuò pǐn
  쩌 쓰 쑤이 더 쭈오 핀 (*shéi 쎄이, shuí 쑤이 발음이 두 개임.)

- 이것은 어느 시대의 작품인가요?
  这是哪个时代的作品?
  zhè shì nǎ ge shí dài de zuò pǐn
  쩌 쓰 나 거 쓰 따이 더 쭈오 핀

- 재료가 무엇인가요?
  用的什么材料?
  yòng de shén me cái liào
  용 더 썬 머 차이 리아오

❼ 연극, 영화관에서

바꿔말하기

꼭두각시놀이 를 어디에서 하는지 알려 주세요.

请告诉我 木偶剧 在哪里看。

qǐng gào su wǒ (mù ǒu jù) zài nǎ lǐ kàn

칭 까오 수 워 (무 오우 쥐) 짜이 나 리 칸

연극, 영화

꼭두각시놀이
木偶剧
mù ǒu jù
무 오우 쥐

그림자 연극
皮影戏
pí yǐng xì
피 잉 씨

영화
电影
diàn yǐng
띠엔 잉

변검
变脸
biàn liǎn
삐엔 리엔

서커스
杂技
zá jì
짜 찌

가극
歌剧
gē jù
꺼 쥐

경극
京剧
jīng jù
찡 쥐

상성
相声
xiàng sheng
씨앙 성

소림무술 공연
少林武术表演
shǎo lín wǔ shù biǎo yǎn
쌰오 린 우 쑤 삐아오 이엔

장예모의 〈인상유삼저〉
张艺谋的〈印象刘三姐〉
zhāng yì móu de 〈yìn xiàng liú sān jiě〉
짱 이 모우 더 〈인 씨앙 리우 산 찌에〉

핵심문장 익히기

- 누가 출연하나요?
  谁演的?
  shuí yǎn de
  쑤이 이엔 더

- 어떤 장르인가요?
  什么类型?
  shén me lèi xíng
  썬 머 레이 씽

- 공연의 내용을 알고 싶어요.
  我想知道演出节目的内容。
  wǒ xiǎng zhī dào yǎn chū jié mù de nèi róng
  워 씨앙 쯔 따오 이엔 추 찌에 무 더 네이 롱

❽ 콘서트, 뮤지컬 공연장에서

바꿔 말하기

(콘서트) 보고 싶어요.
想看(演唱会)。
xiǎng kàn (yǎn chàng huì)
씨앙 칸 (이엔 창 후이)

콘서트, 뮤지컬

콘서트
演唱会
yǎn chàng huì
이엔 창 후이

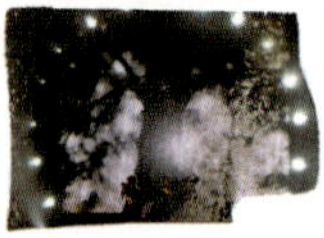

뮤지컬
音乐会
yīn yuè huì
인 위에 후이

클래식 古典音乐会 gǔ diǎn yīn yuè huì 꾸 띠엔 인 위에 후이 	중국 전통 악기공연 中国传统乐器表演 zhōng guó chuán tǒng yuè qì biǎo yǎn 쫑 꾸오 추안 통 위에 치 삐아오 이엔 

핵심문장 익히기

- 제일 좋은 자리로 주세요.
  请给我一个最好的位置。
  qǐng gěi wǒ yí gè zuì hǎo de wèi zhi
  칭 게이 워 이 거 쭈이 하오 더 웨이 쯔

- 제일 저렴한 자리로 주세요.
  请给我一个最便宜的位置。
  qǐng gěi wǒ yí gè zuì pián yi de wèi zhi
  칭 게이 워 이 거 쭈이 피엔 이 더 웨이 쯔

- 티켓을 예약할 수 있나요?
  可以订票吗?
  kě yǐ dìng piào ma
  커 이 띵 피아오 마

⑨ 스포츠

바꿔말하기

저는 **볼링** 을 좋아해요.
我喜欢 **保龄球** 。
wǒ xǐ huan (bǎo líng qiú)
워 씨 후안 (빠오 링 치우)

암벽 등반 을 하고 싶어요.
我想 **攀岩** 。
wǒ xiǎng (pān yán)
워 씨앙 (판 이엔)

활강 하는 곳은 어디인가요?
哪里可以 **滑降** ?
nǎ lǐ kě yǐ (huá jiàng)
나 리 커이 (후아 찌앙)

배드민턴 시합을 보고 싶어요.
我想看 **羽毛球** 比赛。
wǒ xiǎng kàn (yǔ máo qiú) bǐ sài
워 씨앙 칸 (위 마오 치우) 비 사이

스포츠 종목

볼링 保龄球 bǎo líng qiú 빠오 링 치우 	암벽 등반 攀岩 pān yán 판 이엔 	활강 滑降 huá jiàng 후아 찌앙 
수상 그네 水上秋千 shuǐ shàng qiū qiān 쑤이 쌍 치우 치엔 	패러글라이딩 滑翔跳伞 huá xiáng tiào sǎn 후아 씨앙 티아오 산 	번지 점프 蹦极 bèng jí 뻥 찌 

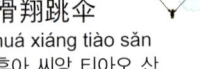

낚시 钓鱼 diào yú 띠아오 위 	인공 암벽 人工攀岩 rén gōng pān yán 런 꽁 판 이엔 	바둑 围棋 wéi qí 웨이 치 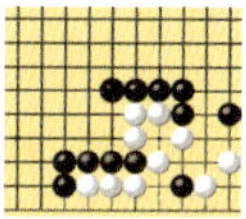
카레이싱 赛车 sài chē 사이 처 	윈드서핑 冲浪 chōng làng 총 랑 	골프 高尔夫 gāo ěr fū 까오 얼 푸 
테니스 网球 wǎng qiú 왕 치우 	스키 滑雪 huá xuě 후아 쉬에 	태극권 太极拳 tài jí quán 타이 찌 추안 
소림무술 少林武术 shào lín wǔ shù 싸오 린 우 쑤 	말(낙타) 타기 骑马(骆驼) qí mǎ (luò tuo) 치 마 (루오 투오) 	축구 足球 zú qiú 주 치우 
배구 排球 pái qiú 파이 치우 	야구 棒球 bàng qiú 빵 치우 	농구 篮球 lán qiú 란 치우 
탁구 乒乓球 pīng pāng qiú 핑 팡 치우 	검술 剑术 jiàn shù 찌엔 쑤 	수영 游泳 yóu yǒng 요우 용 
경마 赛马 sài mǎ 사이 마 	권투 拳击 quán jī 추안 찌 	태권도 跆拳道 tái quán dào 타이 추안 따오 
검도 剑道 jiàn dào 찌엔 따오 	무에타이 泰拳 tài quán 타이 추안 	격투기 格斗 gé dòu 꺼 또우 

씨름
摔跤
shuāi jiāo
쑤아이 찌아오

당구
台球
tái qiú
타이 치우

배드민턴
羽毛球
yǔ máo qiú
우 마오 치우

럭비
橄榄球
gǎn lǎn qiú
깐 란 치우

스쿼시
壁球
bì qiú
삐 치우

아이스하키
冰球
bīng qiú
삥 치우

핸드볼
手球
shǒu qiú
쏘우 치우

등산
登山
dēng shān
떵 싼

인라인
直排轮滑
zhí pái lún huá
즈 파이 룬 후아

보트
划艇
huá tǐng
후아 팅

사이클
自行车
zì xíng chē
즈 씽 처

▶ 좋아하는 운동, 취미

A: 무슨 운동을 좋아하세요?
请问您喜欢什么运动?
qǐng wèn nín xǐ huan shén me yùn dòng
칭 원 닌 씨 후안 썬 머 운 똥

B: 저는 (볼링)을 좋아해요.
我喜欢(保龄球)。
wǒ xǐ huan (bǎo líng qiú)
워 씨 후안 (빠오 링 치우)

A: 주말에는 주로 뭐하세요?
周末您一般会做什么?
zhōu mò nín yì bān huì zuò shén me
쪼우 모 닌 이 빤 후이 쭈오 썬 머

B: 주말에는 주로 낚시를 하러 가요.
周末我一般会去钓鱼。
zhōu mò wǒ yì bān huì qù diào yú
쪼우 모 워 이 빤 후이 취 띠아오 위

A: 배우고 싶은 운동이 있으세요?
请问您想学习的运动是什么?
qǐng wèn nín xiǎng xué xí de yùn dòng shì shén me
칭 원 닌 씨앙 쉬에 쉬 더 운 똥 쓰 썬 머

B: (암벽 등반)을 하고 싶어요.
我想(攀岩)。
wǒ xiǎng (pān yán)
워 씨앙 (판 이엔)

핵심문장 익히기

- 어느 팀이 경기합니까?
  哪个队比赛?
  nǎ ge duì bǐ sài
  나 꺼 뚜이 삐 싸이

- 예약을 부탁합니다.
  请给我预定。
  qǐng gěi wǒ yù dìng
  칭 게이 워 위 띵

Chapter 04 쇼핑

Unit 01. 상점 찾기

바꿔말하기

백화점 은 어디에 있나요?
百货公司 在哪里?
(bǎi huò gōng sī) zài nǎ lǐ
(빠이 후오 꽁 스) 짜이 나 리

상점 이름

짝퉁 가게 仿冒品店 fǎng mào pǐn diàn 팡 마오 핀 띠엔 	재래시장 集贸市场 jí mào shì chǎng 찌 마오 쓰 창 	기념품 가게 纪念品商店 jì niàn pǐn shāng diàn 찌 니엔 핀 쌍 띠엔 
야시장 夜市 yè shì 예 쓰 	골동품 가게 古玩店 gǔ wán diàn 꾸 완 띠엔 	전통 공예품 가게 传统工艺品商店 chuán tǒng gōng yì pǐn shāng diàn 추안 통 꽁 이 핀 쌍 띠엔 
도매시장 批发市场 pī fā shì chǎng 피 파 쓰 창 	쇼핑센터 购物中心 gòu wù zhōng xīn 꼬우 우 쫑 씬 	면세점 免税店 miǎn shuì diàn 미엔 쑤이 띠엔 
이케아(IKEA) 宜家 yí jiā 이 찌아 	특산품 가게 土特产店 tǔ tè chǎn diàn 투 터 찬 띠엔 	한약방 中药房 zhōng yào fáng 쫑 야오 팡 

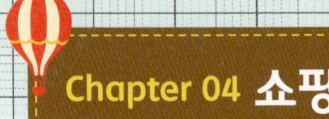

대형 할인점 大型超市 dà xíng chāo shì 따 씽 챠오 쓰 	서점 书店 shū diàn 쑤 띠엔 	화랑 画廊 huà láng 후아 랑 

핵심문장 익히기

- ~를 사려면 어디로 가야 하나요?
  我想买~要去哪里?
  wǒ xiǎng mǎi ~ yào qù nǎ lǐ
  워 씨앙 마이 ~ 야오 취 나 리

- 쇼핑하기 좋은 곳은 어딘가요?
  去哪里购物比较好?
  qù nǎ lǐ gòu wù bǐ jiào hǎo
  취 나 리 꼬우 우 삐 찌아오 하오

- 저렴하게 물건을 살만한 곳이 있나요?
  有没有比较便宜的购物的地方?
  yǒu méi yǒu bǐ jiào pián yi de gòu wù de dì fang
  워 메이 요우 삐 찌아오 피엔 이 더 꼬우 우 더 띠 팡

- 품질이 좋은 물건을 사려면 어디로 가야 하나요?
  请问去哪里可以买到质量好的商品?
  qǐng wèn qù nǎ lǐ kě yǐ mǎi dào zhì liàng hǎo de shāng pǐn
  칭 원 취 나 리 커 이 마이 따오 쯔 리앙 하오 더 쌍 핀

Unit 02. 물건 구입

바꿔 말하기

남방 을 사려고 해요.
想买 **衬衫** 。
xiǎng mǎi (chèn shān)
씨앙 마이 (천 싼)

청바지 는 어디에서 파나요?
牛仔裤 在哪里卖?
(niú zǎi kù) zài nǎ lǐ mài
(니우 짜이 쿠) 짜이 나 리 마이

바지 구경 좀 할게요.
随便看看 **裤子** 。
suí biàn kàn kan (kù zi)
수이 삐엔 칸 칸 (쿠 즈)

치마 는 몇 층에 있나요?
裙子 在几层?
(qún zi) zài jǐ céng
(췬 즈) 짜이 찌 청

의류매장 **服装卖场** fú zhuāng mài chǎng 푸 쭈앙 마이 창

티셔츠 T恤衫 T xù shān 티 쉬 싼 	남방 衬衫 chèn shān 천 싼 	블라우스 女式衬衫 nǚ shì chèn shān 뉘 쓰 천 싼 
청바지 牛仔裤 niú zǎi kù 니우 짜이 쿠 	바지 裤子 kù zi 쿠 즈 	치마 裙子 qún zi 췬 즈 

속옷
内衣
nèi yī
네이 이

잠옷
睡衣
shuì yī
쑤이 이

코트
外套
wài tào
와이 타오

스웨터
毛衣
máo yī
마오 이

원피스
连衣裙
lián yī qún
리엔 이 췬

운동복
运动服
yùn dòng fú
운 똥 푸

재킷
夹克
jiā kè
찌아 커
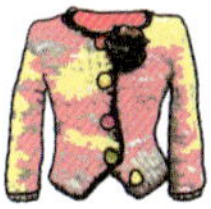

우의
雨衣
yǔ yī
우 이

가죽옷
皮衣
pí yī
피 이

캐쥬얼복
休闲服
xiū xián fú
씨우 씨엔 푸

남성복
男装
nán zhuāng
난 쭈앙

여성복
女装
nǚ zhuāng
뉘 쭈앙

아동복
童装
tóng zhuāng
통 쭈앙

양복
西服
xī fú
씨 푸

등산복
登山服
dēng shān fú
떵 싼 푸

골프웨어
高尔夫球服
gāo ěr fū qiú fú
까오 얼 푸 치우 푸

중국 전통옷
中国传统服装
zhōng guó chuán tǒng fú zhuāng
쭝 꾸오 추안 통 푸 쭈앙

실크
丝绸
sī chóu
스 초우
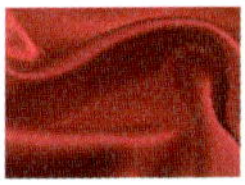

부속 의류 服装附属 fú zhuāng fù shǔ 푸 쭈앙 푸 슈

손수건
手绢
shǒu juàn
쏘우 쮜엔

넥타이
领带
lǐng dài
링 따이

장갑
手套
shǒu tào
쏘우 타오

스카프
围巾
wéi jīn
웨이 찐

양말
袜子
wà zi
와 즈

신발
鞋子
xié zi
씨에 즈
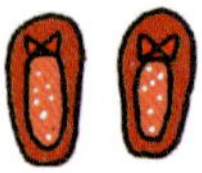

구두
皮鞋
pí xié
피 씨에

운동화
运动鞋
yùn dòng xié
윈 뚱 씨에

장화
高筒靴
gāo tǒng xuē
까오 통 쉬에

샌들
凉鞋
liáng xié
리앙 씨에

슬리퍼
拖鞋
tuō xié
투오 씨에
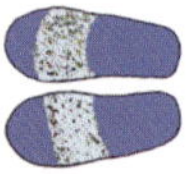

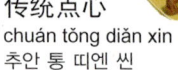

차, 식품, 약 茶, 食品, 药 chá, shí pǐn, yào 차, 스 핀, 야오

녹차
绿茶
lǜ chá
뤼 차

용정차
龙井茶
lóng jǐng chá
롱 찡 차

우롱차
乌龙茶
wū lóng chá
우 롱 차

자스민차
茉莉花茶
mò lì huā chá
모어 리 후아 차

보이차
普洱茶
pǔ ěr chá
푸 얼 차

국화차
菊花茶
jú huā chá
쥐 후아 차

홍차
红茶
hóng chá
홍 차

무이암차
武夷岩茶
wǔ yí yán chá
우 이 이엔 차

다기
茶具
chá jù
차 쥐

전통과자
传统点心
chuán tǒng diǎn xin
추안 통 띠엔 씬

사탕
糖果
táng guǒ
탕 꾸오

치즈
奶酪
nǎi lào
나이 라오

향료
香料
xiāng liào
씨앙 리아오

깨
芝麻
zhī ma
쯔 마

한약재
中药材
zhōng yào cái
쫑 야오 차이

우황청심환 牛黄清心丸 niú huáng qīng xīn wán 니우 후앙 칭 씬 완 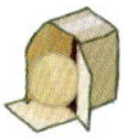	건강식품 健康食品 jiàn kāng shí pǐn 찌엔 캉 쓰 핀 	약초 药草 yào cǎo 야오 차오 

보석 珠宝 zhū bǎo 쮸 빠오

보증서를 주세요. 请给我保证书。 qǐng gěi wǒ bǎo zhèng shū 칭 게이 워 빠오 쩡 쑤	귀걸이 耳环 ěr huán 얼 후안 	호안석 虎眼石 hǔ yǎn shí 후 이엔 쓰 
반지 戒指 jiè zhi 찌에 쯔 	목걸이 项链 xiàng liàn 씨앙 리엔 	팔찌 手链 shǒu liàn 쏘우 리엔 
순금 纯金 chún jīn 춘 찐 	상아 象牙 xiàng yá 씨앙 야 	옥 玉 yù 위 
진주 珍珠 zhēn zhū 쪈 쭈 	원석 天然宝石 tiān rán bǎo shí 티엔 란 빠오 쓰 	칠기 漆器 qī qì 치 치 
비취 翡翠 fěi cuì 페이 추이 	대리석 大理石 dà lǐ shí 따 리 쓰 	은세공품 银手工艺品 yín shǒu gōng yì pǐn 인 쏘우 꽁 이 핀 

액세서리 配饰 pèi shì 페이 스

벨트 腰带 yāo dài 야오 따이 	선글라스 太阳镜 tài yáng jìng 타이 양 찡 	가방 / 지갑 包 / 钱包 bāo / qián bāo 빠오 / 치엔 빠오 

Chapter 04

모자
帽子
mào zi
마오 즈

시계
表
biǎo
삐아오

안경
眼镜
yǎn jìng
이엔 찡

화장품 化妆品 huà zhuāng pǐn 후아 쭈앙 핀

스킨
化妆水
huà zhuāng shuǐ
후아 쭈앙 쑤이

로션
乳液
rǔ yè
루 예

에센스
精华液
jīng huá yè
찡 후아 예

메이크업 베이스
隔离霜
gé lí shuāng
꺼 리 쑤앙

비비크림
BB霜
BB shuāng
비비 쑤앙

파운데이션
粉底
fěn dǐ
펀 띠

립글로스
唇蜜
chún mì
춘 미

립스틱
唇膏
chún gāo
추안 까오

아이섀도
眼影
yǎn yǐng
이엔 잉

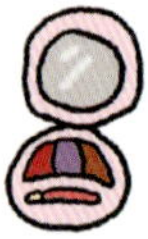

마스카라
睫毛膏
jié máo gāo
찌에 마오 까오

매니큐어
指甲油
zhǐ jia yóu
쯔 찌아 요우

향수
香水
xiāng shuǐ
씨앙 쑤이

영양크림
营养霜
yǐng yǎng shuāng
잉 양 쑤앙

선크림
防晒霜
fáng shài shuāng
팡 싸이 슈앙

전자제품, 가구 电子产品, 家具
diàn zǐ chǎn pǐn, jiā jù 띠엔 즈 찬 핀, 찌아 쥐

카메라
相机
xiàng jī
씨앙 찌

DVD 판매점
DVD音像店
DVD yīn xiàng diàn
디브이디 인 씨앙 띠엔

게임 DVD 游戏DVD yóu xì DVD 요우 씨 디브이디 	노트북 笔记本电脑 bǐ jì běn diàn nǎo 삐 찌 뻔 띠엔 나오 	컴퓨터 电脑 diàn nǎo 띠엔 나오 
핸드폰 手机 shǒu jī 쏘우 찌 	텔레비전 电视机 diàn shì jī 띠엔 쓰 찌 	MP3 MP3 mp sān 엠피 싼 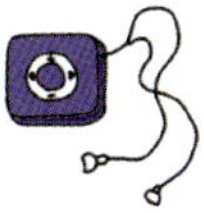

기타 其他 qí tā 치 타

거실용품 家居用品 jiā jū yòng pǐn 찌아 쥐 용 핀 	주방용품 厨房用品 chú fáng yòng pǐn 추 팡 용 핀 	골프용품 高尔夫用品 gāo ěr fū yòng pǐn 까오 얼 푸 용 핀 
침구류 床上用品 chuáng shàng yòng pǐn 추앙 쌍 용 핀 	맞춤 가구 定制家具 dìng zhì jiā jù 띵 쯔 찌아 쥐 	
문방사우, 기념품 文房四宝, 纪念品 wén fang sì bǎo, jì niàn pǐn 원 팡 스 빠오, 찌 니엔 핀	벼루 砚台 yàn tái 이엔 타이 	종이 纸 zhǐ 쯔 
붓 毛笔 máo bǐ 마오 삐 	도장 图章 tú zhāng 투 짱 	열쇠고리 钥匙扣 yào shi kòu 야오 쓰 코우 
중국화 中国画 zhōng guó huà 쫑 꾸오 후아 	고서 / 책 古籍 / 书 gǔ jí / shū 꾸 찌 / 쑤 	장난감 玩具 wán jù 완 쮜 
인형 玩偶 wán ǒu 완 오우 	기념엽서 明信片 míng xìn piàn 밍 씬 피엔 	우표 邮票 yóu piào 요우 피아오 

옛날 동전 旧铜钱 jiù tóng qián 찌우 통 치엔 	은제품 银器 yín qì 인 치 	도자기 인형 陶瓷玩偶 táo cí wán ǒu 타오 츠 완 오우 
홍등 红灯笼 hóng dēng lóng 홍 떵 롱 	손거울 小镜子 xiǎo jìng zi 씨아오 찡 즈 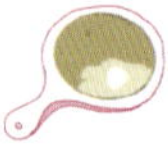	자수 제품 刺绣品 cì xiù pǐn 츠 씨우 핀 
부채 扇子 shàn zi 싼 즈 	명주솜 丝棉套子 sī mián tào zi 스 미엔 타오 즈 	골동품 古董 gǔ dǒng 꾸 동 

▶ 물건을 구입할 때

A: (청바지)는 어디에서 파나요?
请问哪里卖(牛仔裤)?
qǐng wèn nǎ lǐ mài (niú zǎi kù)
칭 원 나 리 마이 (니우 짜이 쿠)

B: 2층에서 팝니다.
在2楼卖。
zài èr lóu mài
짜이 얼 로우 마이

무엇을 도와드릴까요?
请问有什么可以帮到您?
qǐng wèn yǒu shén me kě yǐ bāng dào nín
칭 원 요우 썬 머 커 이 빵 따오 닌

A: (청바지)를 사려고 해요. 구경 좀 할게요.
我想买(牛仔裤)。先在这里随便看一下。
wǒ xiǎng mǎi (niú zǎi kù). xiān zài zhè lǐ suí biàn kàn yí xià
워 씨앙 마이 (니우 짜이 쿠). 씨엔 짜이 쩌 리 쑤이 삐엔 칸 이 씨아

B: 편하게 구경하세요.
请您随便看。
qǐng nín suí biàn kàn
칭 닌 쑤이 삐엔 칸

핵심문장 익히기

• 이것은 무엇입니까?
这是什么?
zhè shì shén me
쩌 쓰 썬 머

• 저것은 무엇입니까?
那是什么?
nà shì shén me
나 쓰 썬 머

• 언제 문을 여나요?
几点开门?
jǐ diǎn kāi mén
찌 띠엔 까이 먼

• 언제 문을 닫나요?
几点关门?
jǐ diǎn guān mén
찌 띠엔 꾸안 먼

Unit 03. 물건 고르기

❶ 물건 찾기

바꿔말하기

다른 종류 를 보여 주세요.
请给我看一下 其他种类 。
qǐng gěi wǒ kàn yí xià (qí tā zhǒng lèi)
칭 게이 워 칸 이 씨아 (치 타 쫑 레이)

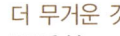

이것 这个 zhè ge 쩌 거 	저것 那个 nà ge 나 거 	더 화려한 것 更华丽的 gèng huá lì de 껑 후아 리 더 
더 큰 사이즈 更大码的 gèng dà mǎ de 껑 따 마 더 	더 작은 사이즈 更小码的 gèng xiǎo mǎ de 껑 씨아오 마 더 	더 수수한 것 普通点的 pǔ tōng diǎn de 푸 통 띠엔 더 
유행상품 流行商品 liú xíng shāng pǐn 리우 씽 쌍 핀 	더 무거운 것 更重的 gèng zhòng de 껑 쫑 더 	더 가벼운 것 更轻的 gèng qīng de 껑 칭 더 
더 긴 것 更长的 gèng cháng de 껑 창 더 	더 짧은 것 更短的 gèng duǎn de 껑 뚜안 더 	다른 종류 其他种类 qí tā zhǒng lèi 치 타 쫑 레이 
다른 디자인 其他款式 qí tā kuǎn shì 치 타 쿠안 쓰 	다른 색깔 其他颜色 qí tā yán sè 치 타 이엔 서 	더 싼 것 更便宜的 gèng pián yi de 껑 피엔 이 더

더 비싼 것 更贵的 gèng guì de 껑 꾸이 더 	신상품 新款 xīn kuǎn 씬 쿠안 	몇 가지 几种 jǐ zhǒng 찌 쫑 

❷ 색상

바꿔 말하기

저는 빨간색 을 원합니다.
我想要 红色 。
wǒ xiǎng yào (hóng sè)
워 씨앙 야오 (홍 써)

빨간색 红色 hóng sè 홍 써 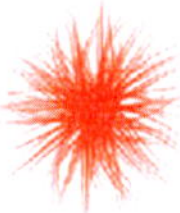	주황색 橘黄色 jú huáng sè 쥐 후앙 써 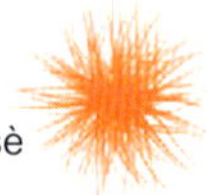	노란색 黄色 huáng sè 후앙 써 
초록색 草绿色 cǎo lǜ sè 차오 뤼 써 	파란색 天蓝色 tiān lán sè 티엔 란 써 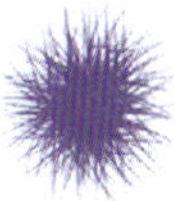	남색 蓝色 lán sè 란 써 
보라색 紫色 zǐ sè 즈 써 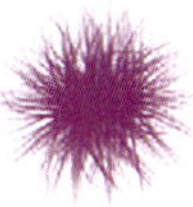	상아색 象牙色 xiàng yá sè 씨앙 야 써	황토색 土黄色 tǔ huáng sè 투 후앙 써 
검은색 黑色 hēi sè 헤이 써 	회색 灰色 huī sè 후이 써 	흰색 白色 bái sè 빠이 써 

갈색 褐色 hè sè 허 써 	분홍색 粉红色 fěn hóng sè 펀 홍 써 	하늘색 淡蓝色 dàn lán sè 딴 란 써 

❸ 재질

바꿔말하기

면 제품을 보여 주세요.
请给我看一下 棉 制品 。
qǐng gěi wǒ kàn yí xià (mián) zhì pǐn
칭 게이 워 칸 이 씨아 (미엔) 쯔 핀

면 棉 mián 미엔 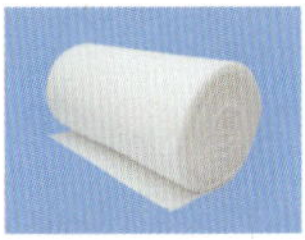	마 麻 má 마 
실크 绸 chóu 초우 	울 羊绒 yáng róng 양 롱 
가죽 皮 pí 피 	폴리에스테르 涤纶 dí lún 띠 룬 

❹ 착용

바꿔 말하기

입어 봐도 될까요?
能试 穿 一下吗?
néng shì (chuān) yí xià ma
넝 쓰 (추안) 이 씨아 마

입다, 신다 穿 chuān 추안 	메다 系 jì 찌 	먹다 吃 chī 츠 
바르다 擦 cā 차 	들다 提 tí 티 	만지다 摸 mō 모어 
쓰다 用 yòng 용 	착용하다 戴 dài 따이 	

▶ 치수, 색상, 재질 등을 물어볼 때

A: (이것) 좀 보여 주세요.
(这个)请给我看一下。
(zhè ge) qǐng gěi wǒ kàn yí xià
(쩌 꺼) 칭 게이 워 칸 이 씨아

B: 치수가 어떻게 되세요?
请问您穿的尺寸是多少?
qǐng wèn nín chuān de chǐ cùn shì duō shǎo
칭 원 닌 추안 더 츠 춘 쓰 뚜오 싸오

A: 제 치수는 (S / M / L)예요.
我的尺寸是(S / M / L)。
wǒ de chǐ cùn shì (S / M / L)
워 더 츠 춘 쓰 (에스 / 엠 / 엘)

제 사이즈를 잘 모르겠어요.
我也不太清楚我的尺寸是多少。
wǒ yě bú tài qīng chu wǒ de chǐ cùn shì duō shǎo
워 예 뿌 타이 칭 추 워 더 츠 춘 쓰 뚜오 싸오

사이즈를 재 주세요.
帮我量一下尺寸吧。
bāng wǒ liáng yí xià chǐ cùn ba
빵 워 리앙 이 씨아 츠 춘 빠

B: Small 사이즈 입으시면 되겠네요.
穿小号尺寸的就可以。
chuān xiǎo hào chǐ cùn de jiù kě yǐ
촌 씨아오 하오 츠 춘 더 찌우 커 이

A: 옷은 어디에서 갈아입죠?
请问在哪里换衣服?
qǐng wèn zài nǎ lǐ huàn yī fu
칭 원 짜이 나 리 후안 이 푸

B: 탈의실에서 갈아입으세요.
请到那边更衣室换衣服。
qǐng dào nà biān gēng yī shì huàn yī fu
칭 따오 나 삐엔 껑 이 쓰 후안 이 푸

A: 저한테 어울리나요?
这件衣服适合我吗?
zhè jiàn yī fu shì hé wǒ ma
쩌 찌엔 이 푸 쓰 허 워 마

B: 잘 어울려요.
很适合您。
hěn shì hé nín
헌 쓰 허 닌

A: 이 색깔이 저한테 어울리나요?
这个颜色适合我吗?
zhè ge yán sè shì hé wǒ ma
쩌 꺼 이엔 써 쓰 허 워 마

B: 잘 어울려요.
很适合您。
hěn shì hé nín
헌 쓰 허 닌

A: (다른 색깔)을 보여 주세요.
请给我看一下(其他颜色)的。
qǐng gěi wǒ kàn yí xià (qí tā yán sè) de
칭 게이 워 칸 이 씨아 (치 타 이엔 써) 더

무슨 색깔이 있나요?
有什么颜色的?
yǒu shén me yán sè de
요우 썬 머 이엔 써 더

B: 빨간색과 흰색이 있습니다.
有红色和白色的。
yǒu hóng sè hé bái sè de
요우 홍 써 허 빠이 써 더

A: 저는 (빨간색)을 원합니다.
我想要(红色)。
wǒ xiǎng yào (hóng sè)
워 씨앙 야오 (홍 써)

Chapter 04

이것의 재질은 무엇입니까?
这个是什么材质的?
zhè ge shì shén me cái zhì de
쩌 꺼 쓰 썬 머 차이 쯔 더

B: 이것은 폴리에스테르입니다.
这个是涤纶的。
zhè ge shì dí lún de
쩌 꺼 쓰 띠 륀 더

A: (면) 제품을 보여 주세요.
请给我看一下(棉)制品的。
qǐng gěi wǒ kàn yí xià (mián) zhì pǐn de
칭 께이 워 칸 이 씨아 (미엔) 쯔 핀 더

핵심문장 익히기

- 진품인가요?
  是真品吗?
  shì zhēn pǐn ma
  쓰 쩐 핀 마

- 필요 없어요.
  不需要。
  bù xū yào
  뿌 쉬 야오

- 안 사요.
  不买。
  bù mǎi
  뿌 마이

• 돈이 없어요.

没钱。

méi qián

메이 치엔

• 다른 곳 좀 보고 올게요.

我再去其它地方看看。

wǒ zài qù qí tā dì fang kàn kàn

워 짜이 취 치 타 띠 팡 칸 칸

Unit 04. 물건 사기

바꿔말하기

이것은 100위안 입니다.
这是 一百元 。
zhè shì (yì bǎi yuán)
쩌 쓰 (이 빠이 위엔)

지폐 纸币 zhǐ bì 쯔 삐

100위안
一百元
(一百块)
yì bǎi yuán (yì bǎi kuài)
이 빠이 위엔 (이 빠이 쿠아이)

50위안
五十元
(五十块)
wǔ shí yuán (wǔ shí kuài)
우 쓰 위엔 (우 쓰 쿠아이)

20위안
二十元
(二十块)
èr shí yuán (èr shí kuài)
얼 쓰 위엔 (얼 쓰 쿠아이)

10위안
十元
(十块)
shí yuán (shí kuài)
쓰 위엔 (쓰 쿠아이)

5위안
五元
wǔ yuán (wǔ kuài)
우 위엔 (우 쿠아이)

동전, 지폐 혼용 硬币, 纸币混用 yìng bì, zhi bì hùn yòng 잉 삐, 쯔 삐 훈 용

1위안
一元
(一块)
yī yuán (yí kuài)
이 위엔 (이 쿠아이)

1각
一角
(一毛)
yì jiǎo (yī máo)
이 찌아오 (이 마오)

5각
五角
(五毛)
wǔ jiǎo (wǔ máo)
우 찌아오 (우 마오)

1분
一分
yì fēn
이 펀

2분
两分
liǎng fēn
리앙 펀

5분
五分
wǔ fēn
우 펀

바꿔말하기

50% 할인됩니다.
打 5折 。
dǎ wǔ zhé
다 우 쩌

할인

1절 (90% 할인)
1折
yī zhé
이 쩌

2절 (80% 할인)
2折
liǎng zhé
리앙 쩌

3절 (70% 할인)
3折
sān zhé
산 쩌

4절 (60% 할인)
4折
sì zhé
스 쩌

5절 (50% 할인)
5折
wǔ zhé
우 쩌

바꿔말하기

신용카드 로 결제할게요.
用 信用卡 结帐。
yòng (xìn yòng kǎ) jié zhàng
용 (씬 용 카) 찌에 짱

결제

여행자수표
旅行支票
lǚ xíng zhī piào
뤼 씽 쯔 피아오

현금
现金
xiàn jīn
씨엔 찐

체크카드
借记卡
jiè jì kǎ
찌에 찌 카

달러
美金
měi jīn
메이 찐

▶ 물건 구매와 흥정

A: 이건 얼마예요?
这个多少钱?
zhè ge duō shǎo qián
쩌 꺼 뚜오 샤오 치엔

B: (100위안)이에요.
(一百块)钱。
(yì bǎi kuài) qián
(이 빠이 쿠아이) 치엔

A: 얼마나 할인된 가격인가요?
这是打了几折的价钱啊?
zhè shì dǎ le jǐ zhé de jià qián a
쩌 쓰 따 러 찌 쩌 더 찌아 치엔 아

B: (50%) 할인됩니다.
打(5折)。
dǎ (wǔ zhé)
다 (우 쩌)

A: 너무 비싸요, 깎아 주세요.
太贵了, 便宜一点吧。
tài guì le, pián yi yì diǎn ba
타이 꾸이 러, 피엔 이 이 디엔 빠

B: 안 돼요.
不行。
bù xíng
뿌 씽

A: 너무 비싸서 못 사겠네요, 그럼 갈게요.
太贵了, 我去其他地方看看。
tài guì le, wǒ qù qí tā dì fāng kàn kàn
타이 꾸이 러, 워 취 치 타 띠 팡 칸 칸

B: 잠깐만요, 얼마나 깎아 줄까요?
稍等一下，你需要我便宜多少呢？
shāo děng yí xià, nǐ xū yào wǒ pián yi duō shǎo ne
쌰오 떵 이 씨아, 니 쉬 야오 워 피엔 이 뚜오 쌰오 너

A: 50위안요.
50块。
wǔ shí kuài
우 쓰 쿠아이

B: 너무 심하게 깎으시네요, 70위안으로 해드릴게요.
你砍价砍得太多了，70块我卖给你。
nǐ kǎn jià kǎn de tài duō le, qī shí kuài wǒ mài gěi nǐ
니 칸 찌아 칸 더 타이 뚜오 러, 치 쓰 쿠아이 워 마이 게이 니

A: 그럼, 60위안으로 해 주세요.
那么，六十块你卖给我吧。
nà me, liù shí kuài nǐ mài gěi wǒ ba
나 머, 리우 쓰 쿠아이 니 마이 게이 워 빠

B: 65위안까지 해 드릴게요.
六十五块我卖给你。
liù shí wǔ kuài wǒ mài gěi nǐ
리우 쓰 우 쿠아이 워 마이 게이 니

A: 돈이 이것밖에 없어요.
我就只有这些钱了。
wǒ jiù zhǐ yǒu zhè xiē qián le
워 찌우 쯔 요우 쩌 씨에 치엔 러

B: 좋아요, 60위안만 주세요.
好，给我六十块吧。
hǎo, gěi wǒ liù shí kuài ba
하오, 게이 워 리우 쓰 쿠아이 빠

A: 고마워요, 복 받으실 거예요.
谢谢，祝你生意兴隆。
xiè xie, zhù nǐ shēng yì xīng lóng
씨에 씨에, 쭈 니 셩 이 씽 롱

B: 무엇으로 결제하실 거예요?
以什么方式结账？
yǐ shén me fāng shì jié zhàng
이 션 머 팡 쓰 찌에 짱

A: (신용카드)로 결제할게요.
用(信用卡)结账。
yòng (xìn yòng kǎ) jié zhàng
용 (씬 용 카) 찌에 짱

핵심문장 익히기

구매

- 이것이 마음에 드네요.
  我喜欢这个。
  wǒ xǐ huan zhè ge
  워 씨 후안 쩌 꺼

- 이것으로 주세요.
  请给我这个。
  qǐng gěi wǒ zhè ge
  칭 게이 워 쩌 꺼

계산

- 계산해 주세요.

  算一下多少钱。

  suàn yí xià duō shǎo qián

  수안 이 씨아 뚜오 쌰오 치엔

- 현금인출기가 어디 있나요?

  哪里有自动取款机?

  nǎ lǐ yǒu zì dòng qǔ kuǎn jī

  나 리 요우 즈 똥 취 쿠안 찌

- 영수증 주세요.

  请给我开发票。

  qǐng gěi wǒ kāi fā piào

  칭 게이 워 카이 파 피아오

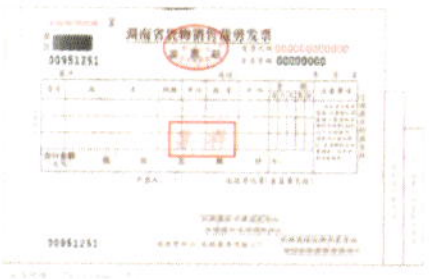

포장

- 이것은 다른 사람에게 줄 선물이에요.

  这个是要给别人的礼物。

  zhè ge shì yào gěi bié rén de lǐ wù

  쩌 꺼 쓰 야오 게이 삐에 런 더 리 우

- 따로따로 포장해주세요.

  请分开包装。

  qǐng fēn kāi bāo zhuāng

  칭 펀 카이 빠오 쭈앙

- 같이 포장해주세요.

  请一起包装。

  qǐng yì qǐ bāo zhuāng

  칭 이 치 빠오 쭈앙

- 가격표를 떼 주세요.
  请摘下价格标签。
  qǐng zhāi xià jià gé biāo qiān
  칭 짜이 씨아 찌아 꺼 삐아오 치엔

- 배송해 주세요.
  请帮我用快递送。
  qǐng bāng wǒ yòng kuài dì sòng
  칭 빵 워 용 쿠아이 띠 송

- 오늘 배달이 가능한가요?
  今天能送快递吗?
  jīn tiān néng sòng kuài dì ma
  찐 티엔 넝 송 쿠아이 띠 마

- 배달료는 얼마예요?
  快递费多少?
  kuài dì fèi duō shǎo
  쿠아이 띠 페이 뚜오 싸오

- 이 주소로 보내 주세요.
  请送到这个地址。
  qǐng sòng dào zhè ge dì zhǐ
  칭 송 따오 쩌 거 띠 쯔

- 구입한 것이 배달되지 않았어요.
  我没有收到购买的东西。
  wǒ méi yǒu shōu dào gòu mǎi de dōng xī
  워 메이 요우 쏘우 따오 꼬우 마이 더 똥시

교환, 환불

- 사이즈가 안 맞아요.

  大小不合适。

  dà xiǎo bù hé shì

  따 씨아오 뿌 허 쓰

- 디자인이 마음에 안 들어요.

  不喜欢这种款式。

  bù xǐ huan zhè zhǒng kuǎn shì

  뿌 씨 후안 쩌 쫑 쿠안 쓰

- 물건에 흠이 있어요.

  这个产品有问题。

  zhè ge chǎn pǐn yǒu wèn tí

  쩌 거 찬 핀 요우 원 티

- 작동을 안 해요.

  没反应。

  méi fǎn yìng

  메이 판 잉

- 파손됐어요.

  破损了。

  pò sǔn le

  포어 순 러

- 망가졌어요.

  弄坏了。

  nòng huài le

  농 후아이 러

- 찢어졌어요.
  撕破了。
  sī pò le
  스 포어 러

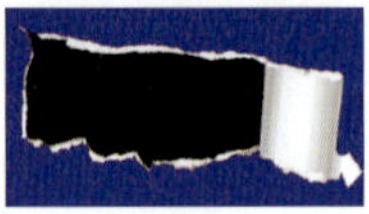

- 환불해 주세요.
  我要退货。
  wǒ yào tuì huò
  워 야오 투이 후오

- 교환해 주세요.
  我要换货。
  wǒ yào huàn huò
  워 야오 후안 후오

- 이것을 고쳐 주세요.
  请帮我修改一下这里。
  qǐng bāng wǒ xiū gǎi yí xià zhè lǐ
  칭 빵 워 씨우 까이 이 씨아 쩌 리

- 아직 사용하지 않았어요.
  还没用过。
  hái méi yòng guò
  하이 메이 용 꾸오

- 영수증 여기 있습니다.
  请收好发票。
  qǐng shōu hǎo fā piào
  칭 쏘우 하오 파 피아오

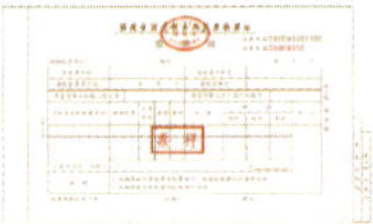

❶ 슈퍼마켓에서 물건 사기

바꿔 말하기

생수 는 어디 있나요?
水 在哪里?
(shuǐ) zài nǎ lǐ
(쑤이) 짜이 나 리

우유 는 얼마예요?
牛奶 多少钱?
(niú nǎi) duō shǎo qián
(니우 나이) 뚜오 쌰오 치엔

슈퍼마켓 물건

생수 水 shuǐ 쑤이 	우유 牛奶 niú nǎi 니우 나이 	녹차 (설탕첨가) 绿茶 (有糖) lǜ chá (yǒu táng) 뤼 챠 (요우 탕) 
오렌지주스 橙汁 chéng zhī 청 쯔 	커피 咖啡 kā fēi 카 페이 	왕라오지 王老吉 wáng lǎo jí 왕 라오 찌 
요플레 酸奶 suān nǎi 수안 나이 	콜라 可乐 kě lè 커 러 	사이다 雪碧 xuě bì 쉬에 삐 
맥주 啤酒 pí jiǔ 피 찌우 	농부과원 农夫果园 nóng fū guǒ yuán 농 푸 꾸오 위엔 	환타 芬达 fēn dá 펀 따 
냉홍차 冰红茶 bīng hóng chá 삥 홍 챠 	샴푸 洗发水 xǐ fà shuǐ 씨 파 쑤이 	린스 护发素 hù fà sù 후 파 수 

치약 牙膏 yá gāo 야 까오 	칫솔 牙刷 yá shuā 야 쑤아 	가그린 漱口水 shù kǒu shuǐ 쑤 코우 쑤이 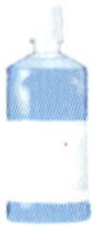
비누 香皂 xiāng zào 씨앙 자오 	면도기 刮胡刀 guā hú dāo 꾸아 후 따오 	머리끈 头绳 tóu shéng 토우 셩 
빗 梳子 shū zi 쑤 즈 	손톱깍기 指甲刀 zhǐ jiǎ dāo 쯔 찌아 따오 	스킨 化妆水 huà zhuāng shuǐ 후아 쭈앙 쑤이 
로션 乳液 rǔ yè 루 예 	물티슈 湿巾 shī jīn 쓰 찐 	화장지 卫生纸 wèi shēng zhǐ 웨이 셩 쯔 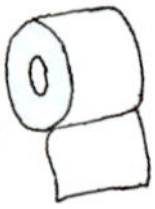
생리대 卫生巾 wèi shēng jīn 웨이 셩 찐 	기저귀 尿布湿 niào bù shī 니아오 뿌 쓰 	스타킹 丝袜 sī wà 스 와 
양말 袜子 wà zi 와 즈 	편지봉투 信封 xìn fēng 씬 펑 	우산 雨伞 yǔ sǎn 위 산 
담배 烟 yān 이엔 	라이터 打火机 dǎ huǒ jī 따 후오 찌 	건전지 电池 diàn chí 띠엔 츠 
쇼핑백 购物袋 gòu wù dài 꼬우 우 따이 	볼펜 圆珠笔 yuán zhū bǐ 위엔 쭈 삐 	테이프 胶布 jiāo bù 찌아오 뿌 

종이컵
纸杯
zhǐ bēi
쯔 뻬이

컵라면
碗面
wǎn miàn
완 미엔

소시지
香肠
xiāng cháng
씨앙 창

대나무잎 밥
粽子
zòng zi
쫑 즈

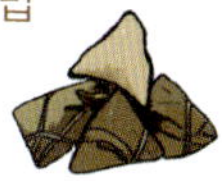

컵 당면(스펀)
粉丝面
fěn sī miàn
펀 스 미엔

사탕
糖
táng
탕

아이스크림
冰淇淋
bīng qí lín
삥 치 린

껌
口香糖
kǒu xiāng táng
코우 씨앙 탕

초콜릿
巧克力
qiǎo kè lì
치아오 커 리

해바라기씨
葵花子
kuí huā zǐ
쿠이 후아 즈

땅콩
花生
huā shēng
후아 썽

마시멜로
棉花软糖
mián huā ruǎn táng
미엔 후아 루안 탕

모기약
驱蚊剂
qū wén jì
취 원 찌

방취제
除臭剂
chú chòu jì
추 쵸우 찌

면도 크림
剃胡膏
tì hú gāo
티 후 까오

면도날
剃须刀片
tì xū dāo piàn
티 쉬 따오 피엔

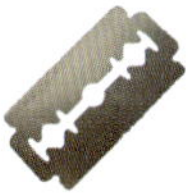

핵심문장 익히기

- 여기 설탕이 들었나요?
  这里面放糖了吗?
  zhè lǐ miàn fàng táng le ma
  쩌 리 미엔 팡 탕 러 마

- 시원한 것으로 주세요.

  请给我冰的。

  qǐng gěi wǒ bīng de

  칭 게이 워 삥 더

- 따뜻한 것으로 주세요.

  请给我热的。

  qǐng gěi wǒ rè de

  칭 게이 워 르어 더

❷ 과일 사기

바꿔말하기

렌우 한 근에 얼마예요?

莲雾 多少钱一斤?

(lián wù) duō shǎo qián yì jīn

(리엔 우) 뚜오 싸오 치엔 이 찐

과일		
렌우 莲雾 lián wù 리엔 우 	용안 龙眼 lóng yǎn 롱 위엔 	여지 荔枝 lì zhī 리 쯔 
망고 芒果 máng guǒ 망 꾸오 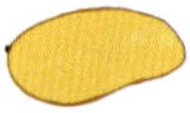	비파 枇杷 pí pá 피 파 	망고스틴 山竹 shān zhú 싼 쭈 
산사 山楂 shān zhā 싼 짜 	양매 杨梅 yáng méi 양 메이 	양다래 杨桃 yáng táo 양 타오 

유자
柚子
yòu zi
요우 즈

하미과
哈密瓜
hā mì guā
하 미 꾸아

홍마오딴
红毛丹
hóng máo dān
홍 마오 딴

사과
苹果
píng guǒ
핑 꾸오

배
梨
lí
리
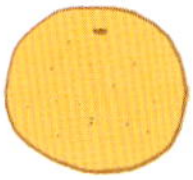

귤
橘子
jú zi
쥐 즈
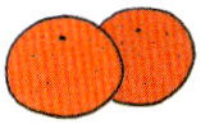

수박
西瓜
xī guā
씨 꾸아

포도
葡萄
pú táo
푸 타오

복숭아
桃子
táo zi
타오 즈

멜론
甜瓜
tián guā
티엔 꾸아
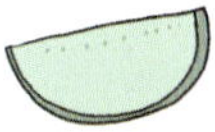

앵두
樱桃
yīng táo
잉 타오

오렌지
橙子
chéng zi
청 즈

레몬
柠檬
níng méng
닝 멍

바나나
香蕉
xiāng jiāo
씨앙 찌아오

자두
李子
lǐ zi
리 즈
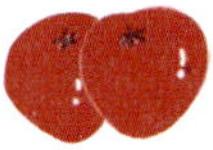

두리안
榴莲
liú lián
리우 리엔

살구
杏子
xìng zi
씽 즈

감
柿子
shì zi
쓰 즈

참외
香瓜
xiāng guā
씨앙 꾸아

파인애플
菠萝
bō luó
뽀어 루오

키위
猕猴桃
mí hóu táo
미 호우 타오

코코넛
椰子
yē zi ròu
예 즈 로우

사탕수수 甘蔗 gān zhe 깐 쩌 	구아바 番石榴 fān shí liu 판 쓰 리우 	밤 板栗 bǎn lì 빤 리 
대추 大枣 dà zǎo 따 자오 	딸기 草莓 cǎo méi 차오 메이 	건포도 葡萄干 pú táo gān 푸 타오 깐 

▶ 과일을 살 때

A: 무엇을 사시겠습니까?
您要买什么？
nīn yào mǎi shén me
닌 야오 마이 썬 머

B: (렌우) 한 근에 얼마예요?
(莲雾)多少钱一斤？
(lián wù) duō shǎo qián yì jīn
(리엔 우) 뚜오 싸오 치엔 이 찐

A: 50위안입니다.
五十块钱。
wǔ shí kuài qián
우 쓰 쿠아이 치엔

B: 한 근 주세요.
请给我一斤。
qǐng gěi wǒ yì jīn
칭 께이 워 이 찐

핵심문장 익히기

- 이 과일은 어떻게 먹나요?
  这个水果怎么吃?
  zhè ge shuǐ guǒ zěn me chī
  쩌 꺼 쑤이 꾸오 쩐 머 츠

- 이 과일 맛이 어때요?
  这个水果味道怎么样?
  zhè ge shuǐ guǒ wèi dào zěn me yàng
  쩌 꺼 쑤이 꾸오 웨이 따오 쩐 머 양

- 싱싱한 것으로 주세요.
  请给我新鲜的。
  qǐng gěi wǒ xīn xiān de
  칭 게이 워 씬 씨엔 더

- 어느 과일이 달달한가요?
  哪种水果比较甜?
  nǎ zhǒng shuǐ guǒ bǐ jiào tián
  나 쫑 쑤이 꾸오 삐 찌아오 티엔

- 어느 과일이 새콤한가요?
  哪种水果是酸酸的?
  nǎ zhǒng shuǐ guǒ shì suān suān de
  나 쫑 쑤이 꾸오 쓰 수안 수안 더

- 어느 과일이 맛있나요?
  哪种水果好吃?
  nǎ zhǒng shuǐ guǒ hǎo chī
  나 쫑 쑤이 꾸오 하오 츠

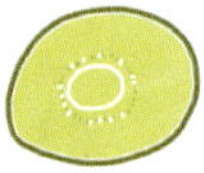

❸ 채소 사기

바꿔 말하기

고수나물 1근에 얼마예요?

香菜 一斤多少钱?

(xiāng cài) yì jīn duō shǎo qián

(씨앙 차이) 이 찐 뚜오 쌰오 치엔

채소		
고수나물 香菜 xiāng cài 씨앙 차이 	공심채 空心菜 kōng xīn cài 콩 씬 차이 	청경채 油菜 yóu cài 요우 차이 
호박 南瓜 nán guā 난 꾸아 	당근 胡萝卜 hú luó bo 후 루오 뽀오 	피망 青椒 qīng jiāo 칭 찌아오 
가지 茄子 qié zi 치에 즈 	버섯 蘑菇 mó gu 모어 꾸 	감자 土豆 tǔ dòu 투 또우 
고추 辣椒 là jiāo 라 찌아오 	토마토 番茄 fān qié 판 치에 	무 萝卜 luó bo 루어 뽀어 
배추 白菜 bái cài 빠이 차이 	마늘 蒜 suàn 수안 	우엉 莲藕 lián'ǒu 리엔 오우 
상추 生菜 shēng cài 썽 차이 	시금치 菠菜 bō cài 뽀어 차이 	양배추 卷心菜 juǎn xīn cài 쥐엔 씬 차이 

브로콜리 西兰花 xī lán huā 씨 란 후아 	양파 洋葱 yáng cōng 양 총 	단호박 西葫芦 xī hú lu 씨 후 루 
고구마 红薯 hóng shǔ 홍 쑤 	오이 黄瓜 huáng guā 후앙 꾸아 	파 葱 cōng 총 
콩나물 豆芽 dòu yá 또우 야 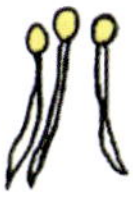	생강 生姜 shēng jiāng 썽 찌앙 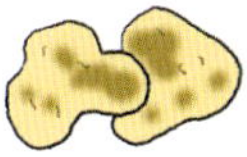	

핵심문장 익히기

- 싱싱한 것으로 주세요.
  请给我新鲜的。
  qǐng gěi wǒ xīn xiān de
  칭 게이 워 씬 씨엔 더

- 이것을 저울에 달아 주세요.
  把这个东西过一下秤。
  bǎ zhè ge dōng xi guò yí xià chèng
  빠 쩌 꺼 똥씨 꾸오 이 씨아 청

- 비닐 봉투를 주세요.
  请给我塑料袋。
  qǐng gěi wǒ sù liào dài
  칭 게이 워 수 리아오 따이

Chapter 05 식사

Unit 01. 음식점 찾기, 예약

❶ 음식점 찾기

바꿔말하기

베이징 음식점을 추천해 주세요.
请推荐一下 北京 的饭店。
qǐng tuī jiàn yí xià (běi jīng) de fàn diàn
칭 투이 찌엔 이 씨아 (뻬이 찡) 더 판 띠엔

음식점

중국 中国 zhōng guó 쭁 꾸오 	한국 韩国 hán guó 한 꾸오 	양식 西餐 xī cān 씨 찬 
뷔페 自助餐 zì zhù cān 즈 쮸 찬 	프랑스 法国 fǎ guó 파 꾸오 	이탈리아 意大利 yì dà lì 이 따 리 
일본 日本 rì běn 르 뻔 	인도 印度 yìn dù 인 뚜 	태국 泰国 tài guó 타이 꾸오 
베이징요리 北京料理 běi jīng liào lǐ 베이 찡 리아오 리 	상하이요리 上海料理 shàng hǎi liào lǐ 쌍 하이 리아오 리 	

사천요리
四川料理
sì chuān liào lǐ
스 츄안 리아오 리

광둥요리
广东料理
guǎng dōng liào lǐ
꾸앙 똥 리아오 리

초밥
寿司
shòu sī
쏘우 스

스테이크
牛排
niú pái
니우 파이

바비큐
烤肉
kǎo ròu
카오 로우

해산물요리
海鲜料理
hǎi xiān liào lǐ
하이 씨엔 리아오 리

가까운
近的
jìn de
찐 더

조용한
安静的
ān jìng de
안 찡 더

토속적인
民俗的
mín sú de
민 수 더

저렴한
低廉的
dī lián de
띠 리엔 더

전문
专门的
zhuān mén de
쮸안 먼 더

길거리
路边
lù biān
루 삐엔

맛있는
好吃的
hǎo chī de
하오 츠 더

이 지방의 전통요리
这个地方的传统料理
zhè ge dì fang de chuán tǒng liào lǐ
쩌 거 띠 팡 더 추안 통 리아오 리

바꿔말하기

피자헛 이 어디 있나요?

必胜客 在哪里?

(bì shèng kè) zài nǎ lǐ

(삐 셩 커) 짜이 나 리

패스트푸드 / 분식 / 기타

제과점
面包店
miàn bāo diàn
미엔 빠오 띠엔

패스트푸드점
快餐店
kuài cān diàn
쿠아이 찬 띠엔

KFC
肯德基
kěn dé jī
컨 떠 찌

맥도널드
麦当劳
mài dāng láo
마이 땅 라오

피자헛
必胜客
bì shèng kè
삐 셩 커

찻집
茶馆
chá guǎn
챠 꾸안

롯데리아
乐天利
lè tiān lì
러 티엔 리

파파이스
派派思
pài pài sī
파이 파이 스

국수집
面馆
miàn guǎn
미엔 꾸안

일본라면집
日本拉面馆
rì běn lā miàn guǎn
르 뻔 라 미엔 꾸안

재즈바
爵士酒吧
jué shì jiǔ bā
쥐에 쓰 찌우 빠

커피숍
咖啡店
kā fēi diàn
카 페이 띠엔

❷ 음식점 예약하기

바꿔말하기

방 을 예약해 주세요.

我要预约 房间 。

wǒ yào yù yuē (fáng jiān)

워 야오 위 위에 (팡 찌엔)

창가자리 靠窗的位置 kào chuāng de wèi zhi 카오 추앙 더 웨이 쯔 	금연석 禁烟区 jìn yān qū 찐 이엔 취 
흡연석 吸烟区 xī yān qū 씨 이엔 취 	조용한 자리 安静的位置 ān jìng de wèi zhi 안 찡 더 웨이 쯔 

▶ 음식점을 예약할 때

A: 예약이 필요한가요?
需要预约吗?
xū yào yù yuē ma
쉬 야오 위 위에 마

B: 네, 필요합니다.
是的, 需要预约。
shì de, xū yào yù yuē
쓰 더, 쉬 야오 위 위에

아니요, 그냥 오세요.
不需要, 直接过来就行。
bù xū yào, zhí jiē guò lái jiù xíng
뿌 쉬 야오, 쯔 찌에 꾸오 라이 지우 씽

A: (저녁 6시, 5명) 예약해 주세요. (p 368 '시간', p 377 '수' 참고)
我想预约(晚上六点, 五个人)。
wǒ xiǎng yù yuē (wǎn shang liù diǎn, wǔ gè rén)
워 씨앙 위 위에 (완 쌍 리우 띠엔, 우 꺼 런)

죄송합니다, 예약을 취소할게요.
对不起, 请帮我取消预约。
duì bù qǐ, qǐng bāng wǒ qǔ xiāo yù yuē
뚜이 뿌 치, 칭 빵 워 취 씨아오 위 위에

핵심문장 익히기

- [지도나 책을 가리키며] 이 식당은 어디 있나요?
  [指着书或者地图] 这个饭店在哪里?
  [zhǐ zhe shū huò zhě dì tú] zhè ge fàn diàn zài nǎ lǐ
  [쯔 쩌 쑤 후오 쩌 띠 투] 쩌 거 판 띠엔 짜이 나 리

- 몇 시에 문을 여나요(닫나요)?
  几点开门(关门)?
  jǐ diǎn kāi mén (guān mén)
  찌 띠엔 카이 먼 (꾸안 먼)

- 식당가가 어디에 있나요?
  饭店在哪里?
  fàn diàn zài nǎ lǐ
  판 띠엔 짜이 나 리

Unit 02. 음식점에서

❶ 음식 주문하기 – 중국의 대표 요리

바꿔말하기

북경오리 주세요.
请给我 北京烤鸭 。
qǐng gěi wǒ (běi jīng kǎo yā)
칭 게이 워 (뻬이 찡 카오 야)

북경요리

북경오리
北京烤鸭
běi jīng kǎo yā
베이 찡 카오 야

양고기 샤브샤브
涮羊肉
shuàn yáng ròu
쑤안 양 로우

광둥요리

새끼돼지구이
烤乳猪
kǎo rǔ zhū
카오 루 쭈

딤섬
点心
diǎn xin
띠엔 씬

상해요리

게 요리
大闸蟹
dà zhá xiè
따 짜 씨에

샤오롱 바오쯔(난샹)
小笼包子(南翔)
xiǎo lóng bāo zi (nán xiáng)
씨아오 롱 빠오 즈 (난 씨앙)
* 찜통에 찐 소가 든 만두

사천요리

마파두부
麻婆豆腐
má pó dòu fu
마 포어 또우 푸

산니백육
蒜泥白肉
suàn ní bái ròu
수안 니 빠이 로우
*다진 마늘을 넣고 삶은 돼지수육

위씨앙로우스
鱼香肉丝
yú xiāng ròu sī
위 씨앙 로우 스
*죽순, 목이버섯, 돼지고기로 만든 요리

꽁빠오찌딩
宫爆鸡丁
gōng bào jī dīng
꽁 빠오 찌 띵
*닭고기, 말린 고추, 땅콩을 함께 볶은 요리

샤브샤브
火锅
huǒ guō
후오 꾸오

강소요리

찐링이엔쑤이야
金陵盐水鸭
jīn líng yán shuǐ yā
찐 링 이엔 쑤이 야
*통째로 소금에 절인 오리고기

칭뚠씨에펀쓰즈토우
清炖蟹粉狮子头
qīng dùn xiè fěn shī zi tóu
칭 뚠 씨에 펀 쓰 즈 토우
*게살 완자요리

복건요리

상어 지느러미 스프 (불도장)
佛跳墙
fó tiào qiáng
포어 티아오 치앙

강서지방 요리

삼배계
三杯鸡
sān bēi jī
산 뻬이 찌
*주재료는 닭고기. 쌀로 만든 술 한 컵, 돼지기름 한 컵, 간장 한 컵, 총 세 컵을 넣어서 만든 요리

산둥요리

탕수육
糖醋里脊
táng cù lǐ ji
탕 추 리 찌

후난요리

홍샤오로우
红烧肉
hóng shāo ròu
홍 샤오 로우
* 돼지고기를 살짝 볶은 후 간장을 넣어 다시 익힌 요리

강절요리

시후추위
西湖醋鱼
xī hú cù yú
시 후 추 위
* 설탕에 식초를 넣어 조리한 생선 요리

총칭요리

샤오지공
烧鸡公
shāo jī gōng
쌰오 찌 꽁
* 중국식 닭 전골 요리

절강요리

동파육
东坡肉
dōng pō ròu
똥 포어 로우
* 통삼겹살에 진간장 등 향신료 넣고 조리한 요리

거지닭
叫花鸡
jiào huā jī
찌아오 후아 찌
* 닭에 버섯, 새우, 다진 고기 등으로 속을 채운 다음, 닭 표면에 흙을 덮어 화덕에 구운 요리

신장요리

양고기 군만두
羊肉锅贴
yáng ròu guō tiē
양 로우 꾸오 티에

칭다오요리

홍합 요리
干贝料理
gān bèi liào lǐ
깐 뻬이 리아오 리

음식 이름

밥
米饭
mǐ fàn
미 판

죽
粥
zhōu
쪼우

계란 볶음밥
蛋炒饭
dàn chǎo fàn
딴 차오 판

덮밥
盖饭
gài fàn
까이 판

국수
面条
miàn tiáo
미엔 티아오

볶음국수
炒面
chǎo miàn
챠오 미엔

국물국수
汤面
tāng miàn
탕 미엔

비빔국수
拌面
bàn miàn
빤 미엔

만두
饺子
jiǎo zi
찌아오 즈

군만두
煎饺
jiān jiǎo
찌엔 찌아오

호빵
豆沙包
dòu shā bāo
또우 싸 빠오

물만두
水饺
shuǐ jiǎo
쑤이 찌아오

찐만두
蒸饺
zhēng jiǎo
쩡 찌아오

만터우(화쥐엔)
馒头(花卷)
mán tou(huā juǎn)
만 토우(후아 쥐엔)
*속 없는 찐빵

훈툰
馄饨
hún tun
훈 툰
*밀가루 피에 고기 소를 넣고 싸서, 찌거나 끓여서 먹는 음식

밀가루 전병
煎饼
jiān bǐng
찌엔 삥

양고기 꼬치
羊肉串
yáng ròu chuàn
양 로우 추안

군밤
糖炒栗子
táng chǎo lì zi
탕 챠오 리 즈

춘취엔
春卷
chūn juǎn
춘 취엔
*앙꼬 없는 찐빵

옥수수 수프
玉米甜汤
yù mǐ tián tāng
위 미 티엔 탕

자장면
炸酱面
zhá jiàng miàn
짜 찌앙 미엔

닭 육수 쌀국수
鸡汤面
jī tāng miàn
찌 탕 미엔

돼지뼈 육수 쌀국수
桂林米粉
guì lín mǐ fěn
꾸이 린 미 펀

불고기
烤肉
kǎo ròu
카오 로우

장조림
五香酱肉
wǔ xiāng jiàng ròu
우 씨앙 찌앙 로우

건두부 쌈
京酱肉丝
jīng jiàng ròu sī
찡 찌앙 로우 스

마라탕
麻辣烫
má là tàng
마 라 탕
*매운 신선로 요리

닭고기 볶음
宫爆鸡丁
gōng bào jī dīng
꽁 빠오 찌 딩

감자볶음
炒土豆丝
chǎo tǔ dòu sī
챠오 투 또우 스

소고기 당면 볶음
蚂蚁上树
má yǐ shàng shù
마 이 쌍 쑤

삼선 누룽지
三鲜锅巴
sān xiān guō bā
산 씨엔 꾸오 빠

고구마 맛탕
拔丝地瓜
bá sī dì guā
빠 스 띠 꾸아

닭고기 탕
鸡汤
jī tāng
찌 탕

대나무잎 밥
粽子
zòng zi
종 즈

중국 호떡
肉饼, 糖饼
ròu bǐng, táng bǐng
로우 삥, 탕 삥

누룽지탕
虾仁锅巴
xiā rén guō bā
씨아 런 꾸오 빠

과일꼬치
糖葫芦
táng hú lu
탕 후 루

두유
豆浆
dòu jiāng
또우 찌앙

기름에 튀긴 꽈배기
油条
yóu tiáo
요우 티아오

잉어찜
鲤鱼清炖
lǐ yú qīng dùn
리 위 칭 뚠

당면
粉丝
fěn sī
펀 스

옥수수 구이
烤玉米
kǎo yù mǐ
카오 위 미

간장에 조린 계란
酱油蛋
jiàng yóu dàn
찌앙 요우 딴

라면
拉面
lā miàn
라 미엔

냉면
冷面
lěng miàn
렁 미엔

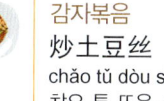

바꿔말하기

이 요리의 재료는 닭 입니다.
这道菜是用 鸡 做的。
zhè dào cài shì yòng (jī) zuò de
쩌 따오 차이 쓰 용 (찌) 쭈오 더

요리 재료

육류 肉类 ròu lèi 로우 레이 	조류 禽类 qín lèi 친 레이 	파충류 爬虫类 pá chóng lèi 파 총 레이 
해조류 海藻类 hái zǎo lèi 하이 자오 레이 	생선 海鲜 hǎi xiān 하이 씨엔 	소 牛肉 niú ròu 니우 로우 
닭 鸡 jī 찌 	새우 虾 xiā 씨아 	조기 黄鱼 huáng yú 후앙 위 
돼지 猪肉 zhū ròu 쭈 로우 	오리 鸭 yā 야 	오징어 墨鱼 mò yú 모어 위 
갈치 带鱼 dài yú 따이 위 	양 羊肉 yáng ròu 양 로우 	거위 鹅 é 으어 
게 蟹 xiè 씨에 	잉어 鲤鱼 lǐ yú 리 위 	염소 山羊 shān yáng 싼 양 

비둘기 鸽子 gē zi 꺼 즈 	문어 章鱼 zhāng yú 짱 위 	붕어 鲫鱼 jì yú 찌 위 
당나귀 驴 lǘ 뤼 	달걀 鸡蛋 jī dàn 찌 단 	가재 龙虾 lóng xiā 롱 씨아 
장어 鳗鱼 mán yú 만 위 	개 狗肉 gǒu ròu 꼬우 로우 	뱀 蛇 shé 써 
조개 贝壳 bèi ké 뻬이 커 	갈비 排骨 pái gǔ 파이 꾸 	개구리 田鸡 tián jī 티엔 찌 
굴 牡蛎 mǔ lì 무 리 	미나리 芹菜 qín cài 친 차이 	옥수수 玉米 yù mǐ 위 미 
힘줄 板筋 bǎn jīn 반 찐 	자라 甲鱼 jiǎ yú 찌아 위 	두부 豆腐 dòu fu 또우 푸 
가지 茄子 qié zi 치에 즈 	콩나물 豆芽 dòu yá 또우 야 	창자 大肠 dà cháng 따 창 
송이버섯 松口菇 sōng kǒu gū 송 코우 꾸 	오이 黄瓜 huáng guā 후앙 꾸아 	토마토 番茄 fān qié 판 치에 

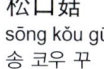

❷ 종업원에게 뭔가를 요구할 때

바꿔 말하기

포크 주세요.
请给我 叉子 。
qǐng gěi wǒ (chā zi)
칭 게이 워 (챠 즈)

수저를 바꿔 주세요.
请给我换一下 餐具 。
qǐng gěi wǒ huàn yí xià (cān jù)
칭 게이 워 후안 이 씨아 (찬 쥐)

식기, 양념, 후식

그릇 碗 wǎn 완 	컵 杯子 bēi zi 뻬이 즈 	포크 叉子 chā zi 챠 즈 
수저 餐具 cān jù 찬 쥐 	접시 盘子 pán zi 판 즈 	젓가락 筷子 kuài zi 쿠아이 즈 
나이프 餐刀 cān dāo 찬 따오 	냅킨 餐巾纸 cān jīn zhǐ 찬 찐 쯔 	국자 汤勺 tāng sháo 탕 쌰오 
차 茶 chá 챠 	물 水 shuǐ 쑤이 	시원한 물 冰水 bīng shuǐ 삥 쑤이 

생수 矿泉水 kuàng quán shuǐ 쿠앙 취엔 쑤이 	소금 盐 yán 이엔 	후춧가루 胡椒 hú jiāo 후 찌아오 
간장 酱油 jiàng yóu 찌앙 요우 	설탕 糖 táng 탕 	아이스크림 冰淇淋 bīng qí lín 삥 치 린 
커피 咖啡 kā fēi 카 페이 	과일 水果 shuǐ guǒ 쑤이 꾸오 	디저트 甜品 tián pǐn 티엔 핀 
짜차이 榨菜 zhà cài 짜 차이 	고춧가루 辣椒面 là jiāo miàn 라 찌아오 미엔 	와인 红酒 hóng jiǔ 홍 찌우 

▶ 음식점에서

A: 어서 오세요.
欢迎光临。
huān yíng guāng lín
후안 잉 꾸앙 린

B: 7시에 예약한 (밍밍)이에요. (p 368 '시간' 참고)
我是预约了七点钟的 (明明)。
wǒ shì yù yuē le qī diǎn zhōng de (míng míng)
워 쓰 위 위에 러 치 띠엔 쫑 더 (밍 밍)

예약을 안 했는데 자리 있나요?
没预约有位置吗?
méi yù yuē yǒu wèi zhi ma
메이 위 위에 요우 웨이 쯔 마

A: 몇 분이세요?
请问几位?
qǐng wèn jǐ wèi
칭 원 찌 웨이

B: (5)명이예요. (p 377 '수' 참고)
(五)个人。
(wǔ) gè rén
(우) 꺼 런

A: 이쪽으로 오세요.
请走这边。
qǐng zǒu zhè biān
칭 쪼우 쩌 삐엔

여기에 앉으세요.
请坐这里。
qǐng zuò zhè lǐ
칭 쭈오 쩌 리

▶ 식사를 주문할 때

A: 종업원!
服务员!
fú wù yuán
푸 우 위엔

B: 주문하시겠어요?
要点菜吗?
yào diǎn cài ma
야오 띠엔 차이 마

A: 식사 전에 차(술)를 주문할게요.
饭前先点个茶(酒)水。
fàn qián xiān diǎn gè chá (jiǔ) shuǐ
판 치엔 씨엔 띠엔 꺼 챠 (찌우) 쑤이

주문할게요.
点菜。
diǎn cài
띠엔 차이

조금 있다 주문할게요.
等一下点菜。
děng yí xià diǎn cài
떵 이 씨아 띠엔 차이

B: 무엇을 주문하시겠어요?
请问您要点什么?
qǐng wèn nín yào diǎn shén me
칭 원 닌 야오 띠엔 썬 머

A: (베이징 오리) 주세요.
请给我(北京烤鸭)。
qǐng gěi wǒ (běi jīng kǎo yā)
칭 게이 워 (베이 찡 카오 야)

이것으로 주세요.
请给我这个。
qǐng gěi wǒ zhè ge
칭 게이 워 쩌 거

같은 것으로 주세요.
请给我一份一样的。
qǐng gěi wǒ yí fèn yí yàng de
칭 게이 워 이 펀 이 양 더

[다른 사람의 음식을 가리키며] 저것과 같은 것으로 주세요.
请给我和那个一样的。
qǐng gěi wǒ hé nà ge yí yàng de
칭 게이 워 허 나 거 이 양 더

상차이를 넣지 마세요.
请不要放香菜。
qǐng bú yào fàng xiāng cài
칭 뿌 야오 팡 씨앙 차이

맵지 않게 해 주세요.
请给我弄不辣的。
qǐng gěi wǒ nòng bú là de
칭 게이 워 농 뿌 라 더

제가 시킨 요리는 얼마나 기다려야 하나요?
我点的菜大概要等多久?
wǒ diǎn de cài dà gài yào děng duō jiǔ
워 띠엔 더 차이 따 까이 야오 떵 뚜오 찌우

주문을 바꿔도 되나요?
可以换菜吗?
kě yǐ huàn cài ma
커 이 후안 차이 마

주문을 취소하고 싶어요.
请把我点的菜取消。
qǐng bǎ wǒ diǎn de cài qǔ xiāo
칭 빠 워 띠엔 더 차이 취 씨아오

자리를 바꿔 주세요.
请给我换个位子。
qǐng gěi wǒ huàn gè wèi zi
칭 게이 워 후안 꺼 웨이 즈

핵심문장 익히기

메뉴 선택

- 오늘의 추천 요리는 무엇인가요?
  今天的推荐菜是什么?
  jīn tiān de tuī jiàn cài shì shén me
  찐 티엔 더 투이 찌엔 차이 쓰 썬 머

• 이 지방의 유명 요리는 무엇인가요?
这个地方的名菜是什么？
zhè ge dì fang de míng cài shì shén me
쩌 꺼 띠 팡 더 밍 차이 쓰 썬 머

• 담백한 요리는 무엇인가요?
有什么清淡一点的菜？
yǒu shén me qīng dàn yì diǎn de cài
요우 썬 머 칭 딴 이 띠엔 더 차이

• 메뉴판을 주세요.
请把菜单给我。
qǐng bǎ cài dān gěi wǒ
칭 빠 차이 딴 게이 워

• 사진 있는 메뉴판은 없나요?
没有带图片的菜单吗？
méi yǒu dài tú piàn de cài dān ma
메이 요우 따이 투 피엔 더 차이 딴 마

• 이것은 무료인가요, 유료인가요?
这个是免费的还是要钱的？
zhè ge shì miǎn fèi de hái shì yào qián de
쩌 거 쓰 미엔 페이 더 하이 쓰 야오 치엔 더

식사 시 질문

• 이 요리는 어떻게 먹나요?
这道菜怎么吃？
zhè dào cài zěn me chī
쩌 따오 차이 전 머 츠

• 디저트 있나요?

有甜品吗?

yǒu tián pǐn ma

요우 티엔 핀 마

식사 시 요구

• 이것 좀 더 주세요.

再给我来点这个。

zài gěi wǒ lái diǎn zhè ge

짜이 게이 워 라이 띠엔 쩌 거

• 이것을 치워 주세요.

把这个收了吧。

bǎ zhè ge shōu le ba

빠 쩌 거 쏘우 러 빠

• 주문한 요리가 안 나왔어요.

我点的菜还没上。

wǒ diǎn de cài hái méi shàng

워 띠엔 더 차이 하이 메이 쌍

• 주문한 요리가 아니에요.

这不是我点的菜。

zhè bú shì wǒ diǎn de cài

쩌 뿌 쓰 워 띠엔 더 차이

• 요리가 덜 익었어요.

这个菜没熟透。

zhè ge cài méi shú tòu

쩌 꺼 차이 메이 쑤 토우

• 요리가 너무 구워졌어요.

这道菜有点烤过了。

zhè dào cài yǒu diǎn kǎo guò le

쩌 따오 차이 요우 띠엔 카오 꾸오 러

• 이것을 데워 주세요.

这个帮我热一下。

zhè ge bāng wǒ rè yí xià

쩌 꺼 빵 워 르어 이 씨아

• 여기에 이물질이 들어 있어요.

这里面有脏东西。

zhè lǐ miàn yǒu zāng dōng xi

쩌 리 미엔 요우 짱 똥 씨

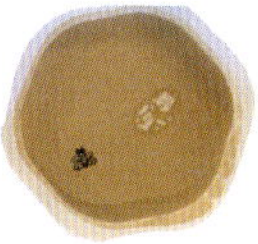

• 남은 음식을 싸 주세요.

请把剩下的打包。

qǐng bǎ shèng xià de dǎ bāo

칭 빠 썽 씨아 더 따 빠오

계산

• 계산해 주세요.

买单。

mǎi dān

마이 딴

• 얼마예요?

多少钱?

duō shǎo qián

뚜오 쌰오 치엔

Chapter 05

• 제가 낼게요.
我来付。
wǒ lái fù
워 라이 푸

• 따로따로 계산할게요.
各付各的。
gè fù gè de
꺼 푸 꺼 더

• 계산이 잘못됐어요.
结算错了。
jié suàn cuò le
찌에 수안 추오 러

• 이것은 팁이에요.
这是小费。
zhè shì xiǎo fèi
쩌 쓰 씨아오 페이

핵심 단어

데치다 焯 chāo 차오	굽다 / 직접 불에 굽다 烤 / 火烤 kǎo / huǒ kǎo 카오 / 후오 카오	튀기다 油炸 yóu zhà 요우 쨔	탕, 찌개 汤 tāng 탕	찌다 蒸 zhēng 쩡	무치다 拌 bàn 빤
볶다 炒 chǎo 챠오	부치다 煎 jiān 찌엔	훈제 熏 xūn 쉰	끓이다 炖 dùn 뚠	삶다 烹 pēng 펑	

Unit 03. 술집에서

바꿔 말하기

백주 주세요.

请给我 白酒 。

qǐng gěi wǒ (bái jiǔ)

칭 게이 워 (빠이 찌우)

주류

백주
白酒
bái jiǔ
바이 찌우

고량주
高粱酒
gāo liáng jiǔ
까오 리앙 찌우

* 중국의 대표적인 증류수로 도수가 60도

십전대보주
十全大补酒
shí quán dà bǔ jiǔ
쓰 취엔 따 뿌 찌우

* 황기, 당기, 지황 등 열 가지 약재를 넣은 강장술로 쌀과 누룩으로 만듦

홍성이과두주
红星二锅头
hóng xīng èr guō tóu
홍 씽 얼 꾸오 토우

* 수수를 두 번째 증류해서 나온 술로 맛이 가장 좋다.

라오베이징
老北京
lǎo běi jīng
라오 뻬이 찡

소주
烧酒
shāo jiǔ
싸오 찌우

양하대곡주
洋河大曲酒
yáng hé dà qū jiǔ
양 허 따 취 찌우

* 양하지역에서 밀, 완두 등으로 빚은 술

칭따오 맥주
青岛啤酒
qīng dǎo pí jiǔ
칭 따오 피 찌우

양주
洋酒
yáng jiǔ
양 찌우

징주
京酒
jīng jiǔ
찡 찌우

* 맑은 술

위스키
威士忌
wēi shì jì
웨이 쓰 찌

보드카
伏特加
fú tè jiā
푸 터 찌아

마이타이
茅台酒
máo tái jiǔ
마오 타이 찌우

*중국의 국주로 불리며 깊고 부드럽고 자극이 없다.

레드 와인
红葡萄酒
hóng pú táo jiǔ
홍 푸 타오 찌우

화이트 와인
白葡萄酒
bái pú táo jiǔ
바이 푸 타오 찌우

오량액
五粮液
wǔ liáng yè
우 리앙 예

*수수, 쌀, 찹쌀, 옥수수, 밀 등의 다섯가지 곡물로 빚은 술

싼비엔주
三鞭酒
sān biān jiǔ
싼 삐엔 찌우

*세 마리 짐승의 생식기와 구기자, 인삼, 숙지, 생지 등을 원료로 만든 건강 술

수정방
水井坊
shuǐ jǐng fáng
쑤이 찡 팡

*중국의 삼대 명주 중 하나로 과일향과 대나무향이 나는 백주

죽엽청주
竹叶青酒
zhú yè qīng jiǔ
쭈 예 칭 찌우

*술 색깔은 윤기있는 황금색에 녹색을 섞은 듯하여 혈액순환, 보혈 등의 효능이 있다.

주귀주
酒鬼酒
jiǔ guǐ jiǔ
찌우 꾸이 찌우

*몸을 보양하는 중국 전통 최고의 명주

핵심문장 익히기

- 건배!
  干杯！
  gān bēi
  깐 뻬이

- 한 잔 더 주세요.
  再来一杯。
  zài lái yì bēi
  짜이 라이 이 뻬이

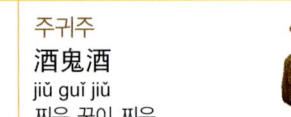

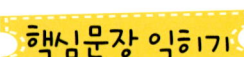

- 한 병 더 주세요.
  再来一瓶。
  zài lái yì píng
  짜이 라이 이 핑

- 이 술은 몇 도인가요?
  这酒多少度啊?
  zhè jiǔ duō shǎo dù a
  쩌 찌우 뚜오 쌰오 뚜 아

- 안주를 주세요.
  请给我下酒菜。
  qǐng gěi wǒ xià jiǔ cài
  칭 께이 워 씨아 찌우 차이

Unit 04. 패스트푸드점에서

바꿔말하기

햄버거 주세요.

请 给 我 汉堡 。

qǐng gěi wǒ (hàn bǎo)

칭 게이 워 (한 빠오)

메뉴

햄버거 汉堡 hàn bǎo 한 빠오 	포테이토 薯条 shǔ tiáo 쑤 티아오 	피자 比萨 bǐ sà 삐 사 
후라이드 치킨 炸鸡块 zhá jī kuài 쨔 찌 쿠아이 	에그타르트 蛋挞 dàn tà 딴 타 	핫도그 热狗 rè gǒu 르어 꼬우 
아이스크림 冰淇淋 bīng qí lín 삥 치 린 	도너츠 甜甜圈 tián tián quān 티엔 티엔 취엔 	샌드위치 三明治 sān míng zhì 산 밍 쯔 
커피 咖啡 kā fēi 카 페이 	주스 果汁 guǒ zhī 꾸오 쯔 	콜라 可乐 kě lè 커 러 

스프라이트
雪碧
xuě bì
쉬에 삐

우유
牛奶
niú nǎi
니우 나이

우롱차
乌龙茶
wū lóng chá
우 롱 차

세트 메뉴
套餐
tào cān
타오 찬

덮밥
盖饭
gài fàn
까이 판

홍차
红茶
hóng chá
홍 챠

닭다리
鸡腿
jī tuǐ
찌 투이

샐러드
沙拉
shā lā
싸 라

스프
汤
tāng
탕

빵
面包
miàn bāo
미엔 빠오

밥 세트
盒饭
hé fàn
허 판

케이크
蛋糕
dàn gāo
딴 까오

마요네즈
蛋黄酱
dàn huáng jiàng
딴 후앙 찌앙

케첩
番茄酱
fān qié jiàng
판 치에 찌앙

토스트
烤面包
kǎo miàn bāo
카오 미엔 빠오

▶ take out 유무

A: 여기에서 드시겠어요, 가지고 갈 거예요?
要在这吃还是带走?
yào zài zhè chī hái shì dài zǒu
야오 짜이 쩌 츠 하이 쓰 따이 조우

B: 여기에서 먹을게요.
在这吃。
zài zhè chī
짜이 쩌 츠

가지고 갈게요.
带走。
dài zǒu
따이 조우

Chapter 06 숙소

Unit 01. 호텔 내 관광 안내소, 프런트에서

바꿔 말하기

관광 코스 를 추천해 [예약해 / 구매해] 주세요.
请推荐[预约 / 购买]一下 观光路线 。
qǐng tuī jiàn [yù yuē / gòu mǎi] yí xià (guān guāng lù xiàn)
칭 투이 찌엔 [위 위에 / 꼬우 마이] 이 씨아 (꾸안 꾸앙 뤼 씨엔)

관광 안내

관광할 만한 곳 值得观光的景点 zhí dé guān guāng de jǐng diǎn 쯔 떠 꾸안 꾸앙 더 찡 띠엔	숙소 住处 zhù chù 쭈 츄	관광 코스 观光路线 guān guāng lù xiàn 꾸안 꾸앙 뤼 씨엔
열차표 火车票 huǒ chē piào 후어 처 피아오	비행기표 飞机票 fēi jī piào 페이 찌 피아오	버스표 巴士票 bā shì piào 빠 쓰 피아오

핵심문장 익히기

- 수수료가 얼마예요?
  手续费是多少?
  shǒu xù fèi shì duō shǎo
  쏘우 쉬 페이 쓰 뚜오 쌰오

- 택시를 불러 주세요.
  请给我叫出租车。
  qǐng gěi wǒ jiào chū zū chē
  칭 게이 워 찌아오 츄 쭈 처

- 엽서(편지 / 소포)를 받아 주세요.
  请接收明信片(信 / 包裹)。
  qǐng jiē shōu míng xìn piàn (xìn / bāo guǒ)
  칭 찌에 쏘우 밍 씬 피엔 (씬 / 빠오 꾸오)

- 엽서(편지 / 소포)를 한국으로 보내 주세요.
  请把明信片(信 / 包裹)寄到韩国。
  qǐng bǎ míng xìn piàn (xìn / bāo guǒ) jì dào hán guó
  칭 빠 밍 씬 피엔 (씬 / 빠오 꾸오) 찌 따오 한 꾸오

- 소포를 받아 주세요.
  请接收包裹 。
  qǐng jiē shōu bāo guǒ
  칭 찌에 쏘우 빠오 구오

- 전화를 기다려요.
  等电话。
  děng diàn huà
  떵 띠엔 후아

- 전화를 받아 주세요.
  请接一下电话。
  qǐng jiē yí xià diàn huà
  칭 찌에 이 씨아 띠엔 후아

• 제 이름은 (밍밍)입니다.
我的名字是(明明)。
wǒ de míng zi shì (míng míng)
워 더 밍 즈 쓰 (밍 밍)

• 제 방 번호는 235호입니다.
我的房间号是235号。
wǒ de fáng jiān hào shì èr sān wǔ hào
워 더 팡 찌엔 하오 쓰 얼 싼 우 하오

Unit 02. 숙소 찾기, 체크인

바꿔 말하기

교통이 편리한 호텔을 소개해 주세요.
请介绍 交通方便的 宾馆。
qǐng jiè shào (jiāo tōng fāng biàn de) bīn guǎn
칭 찌에 쌰오 (찌아오 통 팡 삐엔 더) 삔 꾸안

유스호스텔을 찾고 있습니다.
正在找 国际青年旅舍 。
zhèng zài zhǎo (guó jì qīng nián lǚ shè)
쩡 짜이 짜오 (꾸오 찌 칭 니엔 뤼 써)

숙박 관련

교통이 편리한 交通方便的 jiāo tōng fāng biàn de 찌아오 통 팡 삐엔 더	시설이 좋은 设施好的 shè shī hǎo de 써 쓰 하오 더	전망이 좋은 视野好的 shì yě hǎo de 쓰 예 하오 더
저렴한 便宜的 pián yi de 피엔 이 더	조용한 安静的 ān jìng de 안 찡 더	시내에 있는 在市内的 zài shì nèi de 짜이 쓰 네이 더

호텔(주점 / 반점)
宾馆(酒店 / 饭店)
bīn guǎn (jiǔ diàn / fàn diàn)
삔 꾸안 (찌우 띠엔 / 판 띠엔)

캠핑 부지
野营
yě yíng
예 잉

모텔
汽车旅馆
qì chē lǚ guǎn
치 처 뤼 꾸안

게스트 하우스
小型家庭旅馆
xiǎo xíng jiā tíng lǚ guǎn
씨아오 씽 찌아 팅 뤼 꾸안

유스호스텔: YHA
国际青年旅馆
guó jì qīng nián lǚ guǎn
꾸오 찌 칭 니엔 뤼 꾸안

조선족 민박
朝鲜族民宿
cháo xiǎn zú mín sù
챠오 씨엔 주 민 수

경제
经济
jīng jì
찡 찌

여관, 여사
旅馆, 旅社
lǚ guǎn, lǚ shè
뤼 꾸안, 뤼 써

대학 기숙사
大学宿舍
dà xué sù shè
따 쉬에 수 써

바꿔 말하기

싱글룸 을 원합니다.
想要 单人间 。
xiǎng yào (dān rén jiān)
씨앙 야오 (딴 런 찌엔)

호텔 룸의 종류

싱글룸
单人间
dān rén jiān
딴 런 찌엔

더블룸
标准间
biāo zhǔn jiān
삐아오 쭌 찌엔

트윈룸
双人间
shuāng rén jiān
쑤앙 런 찌엔

다인실 (삼인실, 사인실)
多人间 (3人间, 4人间)
duō rén jiān (sān rén jiān, sì rén jiān)
뚜오 런 찌엔 (산 런 찌엔, 스 런 찌엔)

스위트룸 豪华间 háo huá jiān 하오 후아 찌엔 	화장실 딸린 방 (위생간) 有卫生间的房间 yǒu wèi shēng jiān de fáng jiān 요우 웨이 셩 찌엔 더 팡 찌엔
에어컨 있는 방 有空调的房间 yǒu kōng tiáo de fáng jiān 요우 콩 티아오 더 팡 찌엔	공동 화장실, 공동 샤워실 (보통간) 公用卫生间, 公用浴室 (普通间) gōng yòng wèi shēng jiān, gōng yòng yù shì (pǔ tōng jiān) 꽁 용 웨이 셩 찌엔, 꽁 용 위 쓰 (푸 통 찌엔)

▶ 호텔 예약

A: 호텔을 예약하려고요.
要预订宾馆。
yào yù dìng bīn guǎn
야오 위 딩 삔 구안

B: 며칠이나 머무르실 건가요?
要待几天?
yào dāi jǐ tiān
야오 따이 찌 티엔

A: (5월 1일) 체크인해서 (5월 4일) 체크아웃 할 거예요.
(p 371 '계절, 월, 일, 요일' 참고)
我预约(5月1日)入住(5月4日)退房。
wǒ yù yuē (wǔ yuè yī rì) rù zhù (wǔ yuè sì rì) tuì fáng
워 위 위에 (우 위에 이 르) 루 쭈 (우 위에 스 르) 투이 팡

B: 어떤 방을 원하세요?
你想要什么房间?
nǐ xiǎng yào shén me fáng jiān
니 씨앙 야오 썬 머 팡 찌엔

A: (싱글룸)을 원합니다.
想要(单人间)。
xiǎng yào (dān rén jiān)
씨앙 야오 (딴 런 찌엔)

Chapter 06

B: 몇 분이세요?
请问一共几位?
qǐng wèn yí gòng jǐ wèi
칭 원 이 꽁 찌 웨이

A: 두 명입니다. (p 377 '수' 참고)
两个人。
liǎng gè rén
리앙 꺼 런

B: 예약을 도와 드릴게요. 성함과 연락처를 말씀해 주세요.
我帮您预定, 请告诉我您的名字和电话号码。
wǒ bāng nín yù dìng, qǐng gào su wǒ nín de míng zi hé diàn huà hào mǎ
워 빵 닌 위 띵, 칭 까오 수 워 닌 더 밍 즈 허 띠엔 후아 하오 마

A: 제 이름은 장 밍밍이고, 연락처는 123-456-789입니다.
我的名字是张明明, 我的电话号码是: 123-456-789。
wǒ de míng zi shì zhāng míng míng, wǒ de diàn huà hào mǎ shì: yāo èr sān - sì wǔ liù - qī bā jiǔ
워 더 밍 즈 쓰 짱 밍 밍, 워 더 띠엔 후아 하오 마 쓰: 야오 얼 싼-쓰 우 리우-치 빠 찌우

B: 네, 예약되었습니다.
好的, 已经为您预订好了。
hǎo de, yǐ jīng wèi nín yù dìng hǎo le
하오 더, 이 찡 웨이 닌 위 띵 하오 러

▶ 호텔 체크인

A: 예약하셨나요?
预订了么?
yù dìng le me
위 띵 러 머

B: 예약했습니다.
预订了。
yù dìng le
위 띵 러

제 이름은 (밍밍)입니다.
我的名字是(明明)。
wǒ de míng zi shì (míng míng)
워 더 밍 즈 쓰 (밍 밍)

확인서 여기에 있습니다.
这是酒店的预订单。
zhè shì jiǔ diàn de yù dìng dān
쩌 쓰 찌우 띠엔 더 위 띵 딴

예약을 안 했어요. 빈방 있나요?
我没有预订。有空房吗?
wǒ méi yǒu yù dìng. yǒu kōng fáng ma
워 메이 요우 위 띵. 요우 콩 팡 마

A: 어떤 방을 원하세요?
想要什么房间?
xiǎng yào shén me fáng jiān
씨앙 야오 썬 머 팡 찌엔

B: (싱글룸)을 원합니다.
想要(单人间)。
xiǎng yào (dān rén jiān)
씨앙 야오 (딴 런 찌엔)

보증금은 얼마인가요?
押金是多少钱?
yā jīn shì duō shǎo qián
야 찐 쓰 뚜오 싸오 치엔

A: 보증금은 (300위안)입니다.
押金是(三百块)钱。
yā jīn shì (sān bǎi kuài) qián
야 찐 쓰 (산 빠이 쿠아이) 치엔

신분증을 보여 주세요.
请出示您的身份证。
qǐng chū shì nín de shēn fèn zhèng
칭 추 쓰 닌 더 썬 펀 쩡

B: 여권, 여기에 있어요.
给您护照在这里。
gěi nín hù zhào zài zhè lǐ
게이 닌 후 짜오 짜이 쩌 리

A: 숙박신고서를 작성해 주세요.
请填写住宿登记表。
qǐng tián xiě zhù sù dēng jì biǎo
칭 티엔 씨에 쭈 수 떵 찌 삐아오

핵심 단어

여권 번호	비자 번호	여행 목적	이름
护照号码	签证号码	旅行目的	姓名
hù zhào háo mǎ	qiān zhèng háo mǎ	lǚ xíng mù dì	xìng míng
후 짜오 하오 마	치엔 쩡 하오 마	뤼 씽 무 띠	씽 밍

핵심문장 익히기

객실 구경

• 객실을 보여 주세요.
请给我看下客房。
qǐng gěi wǒ kàn xià kè fáng
칭 게이 워 킨 씨아 기 팡

• 욕실이 어디인가요?
浴室在哪里?
yù shì zài nǎ lǐ
위 쓰 짜이 나 리

- 화장실이 어디인가요?

  卫生间在哪里?

  wèi shēng jiān zài nǎ lǐ

  웨이 셩 찌엔 짜이 나 리

- 뜨거운 물이 나오나요?

  有热水吗?

  yǒu rè shuǐ ma

  요우 르어 쑤이 마

- 변기에 물이 내려가나요?

  马桶里的水流通畅吗?

  mǎ tǒng lǐ de shuǐ liú tōng chàng ma

  마 통 리 더 쑤이 리우 통 챵 마

- TV가 나오나요?

  有电视吗?

  yǒu diàn shì ma

  요우 띠엔 쓰 마

- 에어컨 (난방기)은 작동되나요?

  空调 (暖器) 好用吗?

  kōng tiáo (nuǎn qì) hǎo yòng ma

  콩 티아오 (누안 치) 하오 용 마

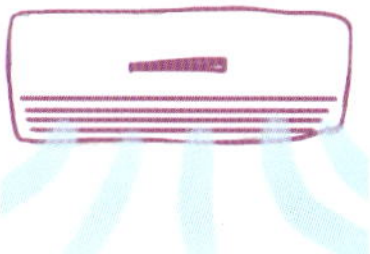

- 아침 식사는 나오나요?

  有早饭吗?

  yǒu zǎo fàn ma

  요우 자오 판 마

- 인터넷을 사용할 수 있나요?
  网络可以用吗?
  wǎng luò kě yǐ yòng ma
  왕 루오 커이 용 마

가격 흥정

- 하루 묵는데 얼마인가요?
  住一天多少钱?
  zhù yì tiān duō shǎo qián
  쭈 이 티엔 뚜오 샤오 치엔

- 봉사료와 세금이 포함된 가격인가요?
  这是包括服务费和税的费用吗?
  zhè shì bāo kuò fú wù fèi hé shuì de fèi yòng ma
  쩌 쓰 빠오 쿠오 푸 우 페이 허 쑤이 더 페이 용 마

- 깎아 주세요.
  便宜点。
  pián yi diǎn
  피엔 이 디엔

- 더 싼 방 보여 주세요?
  能带我看更便宜的房间吗?
  néng dài wǒ kàn gèng pián yi de fáng jiān ma
  넝 따이 워 칸 껑 피엔 이 더 팡 찌엔 마

- 이 방은 마음에 안 들어요.
  我不喜欢这个房间。
  wǒ bù xǐ huan zhè ge fáng jiān
  워 뿌 씨 후안 쩌 꺼 팡 찌엔

- 이 방으로 할게요.
  要这个房间了。
  yào zhè ge fáng jiān le
  야오 쩌 거 팡 찌엔 러

- 보증금이 얼마인가요?
  保证金是多少?
  bǎo zhèng jīn shì duō shǎo
  빠오 쪙 찐 쓰 뚜오 쌰오

- 영수증을 주세요.
  请给我收据。
  qǐng gěi wǒ shōu jù
  칭 께이 워 쏘우 쥐

계산 후 요구와 질문

- 짐을 보관해 주세요.
  请帮我保管行李。
  qǐng bāng wǒ bǎo guǎn xíng li
  칭 빵 워 빠오 꾸안 씽 리

- 짐을 방까지 옮겨 주세요.
  请把行李移到房间。
  qǐng bǎ xíng li yí dào fáng jiān
  칭 빠 씽 리 이 따오 팡 찌엔

- 안내를 부탁드릴게요.
  麻烦介绍一下。
  má fan jiè shào yí xià
  마 판 찌에 쌰오 이 씨아

- 아침 식사는 몇 시부터 몇 시까지인가요?
  早饭从几点开始到几点结束?
  zǎo fàn cóng jǐ diǎn kāi shǐ dào jǐ diǎn jié shù
  자오 판 총 찌 띠엔 카이 쓰 따오 찌 디엔 찌에 쑤

- 아침 식사는 어디에서 하나요?
  早饭在哪里吃?
  zǎo fàn zài nǎ lǐ chī
  자오 판 짜이 나 리 츠

- 식권을 주세요.
  请给我餐券。
  qǐng gěi wǒ cān quàn
  칭 게이 워 찬 취엔

- 체크아웃은 몇 시인가요?
  退房是几点?
  tuì fáng shì jǐ diǎn
  투이 팡 쓰 찌 띠엔

체크인 트러블

- 늦게 도착할 거 같네요.
  好像要迟到了。
  hǎo xiàng yào chí dào le
  하오 씨앙 야오 츠 따오 러

- 예약을 취소하지 마세요.
  请不要取消预订。
  qǐng bú yào qǔ xiāo yù dìng
  칭 뿌 야오 취 씨아오 위 띵

- 방을 바꿔 주세요.
  请给我换房间。
  qǐng gěi wǒ huàn fáng jiān
  칭 게이 워 후안 팡 찌엔

Unit 03. 룸서비스

바꿔 말하기

물 을 갖다 주세요.
请拿 水 过来。
qǐng ná (shuǐ) guò lái
칭 나 (쑤이) 꾸오 라이

룸서비스 - 음료 및 식사

물 水 shuǐ 쑤이 	커피 咖啡 kā fēi 카 페이 
샴페인 香槟 xiāng bīn 씨앙 삔 	와인 红酒 hóng jiǔ 홍 찌우 
얼음 冰 bīng 삥 	식사 饭菜 fàn cài 판 차이 

바꿔 말하기

모닝콜 을 해 주세요.

请提供 叫醒服务 。

qǐng tí gōng (jiào xǐng fú wù)

칭 티 꽁 (찌아오 씽 푸 우)

룸서비스 - 기타

모닝콜
叫醒
jiào xǐng
찌아오 씽

세탁 / 다림질 / 드라이크리닝
洗衣服 / 熨衣服 / 干洗
xǐ yī fú / yùn yī fu / gān xǐ
씨 이 푸 / 윈 이 푸 / 깐 씨

방 청소
清扫房间
qīng sǎo fáng jiān
칭 사오 팡 찌엔

식당 예약
预订饭店
yù dìng fàn diàn
위 띵 판 띠엔

안마
按摩
àn mó
안 모어

▶ 룸서비스를 부탁할 때

A: 22호실입니다.
二十二号房。
èr shí èr hào fáng
얼 쓰 얼 하오 팡

룸서비스를 부탁드려요.
请帮我叫客房服务。
qǐng bāng wǒ jiào kè fáng fú wù
칭 빵 워 찌아오 커 팡 푸 우

B: 네.
好的。
hǎo de
하오 더

A: 누구세요?
谁?
shéi (shuí)
쎄이 (쑤이)

B: 룸서비스입니다.
客房服务。
kè fáng fú wù
커 팡 푸 우

A: 기다리세요.
请稍等。
qǐng shāo děng
칭 쌰오 떵

들어오세요.
请进。
qǐng jìn
칭 찐

팁입니다.
这是小费。
zhè shì xiǎo fèi
쩌 쓰 씨아오 페이

Unit 04. 객실 트러블

바꿔 말하기

냉장고 가 고장 났어요.

冰箱 坏了。

(bīng xiāng) huài le

(삥 씨앙) 후아이 러

담요 를 갖다 주세요.

请给我 毛毯 。

qǐng gěi wǒ (máo tǎn)

칭 게이 워 (마오 탄)

침대 가 더러워요.

床 很脏。

(chuáng) hěn zāng

(추앙) 헌 장

객실 客厅 kè tīng 커 팅

방
房间
fáng jiān
팡 찌엔

전화
电话
diàn huà
띠엔 후아
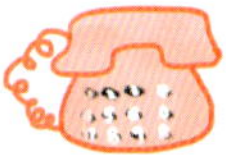

텔레비전
电视
diàn shì
띠엔 쓰

리모컨
遥控器
yáo kòng qì
야오 콩 치

비디오
录像机
lù xiàng jī
루 씨앙 찌

냉장고
冰箱
bīng xiāng
삥 씨앙

에어컨
空调
kōng tiáo
콩 티아오
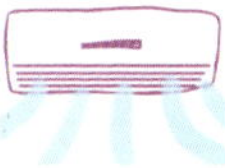

난방기
暖器
nuǎn qì
누안 치

전등
电灯
diàn dēng
띠엔 떵

침대
床
chuáng
추앙

베개
枕头
zhěn tou
쩐 토우

담요
毛毯
máo tǎn
마오 탄

시트
床单
chuáng dān
추앙 딴
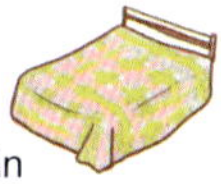

소파
沙发
shā fā
쌰 파
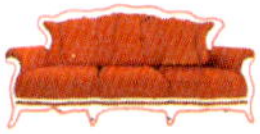

테이블
桌子
zhuō zi
쮸오 즈

커튼
窗帘
chuāng lián
추앙 리엔

티슈
纸巾
zhǐ jīn
쯔 찐

헤어드라이어
吹风机
chuī fēng jī
추이 펑 찌
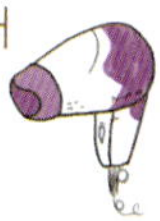

환풍기
换气扇
huàn qì shàn
후안 치 싼

미니바
迷你吧
mí nǐ ba
미 니 빠

욕실 浴盆 yù pén 위 펀

변기 马桶 mǎ tǒng 마 통 	수도꼭지 水龙头 shuǐ lóng tóu 쑤이 롱 토우 	창문 窗户 chuāng hu 추앙 후 
샤워기 淋浴器 lín yù qì 린 위 치 	휴지 手纸 shǒu zhǐ 쏘우 쯔 	샴푸 洗发露 xǐ fà lù 씨 파 루 
비누 香皂 xiāng zào 씨앙 자오 	샤워젤 沐浴液 mù yù yè 무 위 예 	칫솔 牙刷 yá shuā 야 쑤아 
치약 牙膏 yá gāo 야 까오 	욕조 浴池 yù chí 위 츠 	세면대 洗脸池 xǐ liǎn chí 씨 리엔 츠 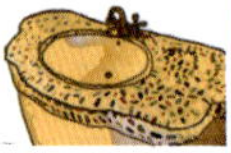
거울 镜子 jìng zi 찡 즈 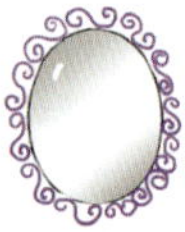	수건 毛巾 máo jīn 마오 찐 	

핵심문장 익히기

- 문이 열리지 않아요.
  门打不开。
  mén dǎ bu kāi
  먼 따 뿌 카이

- 열쇠를 잃어 버렸어요.
  钥匙丢了。
  yào shi diū le
  야오 쓰 띠우 러

- 열쇠를 방 안에 두고 왔어요.
  钥匙落在房间里了。
  yào shi là zài fáng jiān lǐ le
  야오 쓰 라 짜이 팡 찌엔 리 러

- 방 번호를 잊어 버렸어요.
  把房间号码忘了。
  bǎ fáng jiān hào mǎ wàng le
  빠 팡 찌엔 하오 마 왕 러

- 변기가 막혔어요.
  马桶堵住了。
  mǎ tǒng dǔ zhù le
  마 통 뚜 쭈 러

- 변기를 고쳐 주세요.
  请修一下马桶。
  qǐng xiū yí xià mǎ tǒng
  칭 씨우 이 씨아 마 통

Chapter 06

• 더운 물이 안 나와요.
没有热水。
méi yǒu rè shuǐ
메이 요우 르어 쑤이

• 세면대 물이 샙니다.
洗脸池漏水了。
xǐ liǎn chí lòu shuǐ le
씨 리엔 츠 로우 쑤이 러

• 욕실 청소를 다시 해 주세요.
请再打扫一遍浴室。
qǐng zài dǎ sǎo yí biàn yù shì
칭 짜이 따 사오 이 삐엔 위 쓰

• 전등이 나갔어요.
电灯坏了。
diàn dēng huài le
띠엔 떵 후아이 러

• 방해하지 마세요. (do not disturb)
请勿打扰。
qǐng wù dǎ rǎo
칭 우 따 라오

• 방을 청소해 주세요. (please make up)
请打扫房间。
qǐng dǎ sǎo fáng jiān
칭 따 사오 팡 찌엔

- 주위가 시끄러워요.
  周围很吵。
  zhōu wéi hěn chǎo
  쪼우 웨이 헌 차오

- 잠깐 와 주시겠어요.
  请过来一下。
  qǐng guò lái yí xià
  칭 꾸오 라이 이 씨아

Unit 05. 부대시설

바꿔 말하기

헬스 클럽 이 어디에 있나요?
健身房 在哪里?
(jiàn shēn fáng) zài nǎ lǐ
(찌엔 썬 팡) 짜이 나 리

비즈니스 센터 는 몇 시에 문을 여나요?
营业中心 几点开门?
(yíng yè zhōng xīn) jǐ diǎn kāi mén
(잉 예 쫑 씬) 찌 띠엔 카이 먼

부대시설

헬스클럽 健身房 jiàn shēn fáng 찌엔 썬 팡 	비즈니스센터 营业中心 yíng yè zhōng xīn 잉 예 쫑 씬 	상점 商店 shāng diàn 쌍 띠엔 
사우나 桑拿 sāng ná 상 나 	수영장 游泳馆 yóu yǒng guǎn 요우 용 구안 	식당 饭店 fàn diàn 판 띠엔 
안마하는 곳 按摩的地方 àn mó de dì fáng 안 모어 더 띠 팡 	우체국 邮局 yóu jú 요우 쥐 	은행 银行 yín háng 인 항 
미용실 美容院 měi róng yuàn 메이 롱 위엔 	이발소 理发店 lǐ fà diàn 리 파 띠엔 	커피숍 咖啡店 kā fēi diàn 카 페이 띠엔 

핵심문장 익히기

- 팩스(복사, 출력) 한 장에 얼마예요?
  传真(复印, 打印)一页多少钱?
  chuán zhēn (fù yìn, dǎ yìn) yí yè duō shǎo qián
  추안 쩐 (푸 인, 따 인) 이 에 뚜오 싸오 치엔

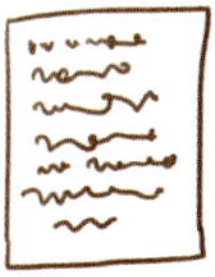

- 머리를 짧게 잘라 주세요.
  请帮我把头发剪短。
  qǐng bāng wǒ bǎ tóu fa jiǎn duǎn
  칭 빵 워 빠 토우 파 찌엔 뚜안

- 머리를 파마해 주세요.
  请帮我烫个头发。
  qǐng bāng wǒ tàng gè tóu fa
  칭 빵 워 탕 꺼 토우 파

- 전신 안마를 해 주세요.
  我要全身按摩。
  wǒ yào quán shēn àn mó
  워 야오 취엔 썬 안 모어

- 발 마사지를 해 주세요.
  我要足底按摩。
  wǒ yào zú dǐ àn mó
  워 야오 쭈 띠 안 모어

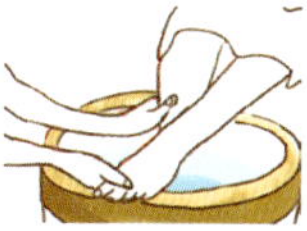

Unit 06. 체크아웃

바꿔 말하기

이 추가요금 은 무엇인가요?

这个 附加费用 是什么?

zhè ge (fù jiā fèi yòng) shì shén me

쩌 꺼 (푸 찌아 페이 용) 쓰 썬 머

추가요금 附加费用 fù jiā fèi yòng 푸 찌아 페이 용	요금 费用 fèi yòng 페이 용

핵심문장 익히기

- 체크아웃은 몇 시인가요?

  几点退房?

  jǐ diǎn tuì fáng

  찌 띠엔 투이 팡

- 하룻밤 더 묵고 싶어요.

  想多住一天。

  xiǎng duō zhù yì tiān

  씨앙 뚜오 쭈 이 티엔

- 하루 일찍 떠나고 싶어요.

  想提前一天退房。

  xiǎng tí qián yì tiān tuì fáng

  씨앙 티 치엔 이 티엔 투이 팡

- 체크아웃해 주세요.

  请给我退房。

  qǐng gěi wǒ tuì fáng

  칭 게이 워 투이 팡

- 이것은 보증금 증서입니다.

  这是保证金单据。

  zhè shì bǎo zhèng jīn dān jù

  쩌 쓰 빠오 쩡 찐 딴 쥐

- 귀중품을 꺼내 주세요.

  请随身携带贵重物品。

  qǐng suí shēn xié dài guì zhòng wù pǐn

  칭 수이 썬 씨에 따이 꾸이 쭝 우 핀

- 출발할 때까지 짐을 맡아 주세요.

  出发前请替我保管行李。

  chū fā qián qǐng tì wǒ bǎo guǎn xíng li

  추 파 치엔 칭 티 워 빠오 꾸안 씽 리

- 방에 물건을 두고 나왔어요.

  把东西落在房间里了。

  bǎ dōng xi là zài fáng jiān lǐ le

  빠 똥 씨 라 짜이 팡 찌엔 리 러

- 보증금을 돌려주세요.

  请返还保证金。

  qǐng fǎn huán bǎo zhèng jīn

  칭 판 후안 빠오 쩡 찐

- 계산이 잘못된 것 같아요.

  好像算错帐了。

  hǎo xiàng suàn cuò zhàng le

  하오 씨앙 수안 추오 짱 러

- 얼마예요?

  多少钱?

  duō shǎo qián

  뚜오 싸오 치엔

- 택시를 불러 주세요.

  请帮我叫出租车。

  qǐng bāng wǒ jiào chū zū chē

  칭 빵 워 찌아오 추 쭈 처

- 영수증을 주세요.

  请把收据给我。

  qǐng bǎ shōu jù gěi wǒ

  칭 빠 쏘우 쥐 게이 워

Chapter 07 통신, 은행

Unit 01. 전화

❶ 휴대폰 구입

바꿔 말하기

공중전화기 는 어디에 있나요?
公用电话 在哪里?
(gōng yòng diàn huà) zài nǎ lǐ
(꽁 용 띠엔 후아) 짜이 나 리

휴대폰 은 얼마인가요?
手机 多少钱?
(shǒu jī) duō shǎo qián
(쏘우 지) 뚜오 쌰오 치엔

SIM카드 는 어디에서 살 수 있나요?
在哪里可以买到 SIM卡 ?
zài nǎ lǐ kě yǐ mǎi dào (SIM kǎ)
짜이 나 리 커 이 마이 따오 (심 카)

좋은 전화번호 로 주세요.
请给我一个 好的电话号码 。
qǐng gěi wǒ yí gè (hǎo de diàn huà hào mǎ)
칭 게이 워 이 꺼 (하오 더 띠엔 후아 하오 마)

장소 찾기

휴대폰 판매점
手机卖场
shǒu jī mài chǎng
쏘우 찌 마이 챵

충전카드 판매점
卖充值卡的地方
mài chōng zhí kǎ de dì fang
마이 총 쯔 카 더 띠 팡

공중전화기
公用电话
gōng yòng diàn huà
꽁 용 띠엔 후아

전화방
话吧
huà bā
후아 빠

인터넷전화 신청하는 곳
申请网络电话的地方
shēn qǐng wǎng luò diàn huà de dì fang
썬 칭 왕 루오 띠엔 후아 더 띠 팡

휴대폰

휴대폰
手机
shǒu jī
쏘우 지

SIM카드
SIM卡
SIM kǎ
심 카

SIM카드 2개 들어가는 휴대폰
放两个SIM卡的手机。
fàng liǎng gè SIM kǎ de shǒu jī
팡 리앙 꺼 심 카 더 쏘우 찌

리엔통
联通
lián tōng
리엔 통

이동통신
移动通信
yí dòng tōng xìn
이 똥 통 씬

좋은 전화번호
好的电话号码
hǎo de diàn huà hào mǎ
하오 더 띠엔 후아 하오 마

충전카드
充值卡
chōng zhí kǎ
총 쯔 카

일반 전화번호
一般的电话号码
yì bān de diàn huà hào mǎ
이 빤 더 띠엔 후아 하오 마

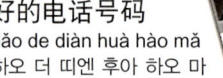

❷ 충전카드 구입

바꿔 말하기

IC카드 주세요.
请把 IC卡 给我。
qǐng bǎ (IC kǎ) gěi wǒ
칭 빠 (아이씨 카) 게이 워

충전카드

IC카드 IC卡 IC kǎ 아이시 카 	201카드 201卡 èr líng yāo kǎ 얼 링 야오 카 
광고카드 广告卡 guǎng gào kǎ 꾸앙 까오 카 	IP카드 IP卡 IP kǎ 아이피 카 

▶ 휴대폰을 개통할 때

A: 이 (휴대폰)은 얼마인가요?
这个(手机)多少钱?
zhè ge (shǒu jī) duō shǎo qián
쩌 꺼 (쏘우 지) 뚜오 쌰오 치엔

B: 100위안입니다.
一百块。
yì bǎi kuài
이 빠이 쿠아이

A: 새것인가요? 중고인가요?
是新的还是二手的?
shì xīn de hái shì èr shǒu de
쓰 씬 더 하이 쓰 얼 쏘우 더

B: 새것입니다.
是新的。
shì xīn de
쓰 씬 더

리엔통과 이동통신 중 어느 통신사로 하실 건가요?
是联通的还是移动通信的?
shì lián tōng de hái shì yí dòng tōng xìn de
쓰 리엔 통 더 하이 쓰 이 똥 통 씬 더

A: (이동통신)으로 주세요.
请给我(移动通信)的。
qǐng gěi wǒ (yí dòng tōng xìn) de
칭 게이 워 (이 똥 통 신) 더

(SIM카드)는 얼마인가요?
(SIM卡)多少钱?
(SIM kǎ) duō shǎo qián
(심 카) 뚜오 쌰오 치엔

B: 고급 전화번호를 원하세요, 일반 전화번호를 원하세요?
想要高级电话号码还是普通电话号码?
xiǎng yào gāo jí diàn huà hào mǎ hái shì pǔ tōng diàn huà hào mǎ
씨앙 야오 까오 찌 띠엔 후아 하오 마 하이 쓰 푸 통 띠엔 후아 하오 마

A: (일반 전화번호)로 주세요.
请给我(普通电话号码)。
qǐng gěi wǒ (pǔ tōng diàn huà hào mǎ)
칭 게이 워 (푸 통 띠엔 후아 하오 마)

B: 충전카드도 사실 거죠?
要买充值卡吧?
yào mǎi chōng zhí kǎ ba
야오 마이 총 쯔 카 빠

A: 충전카드 50위안짜리 주세요.
请给我五十块的充值卡。
qǐng gěi wǒ wǔ shí kuài de chōng zhí kǎ
칭 게이 워 우 쓰 쿠아이 더 총 쯔 카

모두 얼마인가요?
一共多少钱?
yí gòng duō shǎo qián
이 꽁 뚜오 쌰오 치엔

▶ 전화를 걸고 받을 때

A: 여보세요.
喂
wéi
웨이

B: 안녕하세요, 저는 (밍밍)인데요, (차차) 바꿔 주세요.
你好我是(明明)，我找(叉叉)。
nǐ hǎo wǒ shì (míng míng), wǒ zhǎo (chā chā)
니 하오 워 쓰 (밍 밍), 워 짜오 (차 차)

A: 전데요, 누구세요?
是我，哪位？
shì wǒ, nǎ wèi
쓰 워, 나 웨이

바꿔드릴게요, 기다리세요.
我叫他来接电话，请稍等。
wǒ jiào tā lái jiē diàn huà, qǐng shāo děng
워 찌아오 타 라이 찌에 띠엔 후아, 칭 싸오 떵

지금 자리에 없습니다.
他现在不在。
tā xiàn zài bú zài
타 씨엔 짜이 뿌 짜이

지금 통화(회의, 식사, 휴가, 외출) 중이에요.
正在通话(会议，吃饭，休假，外出)中。
zhèng zài tōng huà (huì yì, chī fàn, xiū jià, wài chū) zhōng
쩡 짜이 통 후아 (후이 이, 츠 판, 씨우 찌아, 와이 츄) 쫑

누구라고 전해드릴까요?
请问您是哪位？
qǐng wèn nín shì nǎ wèi
칭 원 닌 쓰 나 웨이

Chapter 07

잘못 거셨어요.
您打错了。
nín dă cuò le
닌 다 추오 러

B: (밍밍)에게 전화왔었다고 전해주세요.
就说(明明)打过电话。
jiù shuō (míng míng) dă guò diàn huà
찌우 쑤오 (밍 밍) 따 꾸오 띠엔 후아

연락해 달라고 전해주세요.
请转告, 给我回个电话。
qǐng zhuăn gào, gĕi wŏ huí gè diàn huà
칭 쭈안 까오, 게이 워 후이 거 띠엔 후아

다시 전화할게요.
我会再打过来。
wŏ huì zài dă guò lái
워 후이 짜이 따 꾸오 라이

메모를 남겨 주세요.
请帮我留言。
qǐng bāng wŏ liú yán
칭 빵 워 리우 이엔

핵심문장 익히기

- 공중전화 사용법 좀 알려 주세요.
  请教我一下公用电话的使用方法。
  qǐng jiāo wŏ yí xià gōng yòng diàn huà de shĭ yòng fāng fă
  칭 찌아오 워 이 씨아 꽁 용 띠엔 후아 더 쓰 용 팡 파

- 시내전화를 어떻게 거는지 알려 주세요.
  请告诉我怎么打市内电话。
  qǐng gào su wǒ zěn me dǎ shì nèi diàn huà
  칭 까오 수 워 쩐 머 따 쓰 네이 띠엔 후아

- 장거리전화를 어떻게 거는지 알려 주세요.
  请告诉我怎么打长途电话。
  qǐng gào su wǒ zěn me dǎ cháng tú diàn huà
  칭 까오 수 워 쩐 머 따 창 투 띠엔 후아

- 국제전화를 어떻게 거는지 알려 주세요.
  请告诉我怎么打国际电话。
  qǐng gào su wǒ zěn me dǎ guó jì diàn huà
  칭 까오 수 워 쩐 머 따 꾸오 찌 띠엔 후아

- 제가 사용한 요금이 얼마인가요?
  我所使用的费用是多少？
  wǒ suǒ shǐ yòng de fèi yòng shì duō shǎo
  워 수어 쓰 용 더 페이 용 쓰 뚜오 싸오

Unit 02. 우체국에서

바꿔 말하기

국내우편 봉투 주세요.
给我拿一个 国内邮件 信封。
gĕi wŏ ná yí gè (guó nèi yóu jiàn) xìn fēng
게이 워 나 이 꺼 (꾸오 네이 요우 찌엔) 씬 펑

등기우편 으로 부쳐주세요.
用 挂号信 寄。
yòng (guà hào xìn) jì
용 (꾸아 하오 씬) 찌

우편 종류

국내우편 国内邮件 / 国内信件 guó nèi yóu jiàn / guó nèi xìn jiàn 꾸오 네이 요우 찌엔 / 꾸오 네이 씬 찌엔	국제우편 国际邮件 / 国际信件 guó jì yóu jiàn / guó jì xìn jiàn 꾸오 찌 요우 찌엔 / 꾸오 찌 씬 찌엔
일반우편 / 그림엽서 一般邮件 / 明信片 yì bān yóu jiàn / míng xìn piàn 이 빤 요우 찌엔 / 밍 씬 피엔	등기우편 挂号信 guà hào xìn 꾸아 하오 씬
보험부 우편 附加保险的邮件 fù jiā băo xiăn de yóu jiàn 푸 찌아 빠오 씨엔 더 요우 씨엔	빠른우편(EMS) 特快邮件 tè kuài yóu jiàn 터 쿠아이 요우 찌엔

▶ 편지 부치기

A: 편지를 보내려고요.
我要寄信。
wŏ yào jì xìn
워 야오 찌 씬

(국내우편) 봉투 주세요.
给我拿一个(国内邮件)信封。
gěi wǒ ná yí gè (guó nèi yóu jiàn) xìn fēng
게이 워 나 이 꺼 (꾸오 네이 요우 찌엔) 씬 펑

B: 어떻게 보내실건가요?
怎么寄?
zěn me jì
쩐 머 찌

A: (등기우편)으로 부쳐주세요.
用(挂号信)寄。
yòng (guà hào xìn) jì
용 (꾸아 하오 씬) 찌

핵심문장 익히기

- 기념우표 주세요.
  我要纪念邮票。
  wǒ yào jì niàn yóu piào
  워 야오 찌 니엔 요우 피아오

- 풀은 어디 있어요?
  胶水在哪里?
  jiāo shuǐ zài nǎ lǐ
  찌아오 쑤이 짜이 나 리

- 우체통은 어디에 있나요?
  信箱在哪里?
  xìn xiāng zài nǎ lǐ
  씬 씨앙 짜이 나 리

Chapter 07

- 우체국은 몇 시에 문을 닫나요?
  邮局几点下班?
  yóu jú jǐ diǎn xià bān
  요우 쥐 찌 띠엔 씨아 빤

▶ 소포 부치기

A: 이 소포를 한국의 서울로 보내주세요.
这个包裹寄到韩国首尔。
zhè ge bāo guǒ jì dào hán guó shǒu ěr
쩌 거 빠오 꾸오 찌 따오 한 꾸오 쏘우 얼

B: 내용물은 무엇입니까?
寄什么东西?
jì shén me dōng xī
찌 썬 머 똥 씨

A: 유리 종류라서 조심히 다뤄야 해요.
因为是玻璃类的东西, 请轻放。
yīn wèi shì bō li lèi de dōng xi, qǐng qīng fàng
인 웨이 쓰 뽀어 리 레이 더 똥 씨, 칭 칭 팡

깨지지 않는 거예요.
不是易碎品。
bú shì yì suì pǐn
뿌 쓰 이 쑤이 핀

B: 포장을 안 했네요. 상자를 드릴까요?
还没包好, 要纸箱吗?
hái méi bāo hǎo, yào zhǐ xiāng ma
하이 메이 빠오 하오, 야오 즈 씨앙 마

A: 상자를 주세요.
要纸箱。
yào zhǐ xiāng
야오 즈 씨앙

B: 어떻게 보내 드릴까요?
怎么寄?
zěn me jì
쩐 머 찌

A: 항공편(선편, 택배)으로 보내 주세요.
请帮我用空运(船运，快递)。
qǐng bāng wǒ yòng kōng yùn (chuán yùn, kuài dì)
칭 빵 워 용 콩 윈 (추안 윈, 쿠아이 띠)

요금이 얼마예요?
邮费多少?
yóu fèi duō shǎo
요우 페이 뚜오 싸오

시간이 얼마나 걸리나요?
多久能到?
duō jiǔ néng dào
뚜오 찌우 넝 따오

우편요금 영수증을 주세요.
给我邮费单据。
gěi wǒ yóu fèi dān jù
게이 워 요우 페이 딴 쥐

핵심 단어

발신회사 寄件公司 jì jiàn gōng sī 찌 찌엔 꽁 스	연락인 联络人 lián luò rén 리엔 루오 런	주소 地址 dì zhǐ 띠 쯔
지역번호 区号 qū hào 취 하오	전화번호 电话号码 diàn huà hào mǎ 띠엔 후아 하오 마	수신회사 收件公司 shōu jiàn gōng sī 쏘우 찌엔 꽁 스

물품명칭 物品名称 wù pǐn míng chēng 우 핀 밍 청	월 결제 月结 yuè jié 위에 찌에	금액 金额 jīn é 찐 으어
결제방식 付款方式 fù kuǎn fāng shì 푸 쿠안 팡 쓰	발신자 부담 寄方付款 jì fāng fù kuǎn 찌 팡 푸 쿠안	제3자 부담 第三方付款 dì sān fāng fù kuǎn 띠 산 팡 푸 쿠안
수신자 부담 / 착불 收方付款 / 到付 shōu fāng fù kuǎn / dào fù 쏘우 팡 푸 쿠안 / 따오 푸	배송인 서명 送货员签名 sòng huò yuán qiān míng 송 후오 위엔 치엔 밍	
발신자 서명 寄件人签名 jì jiàn rén qiān míng 찌 찌엔 런 치엔 밍	수신자 서명 收件人签名 shōu jiàn rén qiān míng 쏘우 찌엔 런 치엔 밍	

Unit 03. 은행에서

▶ 계좌 개설

A: 계좌를 개설해주세요.
我要开户。
wǒ yào kāi hù
워 야오 카이 후

외화 사용이 가능한 계좌로 해주세요.
我需要外币账户。
wǒ xū yào wài bì zhàng hù
워 쉬 야오 와이 삐 짱 후

B: 신청서를 작성해서 여권과 함께 주세요.
填好申请表，并出示护照。
tián hǎo shēn qǐng biǎo, bìng chū shì hù zhào
티엔 하오 썬 칭 삐아오, 삥 추 쓰 후 짜오

비밀번호 6자리를 입력해주세요.
请输入六位密码。
qǐng shū rù liù wèi mì mǎ
칭 쑤 루 리우 웨이 미 마

다시 한 번 입력해주세요.
请再输入一次。
qǐng zài shū rù yí cì
칭 짜이 쑤 루 이 츠

A: 현금카드도 만들어주세요.
我还要借记卡。
wǒ hái yào jiè jì kǎ
워 하이 야오 찌에 찌 카

Unit 04. PC방에서

바꿔 말하기

컴퓨터 사용법 을 알려 주세요.
请教我 电脑的使用方法 。
qǐng jiāo wǒ (diàn nǎo de shǐ yòng fāng fǎ)
칭 찌아오 워 (띠엔 나오 더 쓰 용 팡 파)

이메일 확인방법 电子邮件确认的方法 diàn zǐ yóu jiàn què rèn de fāng fǎ 띠엔 즈 요우 찌엔 취에 런 더 팡 파	컴퓨터 사용법 电脑的使用方法 diàn nǎo de shǐ yòng fāng fǎ 띠엔 나오 더 쓰 용 팡 파

Chapter 07

▶ PC방 이용하기

A: 한 시간에 얼마예요?
一个小时多少钱?
yí gè xiǎo shí duō shǎo qián
이 거 씨아오 쓰 뚜오 샤오 치엔

B: 회원인가요?
是会员吗?
shì huì yuán ma
쓰 후이 위엔 마

A: 회원이 아닌데요.
不是会员。
bú shì huì yuán
뿌 쓰 후이 위엔

B: 비회원은 1위안이에요.
不是会员一块钱。
bú shì huì yuán yí kuài qián
뿌 쓰 후이 위엔 이 쿠아이 치엔

보증금은 1위안이에요.
一块钱押金。
yí kuài qián yā jīn
이 쿠아이 치엔 야 찐

신분증을 주세요.
请出示您的身份证。
qǐng chū shì nín de shēn fèn zhèng
칭 츄 쓰 닌 더 썬 펀 쩡

1번에 앉으세요.
请到一号。
qǐng dào yī hào
칭 따오 이 하오

Chapter 08 질병, 사고

Unit 01. 질병

바꿔 말하기

눈 이 아파요!
眼睛 疼!
(yǎn jīng) téng
(이엔 찡) 텅

코 를 다쳤어요.
鼻子 受伤了。
(bí zi) shòu shāng le
(삐 즈) 쏘우 쌍 러

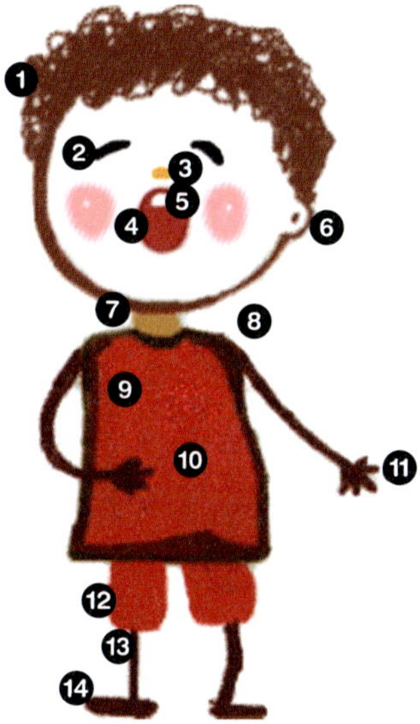

① 머리 头 tóu 토우	② 눈 眼睛 yǎn jīng 이엔 찡	③ 코 鼻子 bí zi 삐 즈
④ 입 嘴 zuǐ 쭈이	⑤ 이 牙 yá 야	⑥ 귀 耳朵 ěr duo 얼 뚜오
⑦ 목 脖子 bó zi 뽀어 즈	⑧ 어깨 肩膀 jiān bǎng 찌엔 빵	⑨ 가슴 胸 xiōng 씨옹
⑩ 배 肚子 dù zi 뚜 즈	⑪ 손 手 shǒu 쏘우	⑫ 다리 腿 tuǐ 투이

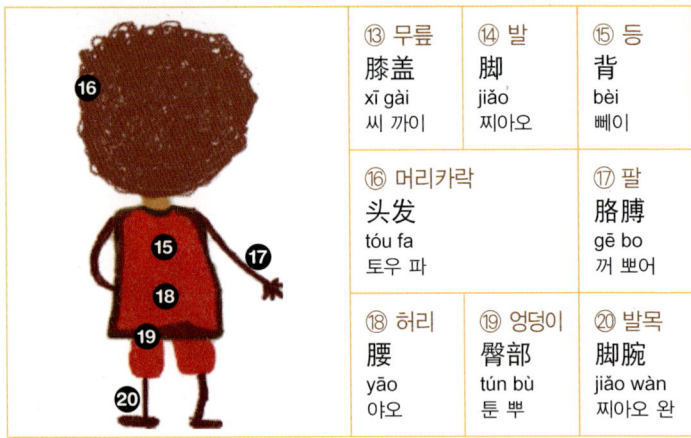

⑬ 무릎 膝盖 xī gài 씨 까이	⑭ 발 脚 jiǎo 찌아오	⑮ 등 背 bèi 뻬이
⑯ 머리카락 头发 tóu fa 토우 파		⑰ 팔 胳膊 gē bo 꺼 뽀어
⑱ 허리 腰 yāo 야오	⑲ 엉덩이 臀部 tún bù 툰 뿌	⑳ 발목 脚腕 jiǎo wàn 찌아오 완

▶ 도움을 요청할 때

A: 도와주세요!
请帮个忙!
qǐng bāng gè máng
칭 빵 꺼 망

B: 어디 불편하세요?
哪里不舒服?
nǎ lǐ bù shū fu
나 리 뿌 쑤 푸

무엇을 도와드릴까요?
您需要什么?
nín xū yào shén me
닌 쉬 야오 썬 머

A: (코)를 다쳤어요.
(鼻子)受伤了。
(bí zi) shòu shāng le
(삐 즈) 쏘우 쌍 러

병원에 데려다 주세요.
请带我去医院。
qǐng dài wǒ qù yī yuàn
칭 따이 워 취 이 위엔

구급차를 불러 주세요.
请叫救护车过来。
qǐng jiào jiù hù chē guò lái
칭 찌아오 찌우 후 처 꾸오 라이

약을 사 주세요.
请帮我买药。
qǐng bāng wǒ mǎi yào
칭 빵 워 마이 야오

부축해 주세요.
请搀扶我一下。
qǐng chān fú wǒ yí xià
칭 찬 푸 워 이 씨아

병원(약국)을 찾고 있어요.
我正在找医院(药店)。
wǒ zhèng zài zhǎo yī yuàn (yào diàn)
워 쩡 짜이 짜오 이 위엔 (야오 띠엔)

B: 아픈 지는 얼마 됐나요?
你疼了多久?
nǐ téng le duō jiǔ
니 텅 러 뚜오 찌우

A: 아픈 지는 (1시간) 됐어요. (p 368 '시간' 참고)
疼了有(一个小时)了。
téng le yǒu (yí gè xiǎo shí) le
텅 러 요우 (이 꺼 씨아오 쓰) 러

핵심문장 익히기

- 눈에 뭐가 들어 갔어요.

有东西进到眼睛里了。
yǒu dōng xī jìn dào yǎn jīng lǐ le
요우 똥 씨 찐 따오 이엔 찡 리 러

- 콧물이 흘러요.

流鼻涕。
liú bí tì
리우 삐 티

- 다리가 골절됐어요.

腿骨折了。
tuǐ gǔ zhé le
투이 꾸 저 러

- 손을 데였어요.

烫到手了。
tàng dào shǒu le
탕 따오 쏘우 러

- 어지러워요.

头晕。
tóu yūn
토우 윈

- 차멀미가 나요.

晕车。
yūn chē
윈 처

• 답답해요.

胸闷。

xiōng mèn

씨옹 먼

• 설사해요.

拉肚子。

lā dù zi

라 뚜 즈

• 열이 나요.

发烧。

fā shāo

파 쌰오

• 기침해요.

咳嗽。

ké sou

커 소우

• 구토해요.

呕吐。

ǒu tù

오우 투

• 찔렸어요.

扎到了。

zhā dào le

짜 따오 러

- 화상을 입었어요.

  烧伤了。

  shāo shāng le

  싸오 쌍 러

- 식욕이 없어요.

  食欲不振

  shí yù bú zhèn

  쓰 위 뿌 쩐

- 쥐가 나요.

  抽筋了。

  chōu jīn le

  초우 찐 러

- 식은땀이 나요.

  冒冷汗。

  mào lěng hàn

  마오 렁 한

- 빈혈이에요.

  贫血。

  pín xuè

  핀 쒸에

- 벌레(빈대, 이, 진드기, 벌, 뱀)한테 물렸어요.

  被虫子(臭虫, 虱子, 螨, 蜜蜂, 蛇)咬了。

  bèi chóng zi (chòu chóng, shī zi, mǎn, mì fēng, shé) yǎo le

  뻬이 총 즈 (초우 총, 쓰 즈, 만, 미 펑, 써) 야오 러

- 곪았어요.

  化脓了。

  huà nóng le

  후아 농 러

- 염증이 생겼어요.

  发炎了。

  fā yán le

  파 이엔 러

- 감염됐어요.

  感染了。

  gǎn rǎn le

  깐 란 러

Chapter 08

병명

천식 哮喘 xiào chuǎn 씨아오 추안 	고혈압 高血压 gāo xuè yā 까오 쉬에 야 	소화불량 消化不良 xiāo huà bù liáng 씨아오 후아 뿌 리앙 
생리통 痛经 tòng jīng 통 찡 	당뇨병 糖尿病 táng niào bìng 탕 니아오 삥 	알레르기 过敏 guò mǐn 꾸오 민 
심장병 心脏病 xīn zàng bìng 씬 장 삥 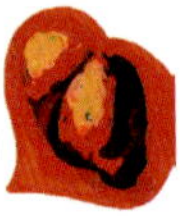	맹장염 阑尾炎 lán wěi yán 란 웨이 이엔 	위염 胃炎 wèi yán 웨이 이엔 
감기 感冒 gǎn mào 깐 마오 	배탈 闹肚子 nào dù zi 나오 뚜 즈 	설사병 腹泻 fù xiè 푸 씨에 
장티푸스 伤寒 shāng hán 쌍 한 	결핵 结核 jié hé 찌에 허 	고산병 高原反应 gāo yuán fǎn yìng 까오 위엔 판 잉 
광견병 狂犬病 kuáng quǎn bìng 쿠앙 취엔 삥 	뎅기열 骨痛热 gǔ tòng rè 꾸 통 르어 	저체온증 体温过低症 tǐ wēn guò dī zhèng 티 원 꾸오 띠 쩡 
폐렴 肺炎 fèi yán 페이 이엔 	식중독 食物中毒 shí wù zhòng dú 쓰 우 쫑 뚜 	기관지염 支气管炎 zhī qì guǎn yán 쯔 치 꾸안 이엔 
열사병 中暑 zhòng shǔ 쫑 쑤 	치통 牙痛 yá tòng 야 통 	간염 肝炎 gān yán 깐 이엔 

약명

아스피린
阿司匹林
ā sī pǐ lín
아 스 피 린

소화제
消化药
xiāo huà yào
씨아오 후아 야오

위장약
肠胃药
cháng wèi yào
창 웨이 야오

반창고
创可贴
chuàng kě tiē
추앙 커 티에

수면제
安眠药
ān mián yào
안 미엔 야오

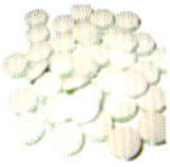

진통제
镇痛剂
zhèn tòng jì
쩐 통 찌

해열제
退烧药
tuì shāo yào
투이 싸오 야오

멀미약
晕车药
yùn chē yào
윈 처 야오

우황청심환
牛黄清心丸
niú huáng qīng xīn wán
니우 후앙 칭 씬 완

가래, 기침약
止痰, 止咳药
zhǐ tán, zhǐ ké yào
쯔 탄, 쯔 커 야오

지혈제
止血剂
zhǐ xuè jì
즈 쒸에 찌

항생제
抗生素
kàng shēng sù
캉 썽 수

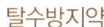

탈수방지약
防脱水药
fáng tuō shuǐ yào
팡 투오 쑤이 야오

소염제
消炎药
xiāo yán yào
씨아오 이엔 야오

소독약
消毒药
xiāo dú yào
씨아오 뚜 야오

변비약
便秘药
biàn mì yào
삐엔 미 야오

안약
眼药水
yǎn yào shuǐ
이엔 야오 쑤이

붕대
绷带
bēng dài
뻥 따이

설사약
泻药
xiè yào
씨에 야오

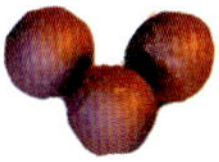

감기약
感冒药
gǎn mào yào
깐 마오 야오

Unit 02. 사고(분실, 도난, 교통사고)

바꿔말하기

지갑 을 잃어버렸어요.

丢了 钱包 。

diū le (qián bāo)

띠우 러 (치엔 빠오)

소지품

지갑 钱包 qián bāo 치엔 빠오 	여권 护照 hù zhào 후 짜오 	신용카드 信用卡 xìn yòng kǎ 씬 용 카 
가방 包 bāo 빠오 	돈 钱 qián 치엔 	보석 珠宝 zhū bǎo 쭈 빠오 
수표 支票 zhī piào 쯔 피아오 	신분증 身份证 shēn fèn zhèng 썬 펀 쩡 	귀중품 贵重物品 guì zhòng wù pǐn 꾸이 쫑 우 핀 

핵심문장 익히기

도움 요청

- 도와주세요!

  请帮个忙!

  qǐng bāng gè máng

  칭 빵 꺼 망

- 경찰을 불러주세요.

  请叫警察。

  qǐng jiào jǐng chá

  칭 찌아오 찡 챠

- 경찰서에 신고해주세요.

  请报警。

  qǐng bào jǐng

  칭 빠오 찡

- 병원으로 데려다 주세요.

  请送我到医院。

  qǐng sòng wǒ dào yī yuàn

  칭 송 워 따오 이 위엔

- 전화해 주세요.

  请给我打个电话。

  qǐng gěi wǒ dǎ gè diàn huà

  칭 게이 워 따 꺼 띠엔 후아

Chapter 08

- 핸드폰을 빌려 주세요.
  请借我手机用一下。
  qǐng jiè wǒ shǒu jī yòng yí xià
  칭 찌에 워 쏘우 찌 용 이 씨아

- 한국 통역관을 불러 주세요.
  请叫个韩语翻译过来。
  qǐng jiào gè hán yǔ fān yì guò lái
  칭 찌아오 꺼 한 위 판 이 꾸오 라이

도난

- 도둑맞았어요! / 소매치기 당했어요!
  被偷了!
  bèi tōu le
  뻬이 토우 러

- 제 물건을 찾아 주세요.
  请帮忙找一下我的东西。
  qǐng bāng máng zhǎo yí xià wǒ de dōng xi
  칭 빵 망 짜오 이 씨아 워 더 똥 씨

교통사고

- 교통사고를 당했어요!
  出车祸了!
  chū chē huò le
  추 처 후오 러

- 사고가 났어요!
  出事故了!
  chū shì gù le
  추 쓰 꾸 러

• 뺑소니예요!

肇事逃逸了!

zhào shì táo yì le

짜오 쓰 타오 이 러

• 구급차를 불러주세요.

请叫救护车。

qǐng jiào jiù hù chē

칭 찌아오 찌우 후 처

폭행 / 강도 / 사기

• 살려주세요!

救命啊!

jiù mìng a

찌우 밍 아

• 강도예요.

有强盗。

yǒu qiáng dào

요우 치앙 따오

• 사기를 당했어요.

被骗了。

bèi piàn le

뻬이 피엔 러

• 폭행을 당했어요.

被施暴了。

bèi shī bào le

뻬이 쓰 빠오 러

Chapter 08

Chapter 09 일상회화

Unit 01. 인사

❶ 만나고 헤어질 때

바꿔 말하기

밍밍, 안녕하세요.
明明, 你好。
míng míng, (nǐ hǎo)
밍 밍, (니 하오)

만남의 인사

안녕하세요.
你好。
nǐ hǎo
니 하오

안녕하세요.(아침 인사)
早上好。
zǎo shang hǎo
자오 샹 하오

안녕하세요.(점심 인사)
中午好。
zhōng wǔ hǎo
쫑 우 하오

안녕하세요.(오후 인사)
下午好。
xià wǔ hǎo
씨아 우 하오

처음 뵙겠습니다.
初次见面。
chū cì jiàn miàn
추 츠 찌엔 미엔

잘 부탁드립니다.
请多多关照。
qǐng duō duō guān zhào
칭 뚜오 뚜오 꾸안 짜오

잘 지냈어요?
你过得好吗?
nǐ guò de hǎo ma
니 꾸오 더 하오 마

만나서 반가워요.
见到您很高兴。
jiàn dào nín hěn gāo xìng
찌엔 따오 닌 헌 까오 씽

정말 오랜만이에요.
真的好久不见了。
zhēn de hǎo jiǔ bú jiàn le
쩐 더 하오 지우 뿌 찌엔 러

말씀 많이 들었어요.
久仰大名。
jiǔ yǎng dà míng
찌우 양 따 밍

우연한 만남

어쩐 일로 여기 오셨어요!
你怎么来这里了!
nǐ zěn me lái zhè lǐ le
니 전 머 라이 쩌 리 러

어머, (밍밍) 씨죠!
哎呦, 你是(明明)吧!
āi yōu, nǐ shì (míng míng) ba
아이 요우, 니 쓰 (밍 밍) 빠

안부 인사

어떻게 지내셨어요?
你过得怎么样?
nǐ guò de zěn me yàng
니 꾸오 더 전 머 양

다들 건강하시죠?
身体都还好吧?
shēn tǐ dōu hái hǎo ba
썬 티 또우 하이 하오 빠

네, 잘 지내요. / 늘 그래요.
是, 过得很好。/ 每天都一样。
shì, guò de hěn hǎo / měi tiān dōu yí yàng
쓰, 꾸오 더 헌 하오 / 메이 티엔 또우 이 양

헤어질 때 인사

안녕히 가세요.
请慢走。
qǐng màn zǒu
칭 만 쪼우

종종 연락해요.
保持联络。
bǎo chí lián luò
빠오 츠 리엔 루오

또 만나요.
再见。
zài jiàn
짜이 찌엔

만나서 반가웠어요.
见到你很高兴。
jiàn dào nǐ hěn gāo xìng
지엔 따오 니 헌 까오 씽

② 축하

바꿔 말하기

생일 을 축하합니다.
生日 快乐。
(shēng ri) kuài lè
(썽 르) 쿠아이 러

합격 을 축하합니다.
恭喜 合格 。
gōng xǐ (hé gé)
꽁 씨 (허 꺼)

생일
生日
shēng ri
썽 르

결혼
结婚
jié hūn
찌에 훈

합격
合格
hé gé
허 꺼

승진
升迁
shēng qiān
썽 치엔

졸업
毕业
bì yè
삐 예

③ 칭찬

바꿔 말하기

밍밍, 멋져요 !
明明, 真帅 !
míng míng, (zhēn shuài)
밍 밍, 쩐 쑤아이

멋져요!
真帅!
zhēn shuài
쩐 쑤아이

훌륭해요!
了不起!
liǎo bu qǐ
리아오 뿌 치

굉장해요!
太棒了!
tài bàng le
타이 빵 러

대단해요!
很厉害!
hěn lì hai
헌 리 하이

귀여워요!
很可爱!
hěn kě ài
헌 커 아이

예뻐요!
很漂亮!
hěn piào liang
헌 피아오 리앙

아름다워요!
很美丽!
hěn měi lì
헌 메이 리

최고예요!
最棒了!
zuì bàng le
쪼이 빵 러

참 잘했어요!
真的做得很好!
zhēn de zuò de hěn hǎo
쩐 더 쭈오 더 헌 하오

❹ 기원

바꿔 말하기

명절 잘 보내세요.
节日快乐。
jié rì kuài lè
찌에 르 쿠와이 러

새해 복 많이 받으세요.
新年快乐。
xīn nián kuài lè
씬 니엔 쿠와이 러

즐거운 크리스마스 되세요.
圣诞节快乐。
shèng dàn jié kuài lè
썽 딴 찌에 쿠와이 러

행운을 빌어요.
祝你好运。
zhù nǐ hǎo yùn
쭈 니 하오 윈

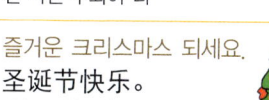

핵심문장 익히기

축하

- (졸업) 축하해요.

  祝贺你(毕业)了。

  zhù hè nǐ (bì yè) le

  쭈 허 니 (삐 예) 러

- 시험합격을 축하합니다.

  金榜题名 / 恭祝金榜题名。

  jīn bǎng tí míng / gōng zhù jīn bǎng tí míng

  찐 빵 티 밍 / 꽁 쭈 찐 빵 티 밍

감사

- 감사합니다.

  感谢你。

  gǎn xiè nǐ

  깐 씨에 니

- 고맙습니다.

  谢谢你。

  xiè xie nǐ

  씨에 씨에 니

- 도움이 되었다니 기쁩니다.

  能够帮助你很高兴。

  néng gòu bāng zhù nǐ hěn gāo xìng

  넝 꺼우 빵 쭈 니 헌 까오 씽

사과

- 죄송합니다.

  抱歉。

  bào qiàn

  빠오 치엔

- 미안합니다.

  对不起。

  duì bu qǐ

  뚜이 뿌 치

- 실례했습니다.

  失礼了。

  shī lǐ le

  쓰 리 러

- 괜찮아요.

  没关系。

  méi guān xi

  메이 꾸안 씨

환영의 말

- 환영합니다!

  欢迎欢迎!

  huān yíng huān yíng

  후안 잉 후안 잉

▶ 인사하기

A: (안녕하세요).
(你好)。
(nǐ hǎo)
(니 하오)

B: 안녕하세요, (잘 지내셨어요)?
你好, (过得好吗)?
nǐ hǎo, (guò de hǎo ma)
니 하오, (꾸오 더 하오 마)

A: 네, 잘 지냈어요. 어디 가시는 길이세요?
是, 过得挺好, 你这是去哪里?
shì, guò de tǐng hǎo, nǐ zhè shì qù nǎ lǐ
쓰, 꾸오 더 팅 하오, 니 쩌 쓰 취 나 리

B: 잠시 일이 있어서 나가는 길이에요.
我有点事情稍微出去一下。
wǒ yǒu diǎn shì qing shāo wēi chū qù yí xià
워 요우 띠엔 쓰 칭 싸오 웨이 추 취 이 씨아

A: 그러시군요. 그럼, 다음에 또 뵐게요.
好的。那么, 下次见。
hǎo de. nà me, xià cì jiàn
하오 더. 나 머, 씨아 츠 찌엔

B: (만나서 반가웠어요).
(见到你很高兴)。
(jiàn dào nǐ hěn gao xing)
(찌엔 따오 니 헌 까오 씽)

A: 잘 가세요.
请慢走。
qǐng màn zǒu
칭 만 쪼우

Unit 02. 자기소개

❶ 띠

바꿔 말하기

저는 [쥐] 띠입니다.

我属 [鼠] 。

wǒ shǔ (shǔ)

워 쑤 (쑤)

띠		
쥐 鼠 shǔ 쑤 	소 牛 niú 니우 	호랑이 虎 hǔ 후 
토끼 兔 tù 투 	용 龙 lóng 롱 	뱀 蛇 shé 써 
말 马 mǎ 마 	양 羊 yáng 양 	원숭이 猴 hóu 호우 
닭 鸡 jī 찌 	개 狗 gǒu 꼬우 	돼지 猪 zhū 쭈 

❷ 직업

바꿔말하기

제 직업은 간호사 입니다.
我的职业是 护士 。
wǒ de zhí yè shì (hù shi)
워 더 쯔 예 쓰 (후 쓰)

직업

간호사
护士
hù shi
후 쓰

약사
药剂师
yào jì shī
야오 찌 쓰

의사
医生
yī shēng
이 쎵

가이드
导游
dǎo yóu
따오 요우

선생님 / 교사
老师 / 教师
lǎo shī / jiào shī
라오 쓰 / 찌아오 쓰

교수
教授
jiào shòu
찌아오 쏘우

가수
歌手
gē shǒu
꺼 쏘우

음악가
音乐家
yīn yuè jiā
인 위에 찌아

화가
画家
huà jiā
후아 찌아

소방관
消防员
xiāo fáng yuán
씨아오 팡 위엔

경찰관
警察
jǐng chá
찡 챠

공무원
公务员
gong wù yuán
꽁 우 위엔

요리사
厨师
chú shī
츄 쓰

디자이너
设计师
shè jì shī
써 찌 쓰

승무원
乘务员
chéng wù yuán
청 우 위엔

판사 审判员 shěn pàn yuán 썬 판 위엔 	검사 检察官 jiǎn chá guān 찌엔 차 꾸안 	변호사 律师 lǜ shī 뤼 쓰 
사업가 商人 shāng rén 쌍 런 	회사원 公司职员 gōng sī zhí yuán 꽁 스 쯔 위엔 	학생 学生 xué sheng 쉬에 썽 
운전기사 司机 sī jī 스 찌 	농부 农民 nóng mín 농 민 	가정주부 家庭主妇 jiā tíng zhǔ fù 찌아 팅 쭈 푸 
작가 作家 zuò jiā 쭈오 찌아 	정치가 政治家 zhèng zhì jiā 쩡 쯔 찌아 	세일즈맨 推销员 tuī xiāo yuán 투이 씨아오 위엔 
미용사 美容师 měi róng shī 메이 롱 쓰 	군인 军人 jūn rén 쥔 런 	은행원 银行职员 yín háng zhí yuán 인 항 쯔 위엔 
엔지니어 工程师 gōng chéng shī 꽁 청 쓰 	통역원 翻译 fān yì 판 이 	비서 秘书 mì shū 미 쑤 

❸ 별자리

바꿔 말하기

제 별자리는 양자리 입니다.
我的星座是 白羊座 。
wǒ de xīng zuò shì (bái yáng zuò)
워 더 씽 쭈오 쓰 (빠이 양 쭈오)

별자리

양자리 白羊座 bái yáng zuò 빠이 양 쭈오 	황소자리 金牛座 jīn niú zuò 찐 니우 쭈오 	쌍둥이자리 双子座 shuāng zǐ zuò 쑤앙 즈 쭈오 
게자리 巨蟹座 jù xiè zuò 쥐 씨에 쭈오 	사자자리 狮子座 shī zi zuò 쓰 즈 쭈오 	처녀자리 处女座 chǔ nǚ zuò 추 뉘 쭈오 
천칭자리 天秤座 tiān píng zuò 티엔 핑 쭈오 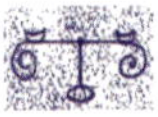	전갈자리 天蝎座 tiān xiē zuò 티엔 씨에 쭈오 	사수자리 射手座 shè shǒu zuò 써 쏘우 쭈오 
염소자리 摩羯座 mó jié zuò 모어 찌에 쭈오 	물병자리 水瓶座 shuǐ píng zuò 쉐이 핑 쭈오 	물고기자리 双鱼座 shuāng yú zuò 쑤앙 위 쭈오 

❹ 혈액형

바꿔말하기

제 혈액형은 B형 입니다.
我的血型是 B型 。
wǒ de xuè xíng shì (B xíng)
워 더 쉬에 씽 쓰 (비 씽)

혈액형

A형 A型 A xíng 에이 씽	B형 B型 B xíng 비 씽
O형 O型 O xíng 오 씽	AB형 AB型 AB xíng 에이비 씽

▶ 자기 소개

A: 이름이 어떻게 되세요?
你叫什么名字?
nǐ jiào shén me míng zi
니 찌아오 썬 머 밍 즈

B: 제 이름은 (밍밍)입니다.
我叫(明明)。
wǒ jiào (míng míng)
워 찌아오 (밍 밍)

제 명함입니다.
这是我的名片。
zhè shì wǒ de míng piàn
쩌 쓰 워 더 밍 피엔

A: 몇 살이에요?
你多大了?
nǐ duō dà le
니 뚜오 따 러

B: 저는 (20)살입니다.
我今年(二十)岁。
wǒ jīn nián (èr shí) suì
워 찐 니엔 (얼 쓰) 수이

A: 당신의 직업은 무엇입니까?
你的职业是什么?
nǐ de zhí yè shì shén me
니 더 쯔 예 쓰 썬 머

B: 제 직업은 (간호사)입니다.
我的职业是(护士)。
wǒ de zhí yè shì (hù shi)
워 더 쯔 예 쓰 (후 쓰)

A: 혈액형이 뭐예요?
你的血型是什么?
nǐ de xuè xíng shì shén me
니 더 쉬에 씽 쓰 썬 머

B: 저는 (B)형입니다.
我的血型是(B型)。
wǒ de xuè xíng shì (B xíng)
워 더 쒸에 씽 쓰 (비 씽)

A: 별자리가 어떻게 되세요?
你的星座是什么?
nǐ de xīng zuò shì shén me
니 더 씽 쭈오 쓰 썬 머

B: 제 별자리는 (양자리)입니다.
我的星座是(白羊座)。
wǒ de xīng zuò shì (bái yáng zuò)
워 더 씽 쭈오 쓰 (빠이 양 쭈오)

A: 무슨 띠예요?
你的属相是什么?
nǐ de shǔ xiàng shì shén me
니 더 쑤 씨앙 쓰 썬 머

B: 저는 (쥐)띠예요.
我是属(鼠)的。
wǒ shì shǔ (shǔ) de
워 쓰 쑤 (쑤) 더

▶ 출생지 소개

A: 어느 나라에서 왔어요?
你是从哪个国家来的?
nǐ shì cóng nǎ ge guó jiā lái de
니 쓰 총 나 꺼 꾸오 찌아 라이 더

B: 저는 (한국)에서 왔습니다.
我是从(韩国)来的。
wǒ shì cóng (hán guó) lái de
워 쓰 총 (한 꾸오) 라이 더

A: 고향이 어디세요?
你的故乡是哪里?
nǐ de gù xiāng shì nǎ lǐ
니 더 꾸 씨앙 쓰 나 리

B: 제 고향은 (서울)입니다.
我的故乡是(首尔)。
wǒ de gù xiāng shì (shǒu ěr)
워 더 꾸 씨앙 쓰 (쏘우 얼)

A: 어디서 자라셨어요?
你是在哪里长大的?
nǐ shì zài nǎ lǐ zhǎng dà de
니 쓰 짜이 나 리 짱 따 더

B: (서울)에서 태어나, (대전)에서 자랐습니다.
我在(首尔)出生, 在(大田)长大。
wǒ zài (shǒu ěr) chū shēng, zài (dà tián) zhǎng dà
워 짜이 (쏘우 얼) 츄 썽, 짜이 (따 티엔) 짱 따

A: 지금 어디에서 살고 계세요?
现在你住在哪里?
xiàn zài nǐ zhù zài nǎ lǐ
씨엔 짜이 니 쭈 짜이 나 리

B: 지금은 (인천)에서 살고 있어요.
我现在住在(仁川)。
wǒ xiàn zài zhù zài (rén chuān)
워 씨엔 짜이 쭈 짜이 (런 추안)

⑤ 동물

바꿔 말하기

저는 사슴 을 좋아해요.
我喜欢 鹿 。
wǒ xǐ huan (lù)
워 씨 후안 (뤼)

동물

사슴 鹿 lù 뤼		고양이 猫 māo 마오		팬더, 판다 熊猫 xióng māo 씨옹 마오	

사자 狮子 shī zi 쓰 즈 	기린 长颈鹿 cháng jǐng lù 창 찡 루 	곰 熊 xióng 씨옹 
다람쥐 松鼠 sōng shǔ 송 쑤 	낙타 骆驼 luò tuo 루오 투오 	염소 山羊 shān yáng 싼 양 
표범 豹子 bào zi 빠오 즈 	여우 狐狸 hú li 후 리 	늑대 狼 láng 랑 
악어 鳄鱼 è yú 으어 위 	도마뱀 蜥蜴 xī yì 씨 이 	개구리 青蛙 qīng wā 칭 와 
거북이 乌龟 wū guī 우 꾸이 	기러기 大雁 dà yàn 따 이엔 	앵무새 鹦鹉 yīng wǔ 잉 우 
독수리 雕 diāo 띠아오 	오리 鸭子 yā zi 야 즈 	거미 蜘蛛 zhī zhū 쯔 쭈 
지렁이 蚯蚓 qiū yǐn 치우 인 	무당벌레 瓢虫 piáo chóng 피아오 총 	개미 蚂蚁 mǎ yǐ 마 이 
반딧불 萤火虫 yíng huǒ chóng 잉 후오 총 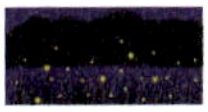	사마귀 螳螂 táng láng 탕 랑 	파리 苍蝇 cāng ying 창 잉 

모기 蚊子 wén zi 원 즈 	잠자리 蜻蜓 qīng tíng 칭 팅 	바퀴벌레 蟑螂 zhāng láng 짱 랑 
나비 蝴蝶 hú dié 후 띠에 	매미 蝉 chán 찬 	미꾸라지 泥鳅 ní qiū 니 치우 
가재 龙虾 lóng xiā 롱 씨아 	조개 贝壳 bèi ké 뻬이 커 	불가사리 海星 hǎi xīng 하이 씽 
전복 鲍鱼 bào yú 빠오 위 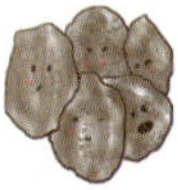	오징어 鱿鱼 yóu yú 요우 위 	문어 章鱼 zhāng yú 짱 위 
잉어 鲤鱼 lǐ yú 리 위 	붕어 鲫鱼 jì yú 찌 위 	메기 鲇鱼 nián yú 니엔 위 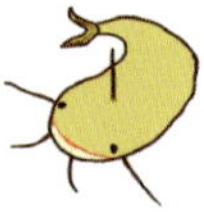
새우 虾 xiā 씨아 	고래 鲸 jīng 찡 	상어 鲨鱼 shā yú 싸 위 
복어 河豚 hé tún 허 툰 	학 鹤 hè 허 	용 龙 lóng 롱 
참새 麻雀 má què 마 취에 	레드판다 小熊猫 xiǎo xióng māo 씨아오 씨옹 마오 	펭귄 企鹅 qǐ é 치 어 

코끼리 大象 dà xiàng 따 씨앙 	메뚜기 蝗虫 huáng chóng 후앙 총 	들창코 원숭이 金丝猴 jīn sī hóu 찡 스 호우 
박쥐 蝙蝠 biān fú 삐엔 푸 	코뿔소 犀牛 xī niú 씨 니우 	개 狗 gǒu 고우 

▶ 좋아하는 동물을 물어볼 때

A: 어떤 동물을 좋아하세요?
你喜欢什么动物?
nǐ xǐ huān shén me dòng wù
니 씨 후안 썬 머 똥 우

B: 저는 (사슴)을 좋아해요.
我喜欢(鹿)。
wǒ xǐ huān (lù)
워 씨 후안 (루)

❻ 취미

바꿔말하기

저는 영화감상 을 좋아해요.
我喜欢 电影欣赏 。
wǒ xǐ huan (diàn yǐng xīn shǎng)
워 씨 후안 (띠엔 잉 씬 쌍)

저는 음악감상 을 싫어해요.
我不喜欢 音乐欣赏 。
wǒ bù xǐ huan (yīn yuè xīn shǎng)
워 뿌 씨 후안 (인 위에 씬 쌍)

취미

영화감상 电影欣赏 diàn yǐng xīn shǎng 띠엔 잉 씬 쌍 	음악감상 音乐欣赏 yīn yuè xīn shǎng 인 위에 씬 쌍 	여행 旅游 lǚ yóu 뤼 요우 
독서 读书 dú shū 뚜 쑤 	춤추기 跳舞 tiào wǔ 티아오 우 	노래 부르기 唱歌 chàng gē 창 꺼 
운동 运动 yùn dòng 윈 똥 	등산 登山 dēng shān 떵 싼 	스쿠버다이빙 潜水 qián shuǐ 치엔 쑤이 
악기 연주 演奏乐器 yǎn zòu yuè qì 이엔 쪼우 위에 치 	요리 烹饪 pēng rèn 펑 런 	사진 찍기 摄影 shè yǐng 써 잉 
정원 가꾸기 园艺 yuán yì 위엔 이 	우표 수집 集邮 jí yóu 찌 요우 	낚시 钓鱼 diào yú 띠아오 위 

십자수 十字绣 shí zì xiù 쓰 즈 씨우 	TV보기 看电视 kàn diàn shì 칸 띠엔 쓰 	드라이브 驾车出游 jià chē chū yóu 찌아 처 추 요우 
골프 高尔夫 gāo ěr fū 까오 얼 푸 	빈둥거리기 混时间 hùn shí jiān 훈 쓰 찌엔	

▶ 취미를 물어볼 때

A: 취미가 뭐예요?
你的爱好是什么?
nǐ de ài hào shì shén me
니 더 아이 하오 쓰 썬 머

B: 저는 (영화감상)을 좋아해요.
我喜欢(电影欣赏)。
wǒ xǐ huan (diàn yǐng xīn shǎng)
워 씨 후안 (띠엔 잉 씬 쌍)

저는 (음악감상)을 싫어해요.
我不喜欢(音乐欣赏)。
wǒ bù xǐ huan (yīn yuè xīn shǎng)
워 뿌 씨 후안 (인 위에 씬 쌍)

A: 주말에 뭐하세요?
你周末做什么?
nǐ zhōu mò zuò shén me
니 쪼우 모어 쭈오 썬 머

B: 저는 (독서해요).
我周末一般(看书)。
wǒ zhōu mò yì bān (kàn shū)
워 쪼우 모어 이 빤 (칸 쑤)

❼ 성격

바꿔 말하기

제 성격은 명랑해요 .
我是 开朗的 性格。
wǒ shì (kāi lǎng de) xìng gé
워 쓰 (카이 랑 더) 씽 꺼

그(그녀)의 성격은 상냥해요 .
他(她)是 和蔼的 性格。
tā (tā) shì (hé ǎi de) xìng gé
타 (타) 쓰 (허 아이 더) 씽 꺼

성격	
명랑해요 开朗的 kāi lǎng de 카이 랑 더 	상냥해요 和蔼的 hé ǎi de 허 아이 더 
친절해요 亲切的 qīn qiè de 친 치에 더 	당당해요 堂堂正正的 táng táng zhèng zhèng de 탕 탕 쩡 쩡 더 
야무져요 实实在在的 shí shi zài zài de 쓰 쓰 짜이 짜이 더 	고상해요 高尚的 gāo shàng de 까오 쌍 더 
통이 커요 慷慨的 kāng kǎi de 캉 카이 더 	눈치가 빨라요 有眼力见儿 yǒu yǎn lì jiànr 요우 이엔 리 찌엘 
솔직해요 直率的 zhí shuài de 쯔 쑤아이 더 	적극적이에요 积极的 jī jí de 찌 찌 더 

사교적이에요
社交的
shè jiāo de
써 찌아오 더

꼼꼼해요
仔细的
zǐ xì de
즈 씨 더

덜렁거려요
马大哈的
mǎ dà hā de
마 따 하 더

겁쟁이에요
胆小的
dǎn xiǎo de
딴 씨아오 더

보수적이에요
保守的
bǎo shǒu de
빠오 쏘우 더

개방적이에요
开放的
kāi fàng de
카이 팡 더

뻔뻔해요
厚脸皮的
hòu liǎn pí de
호우 리엔 피 더

심술궂어요
泼辣的
pō là de
포어 라 더

긍정적이에요
乐观的
lè guān de
러 꾸안 더

다혈질이에요
气盛的
qì shèng de
치 썽 더

냉정해요
冷静的
lěng jìng de
렁 찡 더

허풍쟁이에요
浮夸的
fú kuā de
푸 쿠아 더

소심해요
小心眼的
xiǎo xīn yǎn de
씨아오 씬 이엔 더

소극적이에요
消极的
xiāo jí de
씨아오 찌 더

▶ 성격을 물어볼 때

A: 성격이 어떠세요?
你是什么样的性格?
nǐ shì shén me yàng de xìng gé
니 쓰 썬 머 양 더 씽 꺼

B: 제 성격은 (명랑해요).
我是(开朗的)性格。
wǒ shì (kāi lǎng de) xìng gé
워 쓰 (카이 랑 더) 씽 꺼

그(그녀)의 성격은 (상냥해요).
他(她)是(和蔼的)性格。
tā (tā) shi (hé ǎi de) xìng gé
타 (타) 쓰 (허 아이 더) 씽 꺼

❽ 가족 소개

바꿔말하기

저는 아빠, 엄마, 남동생, 여동생과 함께 살고 있어요.
我和 爸爸, 妈妈, 弟弟, 妹妹 一起生活。
wǒ hé (bà ba), (mā ma), (dì di), (mèi mei) yì qǐ shēng huó
워 허 (빠 빠), (마 마), (띠 띠), (메이 메이) 이 치 셩 후오

이 사람은 저의 누나 예요.
这个人是我的 姐姐 。
zhè ge rén shì wǒ de (jiě jie)
쩌 꺼 런 쓰 워 더 (찌에 찌에)

가족	
친할아버지 爷爷 yé ye 예 예 	외할아버지 外公 wài gōng 와이 꽁 
친할머니 奶奶 nǎi nai 나이 나이 	외할머니 外婆 wài pó 와이 포어 
아빠 爸爸 bà ba 빠 빠 	엄마 妈妈 mā ma 마 마 
형, 오빠 哥哥 gē ge 꺼 꺼 	누나, 언니 姐姐 jiě jie 찌에 찌에 

나	我	wǒ	워	
여동생	妹妹	mèi mei	메이 메이	
남동생	弟弟	dì di	띠 띠	
남편	丈夫	zhàng fu	짱 푸	
부인	妻子	qī zi	치 즈	
아들	儿子	ér zi	얼 즈	
딸	女儿	nǚ ér	뉘 얼	
며느리	儿媳妇	ér xí fu	얼 씨 푸	
사위	女婿	nǚ xù	뉘 쉬	
친손자 / 친손녀	孙子 / 孙女	sūn zi / sūn nǚ	쉰 즈 / 쉰 뉘	
외손자 / 외손녀	外孙子 / 外孙女	wài sūn zi / wài sūn nǚ	와이 쉰 즈 / 와이 쉰 뉘	

▶ 가족을 소개할 때

A: 당신의 가족은 몇 명인가요?
你家有几口人?
nǐ jiā yǒu jǐ kǒu rén
니 찌아 요우 찌 코우 런

B: 저의 가족은 (5)명이에요. (p 377 '수' 참고)
我家有(五)口人。
wǒ jiā yǒu (wǔ) kǒu rén
워 찌아 요우 (우) 코우 런

A: 당신은 누구와 함께 사나요?
你现在跟谁一起住?
nǐ xiàn zài gēn shuí yì qǐ zhù
니 씨엔 짜이 껀 쑤이 이 치 쭈

B: 저는 (아빠), (엄마), (남동생), (여동생)과 함께 살고 있어요.
我和(爸爸), (妈妈), (弟弟), (妹妹)一起生活。
wǒ hé (bà ba), (mā ma), (dì di), (mèi mei) yì qǐ shēng huó
워 허 (빠 빠), (마 마), (띠 띠), (메이 메이) 이 치 셩 후오

A: [사진을 가리키며] 이 사람은 누구예요?
这个人是谁?
zhè ge rén shì shuí
쩌 꺼 런 쓰 쑤이

B: 이 사람은 저의 (누나)예요.
这个人是我的(姐姐)。
zhè ge rén shì wǒ de (jiě jie)
쩌 꺼 런 쓰 워 더 (찌에 찌에)

Chapter 09

Unit 03. 감정, 행동

❶ 감정 표현하기

바꿔말하기

저는 지금 흥분했어요 .
我现在感觉很 兴奋 。
wǒ xiàn zài gǎn jué hěn (xīng fèn)
워 씨엔 짜이 깐 쥐에 헌 (씽 펀)

감정

사랑해요 爱 ài 아이 	통쾌해요 痛快 tòng kuài 통 쿠아이 
흥분했어요 兴奋 xīng fèn 씽 펀 	재미있어요 有意思 yǒu yì si 요우 이 스 
행복해요 幸福 xìng fú 씽 푸 	즐거워요 快乐 kuài lè 쿠아이 러 
좋아요 好 hǎo 하오 	기뻐요 高兴 gāo xìng 까오 씽 
힘이 나요 产生力量 chǎn shēng lì liàng 찬 썽 리 리앙 	뿌듯해요 满意 mǎn yì 만 이 

짜릿해요
麻酥酥
má sū sū
마 수 수

감격했어요
感动
gǎn dòng
깐 똥

부끄러워요
不好意思
bù hǎo yì si
뿌 하오 이 스

난처해요
为难
wéi nán
웨이 난

외로워요
寂寞
jì mò
찌 모어

재미없어요
真没意思
zhēn méi yì si
쩐 메이 이 스

화났어요
生气
shēng qì
썽 치

무서워요
害怕
hài pà
하이 파

불안해요
不安
bù ān
뿌 안

피곤해요
累
lèi
레이

싫어요
讨厌
tǎo yàn
타오 이엔

불쾌해요
令人不快的
lìng rén bú kuài de
링 런 뿌 쿠아이 더

괴로워요
难受
nán shòu
난 쏘우

지루해요
枯燥
kū zào
쿠 짜오

슬퍼요
哀伤
āi shāng
아이 쌍

억울해요
冤屈
yuān qū
위엔 취

비참해요 悲惨 bēi cǎn 뻬이 찬 	짜증나요 恼火 nǎo huǒ 나오 후오 
초조해요 焦急 jiāo jí 찌아오 지 	무기력해요 软弱无力 ruǎn ruò wú lì 루안 루오 우 리 
부담스러워요 负担 fù dān 푸 딴 	놀랐어요 吃惊 chī jīng 츠 찡 

▶ 감정을 표현할 때

A: 나는 지금 (흥분했어요). 비가 오면 항상 (흥분해요).
我现在感觉很(兴奋)。下雨的话常常会感到(兴奋)。
wǒ xiàn zài gǎn jué hěn (xīng fèn). xià yǔ de huà cháng cháng huì gǎn dào (xīng fèn)
워 씨엔 짜이 깐 쥐에 헌 (씽 펀). 씨아 위 더 후아 창 창 후이 깐 따오 (씽 펀)

B: 그래요? 나는 비가 오면 (짜증나요). 어제도 비가 와서 (짜증났어요).
是吗？我如果下雨的话会感到(恼火)昨天又下雨，真(恼火)。
shì ma? wǒ rú guǒ xià yǔ de huà huì gǎn dào (nǎo huǒ) zuó tiān yòu xià yǔ, zhēn (nǎo huǒ)
쓰 마? 워 루 꾸오 씨아 위 더 후아 후이 깐 따오 (나오 후오) 쭈오 티엔 요우 씨아 위, 쩐 (나오 후오)

A: 그래요? 저랑은 정반대군요.
是吗？和我正相反。
shì ma? hé wǒ zhèng xiāng fǎn
쓰 마? 허 워 쩡 씨앙 판

전 비가 오면 (즐겁고) (행복하고) (기뻐요).
我如果下雨的话会感到(快乐), (幸福)与(高兴)的。
wǒ rú guǒ xià yǔ de huà huì gǎn dào (kuài lè), (xìng fú) yǔ (gāo xìng) de
워 루 꾸오 씨아 위 더 후아 후이 깐 따오 (쿠아이 러), (씽 푸) 위 (까오 씽) 더

B: 전 비를 보면 (외로워요).
我如果下雨的话会感到(寂寞)的。
wǒ rú guǒ xià yǔ de huà huì gǎn dào (jì mò) de.
워 루 꾸오 씨아 위 더 후아 후이 깐 따오 (찌 모어) 더.

❷ 행동 표현하기

바꿔말하기

밍밍이가 와요 .
明明 来了 。
míng míng (lái le)
밍 밍 (라이 러)

와요 来 lái 라이 	가요 去 qù 취 
앉아요 坐 zuò 쭈오 	서요 站 zhàn 짠 
걸어요 走 zǒu 쪼우 	달려요 跑 pǎo 파오 

놀아요
玩
wán
완

일해요
工作
gōng zuò
꽁 쭈오

웃어요
笑
xiào
씨아오

울어요
哭
kū
쿠

나와요
出来
chū lai
추 라이

들어가요
进去
jìn qù
찐 취

자요
睡觉
shuì jiào
쑤이 찌아오

일어나요
起床
qǐ chuáng
치 추앙

질문해요
提问
tí wèn
티 원

대답해요
回答
huí dá
후이 다

멈춰요
停止
tíng zhǐ
팅 쯔

움직여요
行动
xíng dòng
씽 똥

바꿔 말하기

밍밍이가 공을 던져요 .
明明把球 扔 了。
míng míng bǎ qiú (rēng) le
밍 밍 빠 치우 (렁) 러

밍밍이가 책을 읽어요 .
明明在 读 书。
míng míng zài (dú) shū
밍 밍 짜이 (뚜) 쑤

밍밍이가 밥을 먹어요 . / 밍밍이가 물을 마셔요 .
明明 吃 饭。/ 明明 喝 水。
míng míng (chī) fàn / míng míng (hē) shuǐ
밍 밍 (츠) 판 / 밍 밍 (허) 쑤이

던져요 扔 rēng 렁 	잡아요 拿 ná 나 
읽어요 读 dú 뚜 	써요 写 xiě 씨에 
먹어요 吃 chī 츠 	마셔요 喝 hē 허 

❸ 시간

바꿔 말하기

1시 10분 입니다.

一点 十分 了。

(yī diǎn) (shí fēn) le

(이 디엔) (쓰 펀) 러

시 点 diǎn 디엔	1시 一点 yī diǎn 이 디엔	2시 两点 liǎng diǎn 리앙 디엔	3시 三点 sān diǎn 산 디엔
4시 四点 sì diǎn 스 디엔	5시 五点 wǔ diǎn 우 디엔	6시 六点 liù diǎn 리우 디엔	7시 七点 qī diǎn 치 디엔
8시 八点 bā diǎn 빠 디엔	9시 九点 jiǔ diǎn 지우 디엔	10시 十点 shí diǎn 쓰 디엔	11시 十一点 shí yī diǎn 쓰 이 디엔
12시 十二点 shí èr diǎn 쓰 얼 디엔	분 分 fēn 펀	1분 零一分 líng yī fēn 링 이 펀	2분 零二分 líng èr fēn 링 얼 펀
3분 零三分 líng sān fēn 링 산 펀	4분 零四分 líng sì fēn 링 스 펀	5분 零五分 líng wǔ fēn 링 우 펀	6분 零六分 ling liù fēn 링 리우 펀
7분 零七分 líng qī fēn 링 치 펀	8분 零八分 líng bā fēn 링 빠 펀	9분 零九分 líng jiǔ fēn 링 지우 펀	10분 十分 shí fēn 쓰 펀

11분 十一分 shí yī fēn 쓰 이 펀	12분 十二分 shí èr fēn 쓰 얼 펀	13분 十三分 shí sān fēn 쓰 산 펀	14분 十四分 shí sì fēn 쓰 스 펀
15분 十五分 shí wǔ fēn 쓰 우 펀	16분 十六分 shí liù fēn 쓰 리우 펀	17분 十七分 shí qī fēn 쓰 치 펀	18분 十八分 shí bā fēn 쓰 빠 펀
19분 十九分 shí jiǔ fēn 쓰 지우 펀	20분 二十分 èr shí fēn 얼 쓰 펀	21분 二十一分 èr shí yī fēn 얼 쓰 이 펀	22분 二十二分 èr shí èr fēn 얼 쓰 얼 펀
23분 二十三分 èr shí sān fēn 얼 쓰 산 펀	24분 二十四分 èr shí sì fēn 얼 쓰 스 펀	25분 二十五分 èr shí wǔ fēn 얼 쓰 우 펀	26분 二十六分 èr shí liù fēn 얼 쓰 리우 펀
27분 二十七分 èr shí qī fēn 얼 쓰 치 펀	28분 二十八分 èr shí bā fēn 얼 쓰 빠 펀	29분 二十九分 èr shí jiǔ fēn 얼 쓰 지우 펀	30분 三十分 sān shí fēn 산 쓰 펀
31분 三十一分 sān shí yī fēn 산 쓰 이 펀	32분 三十二分 sān shí èr fēn 산 쓰 얼 펀	33분 三十三分 sān shí sān fēn 산 쓰 산 펀	34분 三十四分 sān shí sì fēn 산 쓰 스 펀
35분 三十五分 sān shí wǔ fēn 산 쓰 우 펀	36분 三十六分 sān shí liù fēn 산 쓰 리우 펀	37분 三十七分 sān shí qī fēn 산 쓰 치 펀	38분 三十八分 sān shí bā fēn 산 쓰 빠 펀
39분 三十九分 sān shí jiǔ fēn 산 쓰 지우 펀	40분 四十分 sì shí fēn 스 쓰 펀	41분 四十一分 sì shí yī fēn 스 쓰 이 펀	42분 四十二分 sì shí èr fēn 스 쓰 얼 펀

43분 四十三分 sì shí sān fēn 스 쓰 산 펀	44분 四十四分 sì shí sì fēn 스 쓰 스 펀	45분 四十五分 sì shí wǔ fēn 스 쓰 우 펀	46분 四十六分 sì shí liù fēn 스 쓰 리우 펀
47분 四十七分 sì shí qī fēn 스 쓰 치 펀	48분 四十八分 sì shí bā fēn 스 쓰 빠 펀	49분 四十九分 sì shí jiǔ fēn 스 쓰 지우 펀	50분 五十分 wǔ shí fēn 우 쓰 펀
51분 五十一分 wǔ shí yī fēn 우 쓰 이 펀	52분 五十二分 wǔ shí èr fēn 우 쓰 얼 펀	53분 五十三分 wǔ shí sān fēn 우 쓰 산 펀	54분 五十四分 wǔ shí sì fēn 우 쓰 스 펀
55분 五十五分 wǔ shí wǔ fēn 우 쓰 우 펀	56분 五十六分 wǔ shí liù fēn 우 쓰 리우 펀	57분 五十七分 wǔ shí qī fēn 우 쓰 치 펀	58분 五十八分 wǔ shí bā fēn 우 쓰 빠 펀
59분 五十九分 wǔ shí jiǔ fēn 우 쓰 지우 펀			

▶ 시간을 물어볼 때

A: 몇 시예요?
几点了?
jǐ diǎn le
찌 디엔 러

B: (한 시) (십 분)이에요.
(一点)(十分)了。
(yī diǎn) (shí fēn) le
(이 디엔) (쓰 펀) 러

핵심 단어

오전 上午 shàng wǔ 쌍 우	오후 下午 xià wǔ 씨아 우	아침 早上 zǎo sháng 쨔오 쌍	점심 中午 zhōng wǔ 쫑 우	저녁 晚上 wǎn sháng 완 쌍

Unit 04. 계절, 월, 일, 요일

❶ 계절, 월

바꿔말하기

지금은 겨울 입니다.
现在是 冬天 。
xiàn zài shì (dōng tiān)
씨엔 짜이 쓰 (똥 티엔)

계절, 월

봄 春天 chūn tiān 춘 티엔		3월 三月 sān yuè 산 위에	4월 四月 sì yuè 스 위에	5월 五月 wǔ yuè 우 위에
여름 夏天 xià tiān 씨아 티엔		6월 六月 liù yuè 리우 위에	7월 七月 qī yuè 치 위에	8월 八月 bā yuè 빠 위에
가을 秋天 qiū tiān 치우 티엔		9월 九月 jiǔ yuè 찌우 위에	10월 十月 shí yuè 쓰 위에	11월 十一月 shí yī yuè 쓰 이 위에
겨울 冬天 dōng tiān 똥 티엔		12월 十二月 shí èr yuè 쓰 얼 위에	1월 一月 yī yuè 이 위에	2월 二月 èr yuè 얼 위에

Chapter 09

❷ 일

바꿔 말하기

오늘은 1 월 10 일입니다.
今天是 一 月 十 号。
jīn tiān shì (yī) yuè (shí) hào
찐 티엔 쓰 (이) 위에 (쓰) 하오

일 号 hào 하오	1일 一号 yī hào 이 하오	2일 二号 èr hào 얼 하오	3일 三号 sān hào 산 하오
4일 四号 sì hào 스 하오	5일 五号 wǔ hào 우 하오	6일 六号 liù hào 리우 하오	7일 七号 qī hào 치 하오
8일 八号 bā hào 빠 하오	9일 九号 jiǔ hào 찌우 하오	10일 十号 shí hào 쓰 하오	11일 十一号 shí yī hào 쓰 이 하오
12일 十二号 shí èr hào 쓰 얼 하오	13일 十三号 shí sān hào 쓰 산 하오	14일 十四号 shí sì hào 쓰 스 하오	15일 十五号 shí wǔ hào 쓰 우 하오
16일 十六号 shí liù hào 쓰 리우 하오	17일 十七号 shí qī hào 쓰 치 하오	18일 十八号 shí bā hào 쓰 빠 하오	19일 十九号 shí jiǔ hào 쓰 찌우 하오

20일 二十号 èr shí hào 얼 쓰 하오	21일 二十一号 èr shí yī hào 얼 쓰 이 하오	22일 二十二号 èr shí èr hào 얼 쓰 얼 하오	23일 二十三号 èr shí sān hào 얼 쓰 산 하오
24일 二十四号 èr shí sì hào 얼 쓰 스 하오	25일 二十五号 èr shí wǔ hào 얼 쓰 우 하오	26일 二十六号 èr shí liù hào 얼 쓰 리우 하오	27일 二十七号 èr shí qī hào 얼 쓰 치 하오
28일 二十八号 èr shí bā hào 얼 쓰 빠 하오	29일 二十九号 èr shí jiǔ hào 얼 쓰 찌우 하오	30일 三十号 sān shí hào 산 쓰 하오	31일 三十一号 sān shí yī hào 산 쓰 이 하오

❸ 요일

바꿔 말하기

오늘은 수요일 입니다.

今天是 星期三 。

jīn tiān shì (xīng qī sān)

찐 티엔 쓰 (씽 치 산)

요일 星期 xīng qī 씽 치	월요일 星期一 xīng qī yī 씽 치 이	화요일 星期二 xīng qī èr 씽 치 얼	수요일 星期三 xīng qī sān 씽 치 산
목요일 星期四 xīng qī sì 씽 치 스	금요일 星期五 xīng qī wǔ 씽 치 우	토요일 星期六 xīng qī liù 씽 치 리우	일요일 星期天 xīng qī tiān 씽 치 티엔

▶ 계절, 날짜, 요일 등을 물어볼 때

A: 지금은 무슨 계절인가요?
现在是什么季节?
xiàn zài shì shén me jì jié
씨엔 짜이 쓰 썬 머 지 지에

B: 지금은 (봄)입니다.
现在是(春天)。
xiàn zài shì (chūn tiān)
씨엔 짜이 쓰 (춘 티엔)

A: 오늘은 몇 월 며칠입니까?
今天是几月几号?
jīn tiān shì jǐ yuè jǐ hào
찐 티엔 쓰 지 위에 지 하오

B: 오늘은 (1)월 (10)일입니다.
今天是(一)月(十)号。
jīn tiān shì (yī) yuè (shí) hào
찐 티엔 쓰 (이) 위에 (쓰) 하오

A: 오늘은 무슨 요일이에요?
今天是星期几?
jīn tiān shì xīng qī jǐ
찐 티엔 쓰 씽 치 지

B: 오늘은 (수요일)입니다.
今天是(星期三)。
jīn tiān shì (xīng qī sān)
찐 티엔 쓰 (씽 치 산)

핵심 단어

다음주	이번주	어제	오늘	내일
下个星期	这个星期	昨天	今天	明天
xià ge xīng qī	zhè ge xīng qī	zuó tiān	jīn tiān	míng tiān
씨아 꺼 씽 치	쩌 꺼 씽 치	쭈오 티엔	찐 티엔	밍 티엔

Unit 05. 날씨

바꿔 말하기

오늘은 맑아요.
今天 晴天 。
jīn tiān (qíng tiān)
찐 티엔 (칭 티엔)

내일은 더워요.
明天 热 。
míng tiān (rè)
밍 티엔 (르어)

맑아요 晴天 qíng tiān 칭 티엔 	따뜻해요 暖和 nuǎn huo 누안 후오 	화창해요 风和日丽 fēng hé rì lì 펑 허 르 리 
더워요 热 rè 르어 	흐려요 阴天 yīn tiān 인 티엔 	안개 껴요 起雾 qǐ wù 치 우 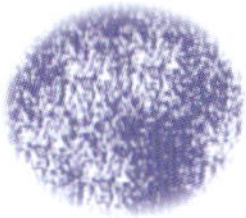
비가 와요 下雨 xià yǔ 씨아 위 	비가 그쳐요 雨停 yǔ tíng 위 팅 	장마예요 雨季 yǔ jì 위 찌 
무지개가 떠요 出彩虹 chū cǎi hóng 추 차이 홍 	습해요 潮湿 cháo shī 챠오 쓰 	천둥 쳐요 打雷 dǎ léi 따 레이 

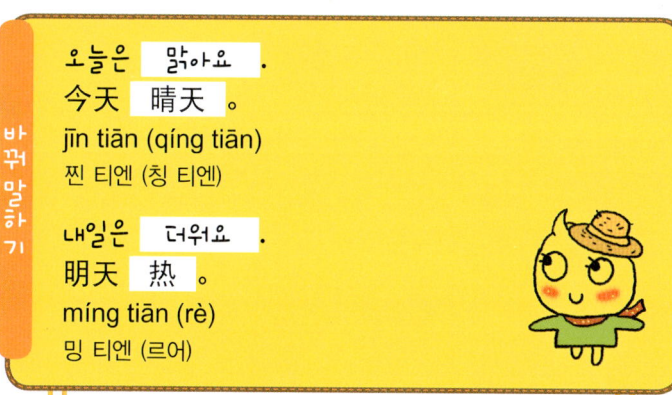

번개 쳐요 打闪 dǎ shǎn 따 싼 	바람이 불어요 刮风 guā fēng 꾸아 펑 	시원해요 凉快 liáng kuai 리앙 쿠아이 
태풍이 몰아쳐요 刮台风 guā tái fēng 꾸아 타이 펑 	눈이 내려요 下雪 xià xuě 씨아 쉬에 	얼음이 얼어요 上冻 shàng dòng 쌍 뚱 
선선해요 凉 liáng 리앙 	쌀쌀해요 凉飕飕 liáng sōu sōu 리앙 소우 소우 	추워요 冷 lěng 렁 

▶ 날씨에 관해

A: 오늘(내일) 날씨 어때요?
今天(明天)天气怎么样?
jīn tiān (míng tiān) tiān qì zěn me yàng
찐 티엔 (밍 티엔) 티엔 치 쩐 머 양

B: 오늘은 (비가 와요).
今天(下雨)。
jīn tiān (xià yǔ)
찐 디엔 (씨아 위)

내일은 (화창해요).
明天(风和日丽)。
míng tiān (fēng hé rì lì)
밍 티엔 (펑 허 르 리)

핵심 단어

해 太阳 tài yáng 타이 양 	구름 云 yún 윈 	비 雨 yǔ 위 	바람 风 fēng 펑 
눈 雪 xuě 쉬에 	고드름 冰锥 bīng zhuī 삥 쭈이 	별 星 xīng 씽 	달 月 yuè 위에 

Unit 06. 수

바꿔말하기

사람이 한 명입니다.

有 一 个人。

yǒu (yī) gè rén

요우 (이) 꺼 런

0 영 零 líng 링 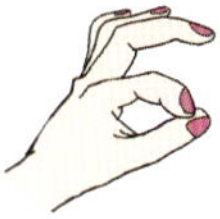	1 일 一 yī 이 	2 이 二 èr 얼 
두 량 (2) 两 liǎng 리앙 * 시간, 마리, 사람, 물건 	3 삼 三 sān 산 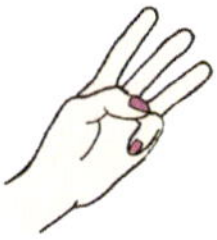	4 사 四 sì 스 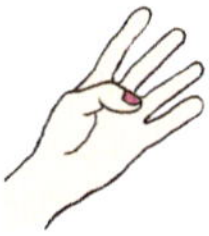
5 오 五 wǔ 우 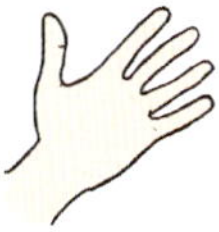	6 육 六 liù 리우 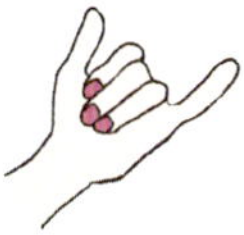	7 칠 七 qī 치 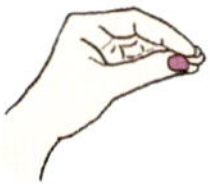

8 팔 八 bā 빠 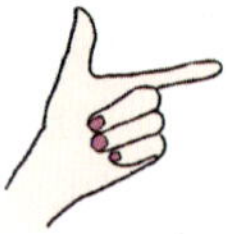	9 구 九 jiǔ 지우 	10 십 十 shí 쓰 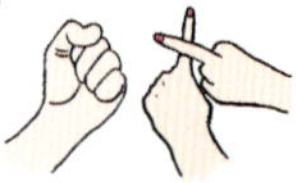
20 이십 二十 èr shí 얼 쓰 	30 삼십 三十 sān shí 산 쓰 	40 사십 四十 sì shí 스 쓰 
50 오십 五十 wǔ shí 우 쓰 	60 육십 六十 liù shí 지우 쓰 	70 칠십 七十 qī shí 치 쓰 
80 팔십 八十 bā shí 빠 쓰 	90 구십 九十 jiǔ shí 지우 쓰 	100 백 百 bǎi 빠이
1,000 천 千 qiān 치엔	10,000 만 万 wàn 완	100,000 십만 十万 shí wàn 쓰 완
1,000,000 백만 百万 bǎi wàn 빠이 완	10,000,000 천만 千万 qiān wàn 치엔 완	

헤아리는 단위

명 个人 gè rén 꺼 런 	마리 只 zhī 쯔 
개 个 gè 꺼 	잔 杯 bēi 뻬이 
병 瓶 píng 핑 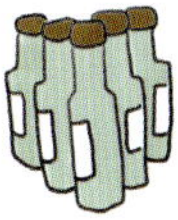	장 张 zhāng 짱 

▶ 헤아리는 단위를 물을 때

A: 사람이 몇 명인가요?
有几个人?
yǒu jǐ gè rén
요우 지 꺼 런

B: (두) 명입니다.
有(两)个。
yǒu (liǎng) gè
요우 (리앙) 꺼

A: 강아지는 몇 마리인가요?
有几只狗?
yǒu jǐ zhī gǒu
요우 지 쯔 꼬우

B: (네) 마리입니다.
有(四)只。
yǒu (sì) zhī
요우 (쓰) 쯔

A: 지우개가 몇 개인가요?
有几个橡皮擦?
yǒu jǐ gè xiàng pí cā
요우 지 꺼 씨앙 피 차

B: (세) 개입니다.
有(三)个。
yǒu (sān) gè
요우 (산) 꺼

A: 무엇을 드시겠습니까?
你要喝什么?
nǐ yào hē shén me
니 야오 허 썬 머

B: 커피 (네) 잔 주세요.
请给我(四)杯咖啡。
qǐng gěi wǒ (sì) bēi kā fēi
칭 게이 워 (쓰) 뻬이 카 페이

맥주 (다섯) 병 주세요.
请给我(五)瓶啤酒。
qǐng gěi wǒ (wǔ) píng pí jiǔ
칭 게이 워 (우) 핑 피 찌우

A: 표를 어떻게 드릴까요?
你需要什么票?
nǐ xū yào shén me piào
니 쉬 야오 썬 머 피아오

B: 어른 (여섯) 장, 아이 (일곱) 장 주세요.
请给我成人票(六)张, 儿童票(七)张。
qǐng gěi wǒ chéng rén piào (liù) zhāng, ér tong piào (qī) zhāng
칭 게이 워 청 런 피아오 (리우) 짱, 얼 통 피아오 (치) 짱

Unit 07. 기간

바꿔 말하기

일주일 머물 겁니다.
我要待 一周 。
wǒ yào dài (yì zhōu)
워 야오 따이 (이 쪼우)

하루(1일) 一天 yì tiān 이 티엔	이틀(2일) 两天 liǎng tiān 리앙 티엔	사흘(3일) 三天 sān tiān 산 티엔	나흘(4일) 四天 sì tiān 스 티엔
닷새(5일) 五天 wǔ tiān 우 티엔	엿새(6일) 六天 liù tiān 리우 티엔	이레(7일) 七天 qī tiān 치 티엔	여드레(8일) 八天 bā tiān 빠 티엔
아흐레(9일) 九天 jiǔ tiān 지우 티엔	열흘(10일) 十天 shí tiān 쓰 티엔	일주일 一周 yì zhōu 이 쪼우	이주일 两周 liǎng zhōu 리앙 쪼우
한 달 一个月 yí gè yuè 이 꺼 위에	두 달 两个月 liǎng gè yuè 리앙 꺼 위에	일 년 一年 yì nián 이 니엔	이 년 两年 liǎng nián 리앙 니엔

▶ 머무는 기간을 물어볼 때

A: 얼마나 머물 건가요?
你要待多长时间?
nǐ yào dài duō cháng shí jiān
니 야오 따이 뚜오 창 쓰 찌엔

B: (일주일) 머물 거예요.
我要待(一周)。
wǒ yào dài (yì zhōu)
워 야오 따이 (이 쪼우)

Unit 08. 의사소통

바꿔 말하기

저는 중국어 를 못합니다.
我不会 汉语 。
wǒ bú huì (hàn yǔ)
워 뿌 후이 (한 위)

영어		한국어		중국어	
英语 yīng yǔ 잉 위	ABCD EFGH	韩语 hán yǔ 한 위	가나다라 마바사아	汉语 hàn yǔ 한 위	谢谢你。 对不起。

▶ 의사소통에 관해

A: (중국어) 할 줄 아세요?
你会(汉语)吗?
nǐ huì (hàn yǔ) ma
니 후이 (한 위) 마

B: 저는 (중국어)를 못합니다.
我不会(汉语)。
wǒ bú huì (hàn yǔ)
워 뿌 후이 (한 위)

핵심문장 익히기

- 무슨 말인지 모르겠어요.
  我不明白说的是什么。
  wǒ bù míng bai shuō de shì shén me
  워 뿌 밍 바이 쑤오 더 쓰 썬 머

- 무슨 뜻인지 모르겠어요.
  我不明白是什么意思。
  wǒ bù míng bai shì shén me yì si
  워 뿌 밍 바이 쓰 썬 머 이 스

- 글자로 써 주세요.
  请写下来。
  qǐng xiě xià lái
  칭 씨에 씨아 라이

Chapter 09

• 천천히 말해 주세요.

请慢点说。

qǐng màn diǎn shuō

칭 만 띠엔 쑤오

• 이해했습니까?

明白了吗?

míng bai le ma

밍 바이 러 마

• 이해했습니다.

明白了。

míng bai le

밍 바이 러

• 이해 못 했습니다.

不明白。

bù míng bai

뿌 밍 바이

Unit 09. 맛

바꿔 말하기

이 음식 맛있어요 .
这个菜 好吃 。
zhè ge cài (hǎo chī)
쩌 꺼 차이 (하오 츠)

맛있어요
好吃
hǎo chī
하오 츠

맛없어요
不好吃
bù hǎo chī
뿌 하오 츠

싱거워요
淡
dàn
딴

뜨거워요
烫
tàng
탕

달아요
甜
tián
티엔

짜요
咸
xián
씨엔

매워요
辣
là
라

얼큰해요
辣乎乎的
là hū hū de
라 후 후 더

시어요
酸
suān
수안

써요
苦
kǔ
쿠

떫어요
涩
sè
서

느끼해요
油腻
yóu nì
요우 니

고소해요 可口 ké kǒu 커 코우 	담백해요 清淡 qīng dàn 칭 딴 
시원해요 爽口 shuǎng kǒu 쑤앙 코우 	비려요 腥 xīng 씽 

▶ 맛에 관해

A: 맛이 어때요?
饭菜味道怎么样啊?
fàn cài wèi dào zěn me yàng a
판 차이 웨이 따오 쩐 머 양 아

B: 이 음식 (맛있어요).
这个菜(好吃)。
zhè ge cài (hǎo chī)
쩌 꺼 차이 (하오 츠)

핵심문장 익히기

- 배고파요.
  我饿了。
  wǒ è le
  워 으어 러

- 배불러요.
  我吃饱了。
  wǒ chī bǎo le
  워 츠 빠오 러

自信滿滿

通(통) 중국어